Aus Barbara Hübners feiner Würzküche

Vorschläge zum Würzen der Getreide

einschließlich Buchweizen (Knöterichgewächs).

Für herzhafte Gerichte wahlweise eine der Gewürzgruppen:

Buchweizen:	Majoran, Oregano, Basilikum, Bergbohnenkraut, – Liebstöckel, Petersilie, Dill, – Salbei, etwas Kümmel, – Ysop, Basilikum, – Zwiebel, Thymian.
Dinkel:	Rosmarin, Koriander, Muskatblüte, Nüsse, Dill, Petersilie, Kerbel, – Oregano, Thymian.
Gerste:	Salbei, eine Spur Curcuma – Fenchel, einige Datteln, etwas Kümmel, etwas Muskatnuß, eine Spur Piment, – Liebstöckel, Petersilie, Sellerie, Lauch, Dill, oder nur Bergbohnenkraut.
Grünkern:	Bohnenkraut einjährig, Basilikum, Majoran, Oregano, – Majoran, Bergbohnenkraut, Basilikum, – Dill, Estragon, Basilikum, – Petersilie.
Hafer:	Koriander, Fenchel, Zitronen-Thymian, Thymian, Lauch oder Zwiebel, Selleriesalz, etwas Kümmel, – Ysop, Schabzigerklee, Dill, – Rosmarin, Basilikum.
Hirse:	Ingwer, Koriander, Rosmarin, Fenchel, – Liebstöckel, Zwiebel, Knoblauch, Wacholder, – Lauch, Petersilie, Liebstöckel, Dill, – Curry.
Mais:	Curry, Paprika, Oregano, Lauch, Knoblauch, Liebstöckel, Thymian, Spur Cayenne, – Koriander, Basilikum, Dill oder Rosmarin.
Reis:	Curry, Rosenpaprika, Cayenne, Zwiebel, 2 Nelken – Rosmarin, Ysop, Dill, – Ingwer, Koriander, Zitronen-Thymian.
Roggen:	Kümmel, Lorbeer, Wacholder, Thymian, – Thymian, Majoran, – Ysop, Wacholder, Zwiebel.
Weizen:	Schabzigerklee, Ysop, Rosmarin, – Koriander, Rosmarin, Dill, – Muskatblüte, Walnüsse, Selleriesalz.

In der Praxis hat es sich bewährt, eine Kopie dieser Tabellen in einer Klarsichthülle über dem Arbeitsplatz aufzuhängen.

Aus Barbara Hübners feiner Würzküche

Band II

Hauptgerichte mit Getreide, Gemüse, Obst

Verlag Freies Geistesleben

Die Deutsche Bibliothek – CIP-Einheitsaufnahme

Hübner, Barbara:
Aus Barbara Hübners feiner Würzküche /
[Rezepte und Texte: Barbara Hübner. Zeichn.
von Lore Klett]. – Stuttgart: Verl. Freies
Geistesleben.

Bd. 2. Hauptgerichte mit Getreide, Gemüse,
Obst. – 2. Aufl. – 1992

ISBN 3-7725-0817-0

Einband und Illustrationen: Lore Klett
2. überarbeitete Auflage 1992

Druck: Greiserdruck, Rastatt

Inhalt

Vorwort

Weihnachten 1983 erschien der erste Band « Aus Barbara Hübners feiner Würzküche », gewissermaßen die Vorspeise für den hier vorliegenden zweiten Band.

Beide Bände sind eine Einheit. Das umfangreiche Thema hätte ein einbändiges Buch zu dick und für die Arbeit in der Küche unhandlich werden lassen. So entstand der zweite Band auf der Grundlage des ersten.

BAND I bringt Rezepte für gehaltvolle, schmackhafte Gerichte zu Frühstück und Abendessen. Auch Kinder und Magenempfindliche sind berücksichtigt. Viele dieser Gerichte können gleichzeitig mit dem Mittagessen vorbereitet bzw. zubereitet werden. Durch Getreide-Milch-Gerichte, erfrischende kalte oder auch warme Obstspeisen erübrigt sich der zumeist übliche Verzehr von Aufschnitt und Brot als Abendessen.

Ein reiches Rezept-Angebot für wärmende, aromatische Suppen zur Anregung des Organismus findet sich in Band I als Einstimmung auf das Hauptgericht.

Außerdem werden als Ergänzung zur Hauptmahlzeit viele abwechslungsreiche, lockere Cremes zum Nachtisch angeboten.

BAND II, der nun hier vorliegt, bringt für die Hauptmahlzeit eine Menge nahrhafter, schmackhafter Gerichte, angefangen mit einfacher Zubereitung vollwertiger Getreide über Frischkost- und Gemüsebeilagen bis zu recht anspruchsvollen, pikant gewürzten Gerichten, wobei auch Kuchen mit einbezogen sind. Schließlich enden die Rezepte mit Vorschlägen für ein Picknick im Freien und ein festlich geschmücktes kaltes Buffet.

Wie schon der erste zeigt auch der zweite Band: Vegetarische Küche braucht nicht langweilig oder gar fade zu sein, sondern ist mindestens so schmackhaft und, wie sich immer wieder erweist, sogar nachhaltiger erfrischend als die anspruchsvolle Fleischküche.

Gedankt sei allen Freunden, die am Zustandekommen dieses zweiten Bandes beteiligt waren, sei es bei der ernährungswissenschaftlichen Fundierung, beim Formulieren und Schreiben der Texte, oft auch beim Schmecken der Speisen, beim Schmücken des Buches, bei der künstlerischen Gestaltung: Dr. Petra Kühne, Doris Kroehnert, Ilse Fillenzhofer, insbesondere aber der Malerin und Graphikerin Lore Klett. Sie haben Zeit und Kraft zur Verfügung gestellt unter dem Motto von M. O. Bircher-Benner, das auch unser Anliegen zum Ausdruck bringt:

« Ernährung ist nicht das Höchste im Leben,
aber sie ist der Nährboden,
auf welchem das Höchste
verderben oder gedeihen kann. »

Was ist das Besondere an diesem Buch?

Aus den verschiedenen Getreidearten, ihren Verarbeitungsprodukten und dem Buchweizen ergeben sich für die Zubereitung viele Möglichkeiten. Dabei waren drei Gesichtspunkte maßgebend:

Sorgfältige Auswahl der Zutaten: Verwendung hochwertiger Lebensmittel, Verzicht auf Fertigprodukte mit isolierten Stoffen oder synthetischen Zusätzen sowie auf denaturierte Waren.

Schonende Zubereitungsverfahren: Die Verarbeitung in der Küche erfolgte ohne qualitätsmindernde oder belastende Auswirkungen auf den Menschen.

Die Würzkunst: Mit einer Vielzahl von Kräutern und Gewürzen wird versucht, Einseitigkeiten der Nahrung auszugleichen, dadurch anregend und gesundend auf den menschlichen Organismus zu wirken.

Immer deutlicher wird heute empfunden: Die Art und Weise wie der Mensch sich ernährt, beeinflußt nicht nur seinen Körper, sie wirkt viel umfassender und tief in sein Geistig-Seelisches hinein. Wie aber ist solche Wirkung möglich? Zunächst werden die Nahrungsmittel als fremde Stoffe aufgenommen, und der Mensch muß sich mit ihnen auseinandersetzen. Die Dynamik, die im Organismus dabei entfaltet wird, ist nun von entscheidender Bedeutung für den ganzen Menschen. Gelingt es ihm nicht, diese Auseinandersetzung zu führen, so erschwert ihm die Ernährung, was sie ihm eigentlich erleichtern sollte. Denn der Organismus muß von seinem eigenen Ich voll ergriffen werden, um Grundlage sein zu können für ein gesundes und im weitesten Sinne menschengemäßes Leben.

Auf die Dauer wird das aber nur erreichbar sein, wenn der Mensch seine Nahrungsmittel so erzeugt, daß sie ihm eine entsprechende innere Qualität entgegenbringen.

In den Produkten der konventionellen Landwirtschaft, vielen verarbeiteten Nahrungsmitteln und vor allem denjenigen, die synthetische Zusatzstoffe enthalten, finden wir diese lebendige innere Qualität kaum noch. Sie kann nur entstehen, wenn in gärtnerischen und landwirtschaftlichen Betrieben die biologischen und ökologischen Zusammenhänge auf das sorgfältigste beachtet werden. Das erstrebt man in der biologisch-dynamischen Wirtschaftsweise, deren Produkte das Warenzeichen «Demeter» tragen.

Dort werden keine chemischen Substanzen wie leicht lösliche Mineraldünger, giftige Pflanzenbehandlungsmittel und keine Antibiotika in der Tierhaltung verwendet. Statt dessen versucht man, durch pflegende Maßnahmen eine gute Qualität zu erzeugen. Sie entsteht, wenn die Bildekräfte der irdischen Substanzen mit den kosmischen Bildekräften harmonisch zusammenwirken. Zu diesen pflegerischen Maßnahmen gehört auch die Beachtung kosmischer Rhythmen sowie die Anwendung besonders präparierter Natursubstanzen und Heilpflanzen. Daß diese Maßnahmen bis in die Substanzbildung der Nahrungsmittel hinein wirksam sind, läßt sich durch vergleichende Untersuchungen und Analysen nachweisen.

Der landwirtschaftliche Betrieb soll nicht eine fabrikartige Produktionsstätte für pflanzliche und tierische Nahrungsmittel darstellen, sondern mit allen zu ihm gehörigen Tätigkeiten einem lebendigen Organismus mit seinen rhythmischen Abläufen entsprechen.

Der Verbraucher kann bemerken, daß so erzeugte Nahrungspflanzen fester in ihrer Struktur sind, infolgedessen beim Kochen nicht so zusammenfallen, sich länger halten, daß sie besser sättigen, wesentlich bekömmlicher sind und vor allem ein unvergleichlich feineres, aber auch kräftigeres Aroma haben als die üblichen Erzeugnisse.

Diese Eigenschaften veranlassen viele Verbraucher, sie trotz ihrer höheren Preise zu bevorzugen. Selbst wenn Produkte an manchen Orten knapp sind, hat man zumindest durch die Demeter-Getreide, die auch im Versand erhältlich sind, eine gute Grundlage für die Ernährung. Jedes unbeschädigte Getreidekorn ist vor Verderb geschützt und bei guter Lagerung über Jahre haltbar! Der Qualitätsverlust setzt jedoch durch Luftzutritt unmittelbar nach dem Zerkleinern ein. Ging bisher der Trend dahin, das Getreide immer feiner und weißer auszumahlen, dabei die Schalenteile abzusondern, so übertreibt man jetzt vielfach nach der anderen Richtung hin, nämlich das Korn so wenig wie möglich zu bearbeiten, es sogar roh zu essen.

Durch den Verzehr von rohem Getreide werden jedoch die menschlichen Verdauungskräfte in erhöhtem Maße beansprucht, insbesondere Wärmekräfte. Dies führt zu Verhärtungen. Auch stehen diese Kräfte dann nicht mehr für die freie Entfaltung des Bewußtseins zur Verfügung.*

Deshalb weist dieses Kochbuch Wege, das Getreide behutsam aufzuschließen, wodurch es verdaulich wird und gut schmeckt. Außerdem zeigt es, wie die Qualität aller weiteren Zutaten bei der Zubereitung weitgehend erhalten bleibt.

* Literaturhinweis: Ernährungsrundbriefe Nr. 51 und folgende und G. Schmidt «Dynamische Ernährungslehre», Bd. I Kap. 6 und 7

Zur Qualität der Grundnahrungsmittel

Zu den Getreiden, den Spendern nährender Kohlenhydrate und wichtiger Mineralstoffe, kommen Fette und Eiweißträger wie z. B. Milchprodukte ergänzend hinzu. Letztere sind in der Küchenpraxis auch wichtig zum Lockern und Binden. Eine Getreidemahlzeit wird abgerundet durch Obst, Gemüse und Gewürze.

Fette

Zu bevorzugen sind kalt gepreßte Öle. Das an ungesättigten Fettsäuren reiche Leinöl und die Butter verwendet man nur zum Abrunden. Leinöl sollte nur frisch – am besten direkt aus der Ölmühle bezogen* – verwendet werden, da es leicht verdirbt und dann kratzig schmeckt. Frisch hat es ein mildes, nußartiges Aroma.

Alle Fette sollten nur mäßig erwärmt bzw. nach dem Kochen zugesetzt werden. Im Backwerk steigt die Temperatur nicht über 100 °C infolge des enthaltenen Wassers. Deshalb können auch zum Backen Öle, Butter und Butterschmalz verwendet werden. Soll ausnahmsweise etwas gebraten werden, bieten sich die wasserlosen Fette wie Butterschmalz und reines, ungehärtetes Kokos- oder Palmkernfett an. Diese Fette sind weniger empfindlich, aber wegen ihres hohen Schmelzpunktes schwerer verdaulich. Ersetzt man Butter durch Butterschmalz, so braucht man $^1/_5$ der Gesamtfettmenge weniger, dafür entsprechend mehr Feuchtigkeit, z. B. statt 100 g Butter 80 g Butterschmalz und 20 g Wasser.

Eiweißträger

Der Bedarf an Eiweiß wird nicht nur von der Menge, sondern noch mehr von der Qualität und Kombination verschiedener Eiweißarten bestimmt.** Viel mehr Beachtung müßte der Anregung des Eiweißstoffwechsels geschenkt werden, denn dadurch verbessert sich die Ausnutzung der Eiweißarten. Dies geschieht durch den Verzehr von Obst und Würzkräutern, insbesondere von solchen aus der Familie der Kreuzblütler. Vollgetreide mit seinen hochwertigen Eiweißarten – ergänzt durch Milch, Milchprodukte, Nüsse, Gemüse, Salate und Früchte, gelegentlich auch durch Hülsenfrüchte – deckt leicht den täglichen Eiweißbedarf. Dadurch ist das überaus konzentrierte Eiweiß von Fleisch, Fisch, Eiern, Soja und Pilzen nicht notwendig. Wer nicht darauf verzichten möchte, dem seien Produkte von biologisch-dynamisch oder von kontrolliert biologisch wirtschaftenden Betrieben empfohlen. Rohmilch verliert schon bei Temperaturen über 40 °C an Qualität, sollte also möglichst wenig erhitzt werden (Ausführliches in Band I unter «Getreidegerichte mit Milch» S. 169).

* s. Verzeichnis der empfohlenen Produkte
** s. Literaturverzeichnis G. Schmidt «Dynamische Ernährungslehre»

Lockerungsmittel

Zum Lockern werden in diesen Rezepten verwendet: Nüsse, kohlensäurereiches Mineralwasser (Sprudel), Buttermilch, Dickmilch, Schwedenmilch (eine wohlschmeckende Sauermilch), Quark und geriebener Vollkornzwieback oder geriebenes Vollkornbrot, in den Rezepten kurz als « Brösel » bezeichnet.

Da oft zur Lockerung eine kleine Menge sehr steif geschlagene Sahne gebraucht wird, ist es ratsam, jeweils 1 Becher Sahne steif zu schlagen und zugedeckt im Kühlschrank griffbereit zu haben.

Bindemittel

Zum Binden werden verwendet: Käse, Nüsse, Buchweizenmehl, Weizen- oder Haferflocken und Demeter-Magerquark. Die Bindefähigkeit von Quark hängt entscheidend von seinem Molkegehalt ab und bedingt das Gelingen der Rezepte. Wer anderen Quark verwenden muß, sollte wissen, daß für Herstellerfirmen keine Norm für den Molkegehalt besteht und anderer Quark meist mehr Molke enthält. Will man vermeiden, daß beispielsweise Backlinge im Backofen verlaufen oder Klöße sich im Wasser auflösen, dann sollte man zunächst den Feuchtigkeitsgehalt (Molke) seiner Quarkmarke prüfen und, wenn nötig, überschüssige Molke abdrükken, um die Bindefähigkeit des Demeter-Quarks zu erreichen. Dieser verliert beim festen Ausdrücken in einem Tuch ein Drittel seines Gewichts an Molke. Man braucht also von anderem Quark möglicherweise etwas mehr. Aufgrund dieser Erfahrung verwende man immer die gleiche Quarkmarke. Die Molke sollte man wegen ihres Eiweiß- und Mineralreichtums für Getränke oder Soßen (Salatsoßen) verwenden.

Grundlegendes zum Speiseplan

Im Speiseplan sollten die drei Bereiche der Pflanze – Wurzel, Blatt/Stengel, Blüte/Frucht – möglichst bei jeder Mahlzeit, mindestens aber im Laufe des Tages enthalten sein.

Wurzelgemüse stärken den Menschen im Kopfbereich, in seinem Nerven-Sinnes-System als der Grundlage seines Denkens.

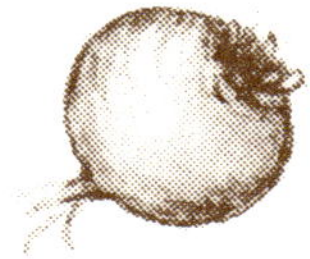

Blatt- und Stengelgemüse unterstützen das rhythmische System, d. h. Herz-, Kreislauf- und Lungenbereich und damit die Grundlage des Fühlens.

Der Blüten- und Fruchtbereich der Pflanze wirkt auf das Stoffwechselsystem und die Gliedmaßen und schafft damit die Grundlage für das Wollen.

Das Getreide ernährt den Menschen in allen drei Organbereichen, denn in ihm sind Kräfte der ganzen Pflanze wirksam.*

*R. Steiner: «Naturgrundlagen der Ernährung». Hrsg. K. Th. Willmann, Themen aus dem Gesamtwerk, Bd. 6, Verlag Freies Geistesleben, Stuttgart 1981. S. 123, 134.

Das Würzen

Unsere wichtigsten Würzpflanzen und ihre Wirkung auf den Menschen

Nahrungspflanzen, gemäß ihrem Aufbau nach Wurzel, Blatt und Blüte betrachtet, lassen gewisse Einseitigkeiten erkennen: Die nahrhaften Substanzen sind entweder nur in der Wurzel angesammelt, z. B. bei Rüben, oder im Stengel bzw. Blatt, wie etwa bei Mangold, Kohl und Salaten, oder aber in der Blüten-Frucht-Region bei Artischokke, Broccoli und allen Obstarten, Nüssen und ölspendenden Samen.

Würzpflanzen dagegen zeigen keine Nährstoffansammlungen, entwickeln dafür aber vorwiegend in Samen, Blüten oder Blättern intensive Würzkraft (ätherische Öle). Sie werden ganz durchdrungen von den durch Wärme, Licht und Luft hereinströmenden kosmischen Kräften – bei manchen sogar bis hinunter in die Wurzel. Dabei öffnet sich diese Region, in der sonst das Mineralische vorherrscht, dem ätherischen Element des Blüten-Frucht-Bereichs wie bei Meerrettich, Ingwer, Curcuma.

Die Vielfalt der Gewürze läßt sich im wesentlichen in vier große Gruppen gliedern:

Bohnenkraut

1. Die Lippenblütler und viele tropische Gewürze sind besonders durch Wärme geprägt. Sie impulsieren auch im Menschen Wärmeprozesse, die ihm helfen, sich im Leibe zu verankern und ein gesundes Willensleben zu entfalten.

Die Lippenblütler – entsprechend ihrer Zugehörigkeit zur mittleren, der gemäßigten Zone – entfalten ihre Würzkraft im mittleren Bereich der Pflanze, im Blatt-Bereich. Sie bewirken eine harmonische milde Durchwärmung der mittleren Organisation des Menschen, des Blut-, Atem- und Stoffwechselsystems.

Hierher gehören Salbei, Thymian, Gundermann, Taubnessel; sie entfalten über das Herz-Lungen-System ihre wärmende Wirkung (Hustentees). Salbei kräftigt alle Schleimhäute und zieht Verdauungskräfte energisch herein, wenn schwere Speisen zu bewältigen sind (Käse, Hülsenfrüchte, Bratlinge). Lavendel, Melisse, Majoran wärmen, entkrampfen, wirken lösend bis in die Unterleibsorgane. Rosmarin, Basilikum und auch Ysop beleben und durchwärmen den Kreislauf; Pfefferminze, Bergbohnen- oder Pfefferkraut, das mildere einjährige Bohnenkraut sowie Oregano durchwärmen und impulsieren die Verdauungstätigkeit.

Die tropischen Gewürze, die hier nicht nach Familien gruppiert werden können, schenken uns durch Hitze geprägte Gewürze aus dem Blüten-Frucht-Samen-Bereich, die die Stoffwechselprozesse befeuern, wie Muskatnuß und Muskatblüte, Gewürznelke, Piment, Kardamon, Pfeffer, Paprika, Zimtblüte und Zimtrinde, Ingwer, Curcuma (Hauptgewürz im Curry). Die zuletzt genannten haben die Würzkraft vom Wärmepol (der Blüten-Frucht-Region) heruntergezogen in die Rinde oder die Wurzel.

2. Die Doldenblütler sind durch Licht und Luft geprägte Pflanzen. Die Gewürze dieser Familie zeigen ihre Beziehung zum Licht in den lockeren, strahlig angeordneten, von Licht und Luft durchwehten Blütenständen. Sie holen Luft in ihre hohlen Stengel herein. Einige bilden in ihrer Pfahlwurzel Luftkammern oder ein poröses Gewebe – so die Pastinake. Das luftige Element durchdringt ihren gesamten Flüssigkeitsstrom, in dem sich ein leicht schleimiger Saft bildet. Im Menschen wirken sie anregend im Bereich des Flüssigen, vorwiegend im Drüsensystem, sowie auch auf die Vorgänge der Durchlichtung, Durchatmung, «Durchluftung» – bekanntlich ordnen sie entgleiste Luftprozesse wie Blähungen, Aufstoßen. Sie unterstützen die Verdauung der kohlenhydratreichen Speisen wie Brot, Gebäck, Getreide- und Obstgerichte und der besonders schwer verdaulichen Hülsenfrüchte.

Zu den Doldenblütlern zählen Anis, Fenchel, Kümmel, Koriander, Liebstöckel, Kerbel, Dill, Petersilie. Auch einige Nahrungspflanzen sind zu nennen, wie Möhren, Pastinaken, Wurzelpetersilie und Sellerie; letztere unterstützen die Nieren.

3. Die Kreuzblütler wirken im Stoffwechselsystem anregend und aufbauend. Eine schier unverwüstliche Lebenskraft sowie große Verwandlungs- und Vermehrungsfähigkeit zeichnet die Pflanzen dieser Gruppe aus. Beim Menschen aktivieren sie die vegetativen Prozesse – den Stoffwechsel –, und helfen besonders bei der Verdauung von

Eiweiß. Die Stoffumwandlung bewirkt hauptsächlich der Schwefel, den wir deutlich in den scharfen, oft beißenden Aromen bemerken. Man denke hier an Wiesenschaumkraut, Sand- oder Bauernsenf, Mauerdoppelsamen (oft verwechselt mit dem viel kleineren ausdruckslosen Hungerblümchen), Löffelkraut, Kresse, Meerrettich, mit denen man gern Salate, Quark, Soßen und eiweißreiche Speisen würzt.

Die Lauch- und Zwiebelarten – eine Gruppe der Liliengewächse – werden ebenfalls durch die Tätigkeit des Schwefels charakterisiert. Sie wirken anregend auf die Verdauung, beschleunigen den Stoffumsatz, lösen und heilen wäßrige Stauungen, eitrige Entzündungen, entschleimen im Kopf-Brust-Gebiet, denn diesem entspricht die Zwiebel im Sinne der dreigliedrigen Pflanze. In ihr ist der Blühimpuls des Schwefels zurückgehalten und mit dem Saftstrom des Blattbereichs am Wurzelhals zusammengestaucht. Statt prächtiger Blüten (wie die Lilien) entwickeln sie im schleimigen Saft ihr feurig-scharfes, stoffwechselanregendes, aber auch oft aufdringliches Aroma. Sie sind bekannt als Gewürz für eiweißreiche und fette Speisen wie Hülsenfrüchte, Fleisch, Käsegerichte sowie für Gebackenes und Gebratenes.

4. Die Korbblütler haben die Blüte zur schönsten Vollkommenheit entwickelt. Heil- und Würzpflanzen dieser Familie haben sich ganz mit dem Impuls des Blühens durchdrungen: Materie zu verfeinern, zu lösen, zu verduften, zu verströmen. Da die Blüten-Frucht-Region der Pflanze der Stoffwechselorganisation des Menschen entspricht, entfalten sie hier ihre heilsame Wirkung.

Blüten von Kamille, Ringelblume, Wegewarte werden gern kompakten Speisen wie Kohlgerichten zugefügt, um sie leichter verdaulich zu machen.

Andere Korbblütler unterstützen durch Bitterstoffe die großen Verdauungsdrüsen bei ihrer Aufgabe, die Nahrung aufzulösen, beispielsweise Schafgarbe (Blüten und Blätter), Estragon, Beifuß, Marienblatt, Eberraute, Wermuth (Blätter), Löwenzahnwurzel und nicht zuletzt Wegewarte (ganze Pflanze), die als Tee sowie als Salat- und Soßengewürz besonders für Leber, Galle und Bauchspeicheldrüse hilfreich sind. Außerdem sind aus dieser Familie einige Nahrungspflanzen als diätetische Lebensmittel geschätzt: Chicorée und Löwenzahn (ganze Pflanze), Artischocke (Frucht).

Viele Korbblütler bilden und speichern das Inulin, einen speziellen Zucker, der für Diabetiker besonders wertvoll ist, so Topinambur, Artischocke, Schwarzwurzel, Chicorienarten, Löwenzahn. Für Diätzwecke wird das Inulin aus der Dahlienknolle gewonnen und industriell verarbeitet.

Bei der Auseinandersetzung mit der Nahrung – diesem völligen Entvitalisieren und Auflösen – gewinnt der Mensch die Kraft zum Aufbau seiner individualisierten körpereigenen Substanzen, die die Grundlage seiner Persönlichkeit bilden.

Wie ergänzen sich Gemüse, Getreide und Gewürze?

Man wird meistens versuchen, die erwähnten Einseitigkeiten der Nahrungspflanzen (s. S. 13) auszugleichen. Dies geschieht, indem man Gewürze wählt, die ein Gericht für sich allein – jedenfalls aber im Rahmen der betreffenden Mahlzeit – zu einem abgerundeten Ganzen machen.

Wurzelgemüse braucht zur Abrundung Gewürze aus dem Blütensamen-Frucht-Bereich.* Wird beispielsweise Sellerie als Frischkost zubereitet, mildert man das strenge salzig-wurzlige Aroma durch Beigaben aus dem Frucht-Samen-Bereich, wie Äpfel, Zitronen, Öl, Anis, Dill, Honig, Nüsse. Vielleicht durchwärmt man die Frischkost hin und wieder mit ein wenig Meerrettich, der sich bis in die Wurzel hinunter mit den feurigen Schwefelprozessen des Blüten-Fruchtbereichs durchdrungen hat.

Passende Getreide zum gegarten Sellerie wären wärmende Hirse oder Hafer als « hitziger Choleriker » (s. Auflaufrezept S. 238).

In Suppen- oder Eintopfgerichten läßt sich der Sellerie gut mit der sämigen Gerste kochen, deren Kieselgehalt (Lichtqualität) S. 21 charakterisiert wird. Um seine anregende Wirkung auf die Stoffwechseldrüsen zu unterstützen, gibt man zum Eintopf weitere Doldenblütler wie Liebstöckel und als Gemüse Wurzelpetersilie, Pastinake, Möhre sowie die wärmenden Blattgewürze Thymian, Oregano, außerdem Zwiebeln und Lauch hinzu.

Ein **Blattgemüse** als Vertreter des mittleren pflanzlichen Bereichs wäre der Mangold, der als salzliebendes Gänsefußgewächs aus Küstengebieten stammt. Durch seinen hohen Gehalt an Kalzium und Natrium sowie Eisen ist er eine wichtige Nahrungspflanze. Eine Art ist bekannt als Stielmangold mit dunkelgrünen, breiten Blättern und breiten, derben, weißen Stielen – die andere als Blattmangold mit lichtgrünen, zarten Blättern und Stielen.

Der Stielmangold ist viel anspruchsvoller an Boden und Feuchtigkeit. Er fordert förmlich dazu heraus, ihn durch kräftiges Würzen aus seiner kühlen, salzliebenden, ziemlich ausdruckslosen Neutralität zu «erlösen». Ein wenig Säure durch Zitrone, Molke oder Buttermilch im Kochwasser bewahrt nicht nur die helle Farbe der Stiele, sondern rafft auch das flüchtige Aroma und weckt das Interesse des Essenden. So unzerschnitten zubereitet mit Kräuterbutter übergossen, erinnert er an Spargel. Ein Stück scharfe, schmale rote Paprika mit Zwiebeln gedünstet, Senfkörner und Ingwer wirken befeuernd, aber gerade auch Gewürze des mittleren Blattbereichs aus der Familie der wärmeliebenden Lippenblütler machen dieses Gemüse anregend, zum Beispiel Majoran, Oregano, Basilikum, Zitronenthymian, der herbe Salbei oder, statt ihrer, zwei Doldenblütler: etwas Liebstöckel und viel Petersilie. Um den Mangold in seinem Salzcharakter zu intensivieren, wird er mit würzi-

* Z. B. Rote Rübe, Bd. I, S. 16

gem Käse überbacken, mit roten, säuerlich-süßen Tomatenscheiben garniert oder mit einer Käse- bzw. Tomatensoße serviert. Seine breiten Blätter – zurückhaltend im Geschmack – sind geeignet, eine pikante Getreidefüllung als Roulade zu umhüllen (Grünkern, Thermo-Roggengrütze, Thermo-Gerstengrütze u. a.).

Bei dem zarteren Blattmangold sollte man das milde, leicht süße Aroma betonen, es aber auch gleichzeitig stärken durch ein wenig gedünstete Zwiebeln, eine Spur Ingwer oder Muskat. Viel Boretsch unterstützt das Ineinanderwirken der Wasser- und Lichtprozesse im Mangold. Pfeffrig-fruchtiger Koriander und/oder lieblicher Fenchel und Mandeln (abgezogen, grob gehackt) als Vertreter des oberen Fruchtbereichs runden mit Sahne und Butter das milde Gemüse ab und geben ihm erst die gewünschte Fülle.

Dazu passende Getreidearten wären Hafer, Hirse, Gerste – pikant zubereitet als Backlinge, Bratlinge und Schnitten.

Fruchtgemüse wie Gurke, Zucchetti, Kürbis, die nur auf nährstoffreichem Humus gedeihen, sind geprägt durch Wasser und Wärme. Saftstrotzend und anlehnungsbedürftig liegen sie mit mächtigen Blättern und Früchten schwer am Boden. Ihnen fehlt die straffe Aufrichtekraft, die durch Kiesel vermittelte Formkraft des Lichtes.

Zum Ausgleich brauchen sie lichtdurchwirktes, mineralstoffreiches Getreide. Dafür wäre die wärmende Hirse mit ihrem Kieselreichtum oder Roggen geeignet, der mit seiner mineralischen Komponente und seiner Aufrichtekraft so imponierend wirkt.

Auch der wasser- und wärmeliebende Reis kommt als Beilage zum Fruchtgemüse in Frage. Da er aber wie das Gemüse zum Formlosen neigt, sollten wärmende und scharfe Gewürze wie Paprika, Peperoni, Curry, Ingwer, Nelken, Basilikum und Zwiebeln ihn «durchglühen». Dagegen möchte man in einer Suppe* oder Creme* mehr das Weiche, das Wärmehafte betonen, «mild und voll» würzen mit wenig Ingwer, dazu Anis, Fenchel, Koriander, Äpfel, Zitrone, Ahornsirup, evtl. Vanille und Honig, zur Abrundung Sahne.

* Z. B. «Kürbissuppe mild und voll» und «Kürbisschaum», Bd. I, S. 74/75

Wie handhabt man Gewürze?

Mengenangaben für Gewürze bzw. Trockenkräuter können nur Hinweise geben, da die Würzkraft sehr unterschiedlich ist und abhängt von Klima, Boden, Anbauweise, Erntetermin, Trocknung, Aufbewahrung.*

Für Kinder und empfindliche Menschen sollte man zurückhaltend würzen – wenig und nicht zu viele Gewürze gleichzeitig –, für ältere Menschen dagegen intensiv.

Das Salz. In den Rezepten wird Meersalz verwendet (rückstandsgeprüft), es salzt schwächer als Kochsalz. Außerdem wird Kochsalz auf Meersalzbasis empfohlen und Steinsalz ohne Ergänzungsstoffe.

Vorgefertigte Würzen. Bei so vielfältigen Würzen mit Kräutern braucht man nur selten vorgefertigte Würzen. Sehr empfehlenswert ist «Sekowa Gemüsebrühe» (inzwischen erhältlich als «Gemüsebrühe mit Meersalz aus Demeter Gemüse») – besonders schonend getrocknete Gemüse und Kräuter in Pulverform, ohne Algen, Hefe oder Glutamat – hier kurz als «Sekowa» bezeichnet; außerdem die Pflanzenwürze «Würzige Suppe» der Naturata; evtl. flüssige Würze Kelpamare von Bioforce – mit Algen und Soya; evtl. «Cenovis Bierhefe» – ohne synthetische Nährlösungen gezüchtet, problematisch allerdings durch den hohen Gehalt an Purin, auch an Kochsalz und etwas Glutamat.

Süßungs- und Säuerungsmittel sind ausführlich in Bd. I, S. 172, behandelt, hier auf S. 115 und bei den jeweiligen Rezepten angeführt.

Mitkochen oder Ziehenlassen. Mitkochen beeinflußt entscheidend den Grundcharakter der betreffenden Nahrungspflanze. Prinzipiell gilt Wurzeln und Samen länger (vorheriges Mahlen oder Einweichen verkürzt die Kochzeit), Blätter und Stengel kürzer, Blüten nur brühen und ziehen lassen.

Gewürze, die man den Speisen erst nach dem Kochen zusetzt und ca. 10 Min. darin ziehen läßt, beeinflussen die Speisen kaum; sie wirken ähnlich wie ein Kräutertee direkt auf die Organe des Menschen.

Aufbewahren und Zerkleinern: Frische Kräuter lassen sich 8–10 Tage frischhalten, wenn sie wie folgt behandelt werden: Stengel recht kalt waschen, frisch anschneiden, gut abtropfen, luftabgeschlossen auf einem feuchten Papiertuch in einem Schraubglas verwahren, kühlstellen. Getrocknete Kräuter vor Licht und Luft geschützt aufbewahren, erst kurz vor Gebrauch zerkleinern im Porzellanmörser bzw. Drahtsieb (1,5-mm-Lochung) oder in der Handkräutermühle. Samen anstoßen im Mörser bzw. mahlen in einer Gewürz- oder Handkaffeemühle. Ganze

* Unbegaste, unbestrahlte Trocken- und Frischkräuter gibt es aus biologisch-dynamischem und kontrolliert biologischem Anbau (s. Bezugsquellen-Nachweis).

Samen vor dem Kochen einweichen. Wurzeln auf einer Muskatreibe reiben (unvermahlen verwendet man sie nur, wenn man sie nach dem Kochen herausnehmen kann).

Aromen entwickeln: Bei ganzem Korn durch Darren (s. unter Getreide S. 25). Bei geschrotetem Korn, Kümmelkörnern, gehackten Zwiebeln, Haselnüssen und abgezogenen Mandeln durch behutsames Rösten im Backofen bei 80° bis sie duften.

Gewürze dauerhaft aufbewahren:

Trocknen: Zitronen/Orangen (biodyn oder Demeter) dünn abschälen, trocknen und kleinhacken bzw. mahlen in einer Schrotmühle mit Metallmahlwerk.

Süß einlegen: Zitronen dünn abreiben, das Abgeriebene mit Honig vermischen. Orangen ebenso behandeln oder mit Demeter Rübensirup vermischen. Jeweils in Schraubgläsern aufbewahren.

In Öl einlegen (am haltbarsten Olivenöl): getrennt Salatkräuter und Kräuter für Soßen, Suppen, Quark, Aufstrich; feinhacken, mit fast der gleichen Gewichtsmenge Öl mischen, in dunkle Schraubgläser drücken, mit etwas gemahlenen Senfkörnern bestreuen, fest verschlossen und kühl für den Winter aufbewahren. – Meerrettich feinreiben, mit Öl vermischt in Schraubgläser gedrückt kühl und dunkel für kürzere Zeit aufbewahren oder für Monate: mittelgrob reiben, mit reichlich Olivenöl mischen, nach 3 Tagen durch ein Teesäckchen seihen, ausdrücken, in Fläschchen füllen; trockene Rückstände bald verbrauchen als Brotbelag oder Meerrettich-Quark.

In Molkosan einlegen: unechte Kapern, unreife Samen von Kapuzinerkresse oder Käspappel (wilde Malve), Knospen von Löwenzahn u. a.; eine Nacht in kaltes Wasser legen, durchspülen; mit Gewürzen (Dill, Estragon, Basilikum, etwas Ysop, Koriander und Senfkörnern, wenig Salz) in Schraubgläser füllen, mit unverdünntem Molkosan bedecken, kühl und dunkel aufbewahren.

Das Getreide

Charakteristisches der Getreidearten

Weizen, Dinkel, Roggen und Gerste sind in Mitteleuropa beheimatet. Außerdem verwendet man Hafer, das Getreide der nördlichen Gegenden, Mais, der aus dem westlichen Teil unserer Erdkugel stammt, Reis aus dem ostasiatischen Raum und die in Afrika beheimatete, aber inzwischen auch in Europa akklimatisierte Hirse.

Der Weizen läßt sich am vielseitigsten zubereiten und wegen seines hohen Kleberanteiles besonders gut verbacken. Für feinere Teige, Süßspeisen, Breie und Soßen nimmt man ihn gerne, weil er geschmacksneutral, einfach zu würzen und gut bekömmlich ist. In Form von Flocken, Grieß oder Grütze stellt der Weizen keine großen Anforderungen an die Verdauung. Als ganzes Korn gekocht bleibt jedoch die äußere Haut immer etwas hart, was ein typisches Merkmal aller Nacktgetreide ist.

Der Dinkel, verwandt mit dem Weizen, gehört zu den Spelzgetreiden. Er quillt beim Kochen gut auf, entwickelt runden, vollen Geschmack und wird schön weich. Durch seinen hohen Kleberanteil hat er ausgezeichnete Backfähigkeit. Wie den Weizen möchte man ihn als harmonisch, ausgeglichen, als « Sonntagsgetreide » bezeichnen.

Der Grünkern ist unausgereifter Dinkel. Die milchreifen Körner werden gedarrt und haben dadurch einen würzigen und verdauungsanregenden Geschmack, allerdings geringe Bindefähigkeit. Wie durch Darren kann man auch durch Würzen die fehlenden Reifeprozesse nachholen; dafür sind die durchwärmenden Lippenblütler unserer gemäßigten Zonen geeignet: Basilikum, Bohnen- und Pfefferkraut, Majoran, Thymian u.a. So wird der Anfänger in der Getreideernährung den Grünkern bald zu schätzen wissen.

Der Roggen verlangt vom menschlichen Organismus eine viel stärkere Auseinandersetzung, aber gerade dadurch erwirbt sich der Mensch neue Kräfte. In der Küche verarbeitet man dies Getreide zu kräftig-aromatischen Gerichten, die auch dem körperlich arbeitenden Menschen und dem Heranwachsenden eine gute Grundlage geben. Leicht bekömmlich sind Roggen-Thermo-Grütze und Flocken, die man gekocht als Beilage reichen kann, ähnlich wie Teigwaren. Er tut besonders der Leber gut. Diese Wirkung läßt sich durch entsprechende Gewürze noch unterstützen, die gleichzeitig seinen kräftigen Geschmack unterstreichen, wie beispielsweise Thymian, Ysop, Kümmel und Wacholder.

Die Gerste ist sehr zurückhaltend in ihrem Geschmack. Ja, man muß sogar aufpassen, daß sie nicht zu sehr das Salz und die Gewürze «schluckt». Ihre ausgleichende Wirkung ist für einen schwachen Magen sehr hilfreich. Durch ihren hohen Kieselgehalt stützt sie das Nerven-Sinnes-System, wirkt kräftigend und aufbauend auf Knochengerüst, Bindegewebe, Schleimhäute und den Lungenbereich und lindert z. B. als Barley-Water entzündliche Prozesse wie fiebrige Erkältungen, Gastritis u. a. Mit Gerstenfeinschrot bereitet man milde Suppen, Soßen, duftige Cremes. Gerstengrütze, -flocken und -graupen verlangen herzhaft durchwärmende Gewürze wie Salbei, Majoran, Thymian oder Liebstöckel.

Der Hafer wirkt durch seine Fett- und Eiweißqualität kräftigend und belebend auf den Menschen, weshalb er auch von Sportlern geschätzt wird. Sehr geschwächte Menschen wurden schon oft mit Hilfe des Haferschleims gerettet. Seine Nährstoffe sind wichtig für den Diabetiker, auch wirkt er insulinsparend. Gern verstärkt man seine wärmende Wirkung durch Gewürze wie Fenchel, Kümmel, Thymian, Basilikum und Rosmarin. Durch Darren entwickelt er einen feinen, nußartigen Geschmack und bleibt beim Kochen körnig.

Der Mais, obwohl verlockend mit seiner goldenen Farbe, ist am schwersten « zugänglich ». Beim Zubereiten in der Küche braucht er sehr viel Wärme und Auflockerung, ehe er seine Qualitäten entwickelt. Wenn man Maisgrieß für Polenta 30–40 Minuten auf kleinem Feuer rührt, löst man ihn aus seiner kompakten Schwere. Gut abgeschmeckt wird er dann mit durchwärmenden Gewürzen wie Paprika, Curry, Cayenne, Zwiebeln, Knoblauch und Thymian zu einer Köstlichkeit.

Mais ist für Zöliakiekranke (Getreidekleberallergie) das wichtigste Getreide (außerdem aber auch Reis, Hirse und Buchweizen).

Der Reis, dessen anfängliches Wachstum besonders stark vom Wasser abhängt, bringt den Flüssigkeitsorganismus des Menschen in Bewegung, wirkt entwässernd und entschlackend. Hier liegt seine Bedeutung für die Krankenkost. Durch starken Wasserentzug kann er auch stopfend wirken. Anders als bei den übrigen Getreiden ist sein Eiweiß von den Kohlenhydraten durchdrungen. Er ist besonders leicht verdaulich und nahrhaft; eine beruhigende Wirkung geht von ihm aus. Seinen geringen Kalkgehalt kann man durch Milch- und Milchprodukte ausgleichen. Mit fein gemahlenem Reis bereitet man helle, zarte Soßen, Cremes und knusprig-leichte Gebäcke. Reis braucht durchwärmende, anregende Gewürze wie Basilikum, Ingwer, Paprika, Curry und auch Zimt.

Die Hirse hat bei ihrem Wachstum in trockener Luft und Wärme einen hohen Kiesel- und Fettgehalt entwickelt, der einen positiven Einfluß auf Haut und Bindegewebe sowie Haare und Nägel ausübt. Ihre Fluorprozesse geben den Zähnen, dem Zahnschmelz und dem Knochengerüst die nötige Festigkeit. Die goldgelben kleinen Hirsekörner sind rasch weichzukochen und leicht verträglich. Herzhaft oder süß zubereitet ist Hirse besonders bei Kindern beliebt. Süß verarbeitet gewinnt sie durch Koriander, Ingwer, Anis; herzhaft schmeckt sie am köstlichsten mit frischem Liebstöckel, Lauch, evtl. Knoblauch. Fein geschrotet gibt sie dem Gebäck sandkuchenartigen Charakter.

Da sie leicht ranzig wird und dann bitter schmeckt, sollte man sie kühl und nicht zu lange lagern.

Der Buchweizen hat mit dem Weizen nur den Namen gemeinsam. Er ist ein Knöterichgewächs wie der Rhabarber. Seine kleinen, kantigen Samen haben jedoch getreideähnliche Eigenschaften. Sie enthalten hochwertiges Eiweiß und haben hervorragende Bindefähigkeit. Das früher empfohlene Brühen ist überflüssig, denn das gefürchtete rote Fagopyrin, das außen in den Schalen sitzt, ist bereits mit dem Schälen entfernt worden. Die rosa Farbe des Kochwassers wird von dem völlig harmlosen rosa Rubin verursacht.

Nackthafer und Nackgerste sind nicht fest mit ihrem Spelz verwachsen, wie dies bei den meistangebauten Spelzgetreiden der Fall ist. Bei ihnen muß der Spelz in besonderen Mühlen abgelöst werden. Danach sind ihre Körner zarter, nehmen beim Kochen etwas mehr Wasser auf und sind schneller gar als die Nacktgetreide.

Die genannten Getreidearten werden in Demeter-Qualität angeboten, allerdings einige (Mais, Hirse, Buchweizen) z. Zt. erst in geringen Mengen.

Getreideprodukte

Thermogetreide* ist ein durch spezielle Wärmebehandlung besonders leicht verträgliches Demeter-Getreide mit kurzer Garzeit und besonders feinem Aroma. Es wird zu Thermo-Grütze, -Graupen, -Grieß und -Mehl weiterverarbeitet und ist – auch vermahlen – einige Monate vor Qualitätsverlust geschützt.

Flocken werden bei ihrer Herstellung mit feuchter Wärme behandelt, sind dadurch stabilisiert und begrenzt gegen Verderb geschützt.

Graupen (Gräupchen weniger) haben, obwohl stark bearbeitet, noch einen beachtlichen Anteil an Kiesel und anderen Mineralstoffen und sind daher noch nicht wertlos.

Grütze und Grieß sind bei der Herstellung nicht stabilisiert und verderben leichter, ausgenommen Thermo-Grieß, -Grütze und -Graupen.

Mehl ist nie ganz vollwertig. Je nach Type fehlen ihm die Schalenteile und der Keimling. Deshalb gibt es kein «Vollkornmehl», wohl aber mehlfeines Schrot (Feinschrot). Das Schrot sollte erst unmittelbar vor der Verwendung, am besten in der eigenen Haushaltsmühle, hergestellt werden.**

Die genannten Produkte werden in Demeter-Qualität angeboten.

* Herstellung und Information bei Fa. Bauck KG, siehe Anschriftenliste.

** Beratung beim Arbeitskreis für Ernährungsforschung, Bad Liebenzell – Unterlengenhardt.

Wichtige Küchengeräte für die Getreideverarbeitung

Man braucht einige arbeitsparende und qualitätschonende Geräte zum Mahlen, Kochen, Nachquellen und eventuell zum Zerkleinern. Bei dem umfangreichen Angebot an Mühlen und Kochtöpfen empfiehlt sich eine fachliche Beratung.* Hier sollen nur einige grundsätzliche Hinweise gegeben werden.

Mahlen des Getreides kurz vor dem Verbrauch! Denn Untersuchungen haben ergeben, daß schon nach wenigen Tagen durch das Einwirken der Luft eine Qualitätsminderung beginnt.

Ein problemloses Kochen, besonders von Schrot und Grütze, ermöglicht der Simmertopf** (doppelwandig, mit Wasser gefüllt), in dem das Getreide im Wasserbad köchelt, nicht anbrennt oder überläuft und bei geringer Wärmezufuhr gut nachquillt. Das gleiche gilt für den Turmdünster (Dampfbad), in dem man gleichzeitig noch andere Gerichte schonend garen kann.

Günstig sind ebenfalls die Töpfe zum wasserarmen Garen, die einen besonders dicht abschließenden Deckel ohne offene Lüftungsschlitze aufweisen. Die Dampfdrucktöpfe sind dagegen abzulehnen. Der erhöhte Druck zerstört zu schnell die Struktur des Kochgutes, und die Temperatur ist um 15 °C überhöht.

Zum Nachquellen reicht eigentlich eine dicke, um den Topf gewickelte Wolldecke. Praktischer ist eine Kochkiste oder ein Korb. Sie können mit Heu, ausgedienten Wollsachen oder kleinen Kissen ausgefüllt sein. Geeignet ist auch eine Warmhalteplatte oder ein Wasserbad. Kleinere Mengen läßt man in einem sehr heiß ausgespülten, weithalsigen Thermosgefäß nachquellen. Diese Garmethode ist auch ideal für Urlaub und Arbeitsplatz.

Zum Zerkleinern gekochter ganzer Körner dient ein Wolf (Scheibe mit 2 mm Lochung). Er passiert sie zu einer Paste, woraus man Backlinge, Creme, Püree, Suppe, ja sogar Teig für Obst- und Gemüsekuchen herstellen kann.

Damit nicht so viel Getreide im Wolf zurückbleibt – meist 100 g –, steckt man nach dem Passieren 4 Blatt Pergamentpapier hinein; dies drückt fast alle Reste durch, bleibt aber unversehrt hinter der Scheibe zurück.

* Beratung beim Arbeitskreis für Ernährungsforschung, Unterlengenhardt.
** Küchengeräte s. Bd. I, S. 266, und auch Petra Kühne, Wärmeprozesse bei der Nahrungszubereitung IV, Ernährungsrundbrief 54/1985.

Getreide: in Ruhe gereift – in Ruhe gegart

Die Getreideküche ist weder umständlich noch zeitraubend. Einzelpersonen und Eilige können sich Getreide für 2–3 Tage vorkochen und im Kühlschrank aufbewahren. Daraus lassen sich dann schnell verschiedenartige Gerichte zubereiten. Sobald man die vielseitigen Zubereitungsmöglichkeiten überblickt, braucht man nur noch etwas Planung für die Vorbereitung und Weiterverarbeitung.

Hinweise für die Zubereitung

Die Reihenfolge der Arbeiten: evtl. darren, nach Bedarf grob, grützartig schroten oder fein mahlen, meistens einweichen, kochen, nachquellen.

Darren: im Haushaltsbackofen wird auf einem Blech eine dünne Lage Getreide auf 80–100 °C erwärmt; günstig ist, es vorher zu befeuchten. Man darrt, bis das Getreide kroß ist und duftet. Dabei wandelt sich ein Teil der Stärke in Zucker um, es wird leichter verdaulich und kann auch gemahlen längere Zeit ohne Qualitätsverlust aufbewahrt werden. Durch vorheriges Darren wird sowohl ganzes Korn als auch Grütze nach dem Kochen krümelig-locker, ebenfalls auch durch vorheriges Absieben des mehlfeinen Schrotes, das man für Suppen und Cremes verwendet.

Einweichen: Das Stichwort «Vorbereitung» wird nur angegeben, wo längere Einweichzeit – über Nacht – empfohlen wird. Um die wertvollen Mineralstoffe des Getreidekorns verfügbar zu machen, muß das Enzym Phytase in den Randschichten des reifen Korns zur Wirksamkeit gebracht werden. Das geschieht, indem man das Korn bzw. das Schrot in kaltem oder lauwarmem Wasser einweicht (s. Bd. I, S. 10) – mindestens eine höchstens zehn Stunden vor dem Kochen (s. Tabelle). Das Einweichwasser wird zum Kochen verwendet. Das Einweichen ist auch zu empfehlen, weil es die Garzeit verkürzt. Wer sich schon länger auf Vollkornernährung umgestellt hat, kann besonders bei Schrot eine kürzere Einweichzeit wählen, da er allmählich das Enzym Phytase im eigenen Organismus entwickelt. Bei Brot und Gebäck bewirken Teigruhe und saures Milieu das gleiche wie das Einweichen.

Vorbereitung: Dieses Stichwort wird in den Rezepten angegeben, wenn längere Einweichzeit – über Nacht – empfohlen wird.

Kochen dient dem weiteren schonenden Aufschließen des Getreides. Es führt gleichsam in Feuchtigkeit und Wärme den Reifeprozeß fort. Wichtig ist langsames Garen in ausreichender Flüssigkeit im Einweichwasser, nie im Drucktopf.

Salzen erst gegen Ende der Kochzeit, bei ungemahlenen Körnern erst, nachdem sie geplatzt sind und das Innere hervorquillt. Zu frühes Salzen verhindert bei ungeschälten Körnern das Weichwerden.

Nachquellen beendet den Prozeß des Aufschließens durch milde Wärme (z. B. Kochkiste s. S. 24).

Grundrezepte zum Garen sowohl ganzer als auch gemahlener Körner folgen auf S. 27–29.

Die Tabelle auf dem vorderen Vorsatzpapier gibt Anhaltspunkte für Wassermenge und Garzeiten.

Nur wer über gute Zähne verfügt und sich ausreichend Zeit läßt zu gründlichem Kauen und Verdauen, wird sich problemlos mit ungeschältem und ungemahlenem Vollkorn auseinandersetzen, beispielsweise als Beilage zum Gemüse.

Bei kleinen und halbwüchsigen Kindern hat die Erfahrung gezeigt, daß im ganzen gekochte Körner meist den Verdauungstrakt unverdaut passieren; besonders mit Milch zusammen werden sie allzuleicht unzerkaut hinuntergespült (Beobachten ist wichtig!).

Zum Verzehr als ganzes Korn eignen sich aber gut: Vollreis, Grünkern und alle entspelzten Getreide wie Dinkel, Hafer, evtl. Gerste sowie grobe Graupen, insbesondere Thermo-Graupen und geschälte Körner wie Hirse und Buchweizen. Die anderen Getreide sollte man besser schroten. Wer keine Schrotmühle hat, kann gekochte ganze Körner – gut abgetropft – durch einen Wolf drehen und in verschiedenen Gerichten weiterverarbeiten.

Grundrezepte zum Garen der Getreide

Das zubereitete Getreide wird mit Gemüse bzw. Salat gereicht, oder es dient als Grundlage für Aufläufe, Backlinge, Getreidesalate u. a. m. Grundsätzlich sind alle Rezepte für 4 Personen berechnet, soweit nicht anders angegeben.

Grundrezept I, Getreide locker kochen

Das Getreide wird in reichlich Wasser schwimmend gegart. Dadurch bleiben die Körner bis zuletzt mit Wasser bedeckt, so daß alle gut aufquellen und durch und durch weich werden.

Nach diesem Rezept gart man:

a) Roggen, Weizen, Vollreis sowie Gerste und Dinkel

(ungeschälte bzw. gegerbte ganze Körner).

Einweichen: s. Tabelle auf dem vorderen Vorsatzpapier.

Zubereiten: im Einweichwasser ohne Salz aufsetzen – zu frühes Salzen verhindert das Weichwerden! Sachte kochen.

Nachquellen: (Zeitdauer s. Tabelle) durch ein Sieb abgießen, Wasser für Suppen, Soßen, Getränke verwenden.

Würzen und Salzen sofort nach dem Abgießen, damit die Gewürze noch mit der anhaftenden Flüssigkeit aufgesaugt werden.

Fetten: zuletzt etwas Öl oder Butter zugeben, dadurch wird die äußere Haut geschmeidig und glatt.

Warmhalten: weitere 15 Min. (Wasserbad oder über Dampf); dabei Tuch unter den Deckel spannen, um das Kondenswasser abzufangen.

Anrichten: mit Gemüse oder Salat; wahlweise gemahlene Nüsse, Sesamsalz, geriebenen Käse oder Petersilie überstreuen oder:

Weiterverarbeiten: als Getreidesalat (mit Obst oder Gemüse, möglichst milchsaurem Gemüse)
oder zu Aufläufen (mit Gemüse und Käse oder Obst und Nüssen)
oder indem man es durch den Wolf dreht (2-mm-Lochung s. S. 24) zu Püree, Creme, Backlingen
oder Teig.

b) Hirse, Buchweizen (geschälte ganze Körner), Reis

Zubereiten (ohne Einweichen): Wasser erhitzen (5–7fache Menge s.Tabelle), Körner hineinschütten, sprudelnd kochen, bis sie innen gar sind (nicht breiig, sondern noch körnig). Durch ein Sieb abgießen, kühl abschrecken, so bleiben die Schleimstoffe im Kochwasser zurück; dieses läßt sich für Suppen, Soßen oder Getränke verwenden.

Würzen und Salzen: Gewürze und Salz sofort mit 2 Gabeln locker untermischen.

Fetten mit Öl oder Butter, dadurch wird das Zusammenkleben verhindert.

Warmhalten: wie bei a)

Anrichten: wie bei a) oder

Weiterverarbeitung: zu den bei a) vorgeschlagenen Gerichten, außer zum Teig. Durchdrehen ist unnötig.

Grundrezept II, Getreide «krümelig kochen»

Das Getreide in nur so viel Wasser garen wie zum guten Ausquellen erforderlich ist. Nach diesem Rezept gart man:

a) Grünkern, Vollreis, Hafer, evtl. auch Dinkel, Graupen und Gerste

(entspelzte bzw. gegerbte ganze Körner)

Einweichen s. Tabelle auf dem vorderen Vorsatzpapier; kalt aufsetzen im Einweichwasser.

b) Hirse, Buchweizen

(geschälte ganze Körner)
ohne Einweichen direkt ins kochende Wasser schütten.

c) Grütze bzw. grützartig geschrotetes Getreide, Mais- und Weizengrieß

Einweichen nur, wenn in der Tabelle angegeben, es verkürzt jedenfalls die Garzeit. Grütze heiß oder kalt aufsetzen, Grieß direkt ins kochende Wasser schütten.

Zubereiten: Alle Getreide sacht köcheln, durch gelegentliches Umrühren für gleichmäßiges Ausquellen sorgen. Wichtig: verdunstetes Wasser durch heißes ersetzen.

Würzen und Salzen so, daß das Salz mit dem letzten Kochwasser aufgesaugt wird; mit 2 Gabeln lockern – besonders die Grütze, damit der Dampf entweicht; dabei ein Tuch unter den Deckel spannen.

Fetten mit Butter, Butterschmalz oder Öl.

Anrichten und Weiterverarbeiten s. Grundrezept I – Grütze in eine Ring- oder Puddingform drücken, stürzen, mit Petersilie, roten Möhrenscheibchen oder ähnlichem garnieren.

Sesamsalz zum Anrichten der Getreidegerichte

zum Überstreuen einer einfachen Getreidegrütze.

100 g	Sesam bei 80–100 °C darren, bis er kroß ist und duftet
5–6 EL	Thymian oder Majoran (Droge) fein verrieben
2 g	Salz

Alles gut vermischen, im Schraubglas einige Zeit als Vorrat bereithalten.

Risotto

für 3–4 Personen

200 g	Vollreis (Demeter Rundkorn)
2 EL	Öl
440 ccm	Wasser oder Gemüsebrühe, evtl. noch 2–3 EL mehr
1	große Zwiebel, evtl. noch 1 rote Paprika
100 g	Käse zum Überstreuen
	Curry, Basilikum, Dill, Salz, evtl. etwas Knoblauch

Zubereitung: Zwiebel (und Paprika) kleinschneiden, im Öl bei schwacher Hitze goldgelb dünsten, Reis trocken zugeben, 5–10 Min. mitdünsten, mit Gemüsebrühe auffüllen, 40 Min. sachte kochen, würzen; ca. 60 Min. nachquellen (mit Tuch unter dem Deckel). Ringform fetten oder mit kaltem Wasser ausspülen, Reis hineindrücken, auf eine vorgewärmte Platte stürzen.

Garnieren mit Petersilie oder geriebenem Käse.

Was paßt dazu? Salate, eine Frischkostplatte oder Gemüse.

Hirsotto

160 g	Hirse
450–480 ccm	Wasser oder Brühe

Zutaten und Zubereitung wie bei Risotto, aber 10 Min. kochen und 40 Min. nachquellen.

Mais-Polenta, sehr pikant

180 g	Maisgrieß
700 ccm	Wasser/Brühe
200 g	Lauch
2 EL	Öl
2-4 EL	Sahne
150 g	Käse (Parmesan oder Gorgonzola), gerieben, zum Zwischen- und Überstreuen.

Rosmarin, Basilikum, Oregano, Salz

Zubereitung: Lauch fein schneiden, mit Öl andünsten, Brühe zugeben, kochen, Mais einrühren. 10 Min. kochen, 30 Min. nachquellen, dabei würzen, Sahne und etwas geriebenen Käse zugeben. Mit dem Schneebesen recht locker und luftig schlagen, abschmecken; auf eine Pizzaform schütten, mit dem restlichen Käse bestreut leicht überbacken.

Anrichten zu einer Salatplatte.

Grünkerngrütze, Thermogrützen

kann man entsprechend zubereiten.

Mengen- und Zeitangaben s.Tabelle.

Was paßt dazu? Rote Bete – Apfelgemüse, Lauch, gedünstete Zwiebeln, Salate.

Gemüse-Hirsotto

für 4–5 Personen

200 g	Hirse
560 ccm	Wasser/Brühe, später einige EL vom gedünsteten Gemüse
4 EL	Öl
20–40 g	Butter zum Schmelzen.
200–300 g	Gemüsemischung:

a) Lauch/Zwiebeln, Möhren, Sellerie, Pastinake, Wurzelpetersilie gewürzt mit etwas Kümmel, Fenchel, Liebstöckel, Dill, Selleriesalz, evtl. Knoblauch. Zum Überstreuen Schnittlauch, Petersilie oder geröstete Haselnüsse bzw. Sesam.

b) Zwiebeln und Tomaten gewürzt mit Estragon, Dill, Petersilie, etwas Salbei, oder: Curry, Paprika, Knoblauch; Überstreuen mit geriebenem Käse.

c) Sauerkraut klein geschnitten oder Sauerkrautsaft, etwas Kümmel, Lorbeer, Dill; in Butter gedünstete Zwiebelringe darüber verteilen.

Wahlweise: Ingwer (frisch gerieben), Koriander, gem. Wacholderbeeren, Liebstöckel, Dill, Lorbeer, Salz.

Zubereitung: Hirse mit kaltem oder kochendem Wasser und Gewürzen aufsetzen, 15 Min. köcheln, 30–40 Min. nachquellen (Tuch unter den Deckel spannen!). Herzhafter wird sie, wenn man sie vorher ohne Fett unter ständigem Rühren leicht röstet. Das Gemüse extra dünsten, würzen und die letzten 10 Min. mit der Hirse durchziehen lassen*, abschmecken.

Was paßt dazu? Salatplatte, Kräuterquark, Meerrettichquark.

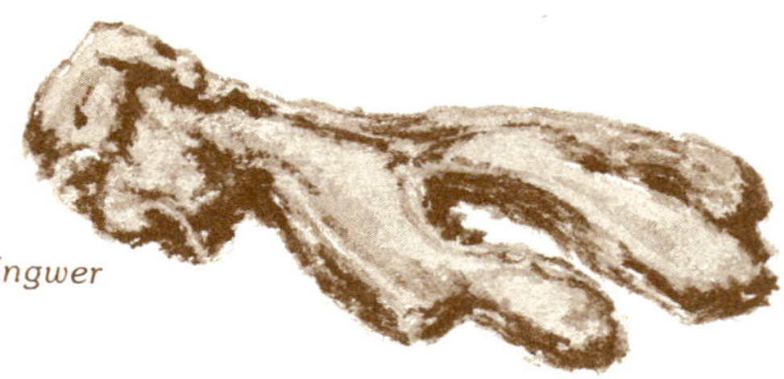

Ingwer

*Feinkörnige Hirse mit kürzerer Garzeit kann gleich mit dem Gemüse zusammen gekocht werden.

Hirse-Püree

280 g Hirse
920 ccm Wasser
40 g Butter
50 g Sahne, süß, am besten steif geschlagen, (für besondere Diät ist auch Sauerrahm geeignet), etwas Milch
1–2 TL Liebstöckel, 1–2 TL Sekowa (vgl. hierzu S. 18), 1 TL Oregano, Salz
oder: 1 geriebene Zwiebel und 2 Msp. Muskatblüte

Zubereitung: Hirse nach Möglichkeit in einem Teil des Wassers 5 Stunden einweichen, im restlichen Wasser 10 Min. kochen, würzen, mindestens 1 Std. nachquellen, ab und zu kräftig umrühren. Unpassiert mit Butter und Sahne luftig schlagen, herzhaft abschmecken, hübsch anrichten.

Gersten-Püree

für 3–4 Personen

150 g Gerste*
600 ccm Wasser oder mehr
1/8–1/4 l Milch
ca. 50 g Sahne
20–30 g Butter
2–3 TL Majoran, 2 Msp. Muskatnuß, Salz

Vorbereitung: Gerste im Wasser 10 Std. einweichen.

Zubereitung: Im Einweichwasser 20, besser 40 Min. köcheln, 3 oder 2 Std. nachquellen, abtropfen lassen. Ein wenig von diesem Kochwasser mit den Gewürzen erwärmen. Die Gerste durch den Wolf passieren (2 mm Lochung), nach und nach das gewürzte Wasser, heiße Milch, zuletzt Butter und Sahne mit dem Schneebesen luftig und locker darunter schlagen, am besten im Wasserbad bzw. Simmertopf.

Hübsch anrichten: hügelartig, evtl. mit einem gefetteten, breiten Messer Muster eindrücken, rot und grün umranden mit krauser Petersilie, Möhrenscheiben, Tomaten oder Radieschen.

* Hierfür kann die noch sehr gehaltvolle, warme Gerste verwendet werden, die beim Kochen von Gerstenwasser (Barley-Water) übrig bleibt. (Gekocht ca. 600–700 g lt. Rezept.)

Grünkerngrütze und Thermogrütze

Grünkerngrütze und alle Thermogrützen werden nach Grundrezept IIc, S. 29 gegart.

Einweichen muß man nur Grützen von ungedarrtem Getreide (Roggen, Weizen, Gerste) Thermo-Grütze dagegen ist durch das Darren bereits aufgeschlossen; immerhin verkürzt Einweichen die Garzeit.

Will man eine Grütze ungeformt anrichten, sollte sie besonders krümelig sein; dafür siebt man nach dem Mahlen das mehlfeine Schrot ab und verwendet es für Suppe, Soße oder Creme.

Beim Formen und Stürzen aus der Ring- oder Napfkuchenform stört aber der Mehlanteil nicht; er ist sogar zum Binden wichtig, wenn man z. B. einfache « Löffelklöße » oder « Schollen » abstechen will (mit einem in heiße Butter getauchten breiten Löffel).

Beim Anrichten der farb- und formlosen Grützen ist die Farb- und Formgebung besonders wichtig!

Buchweizen

280 g Buchweizen, ganze Körner
645 ccm Wasser/Brühe
40–60 g Butter oder Leinöl
2–3 große Zwiebeln

2 TL Majoran, 1½ TL Thymian, 1 TL Bohnenkraut
oder 2 TL Basilikum, 1 TL Liebstöckel, 1 geriebene Zwiebel,
Kräutersalz

Zubereitung: Buchweizen ohne Fett unter Rühren leicht rösten, in kochendem Wasser 5–10 Min. kochen, würzen, 20–30 Min. nachquellen, ein Tuch unter den Deckel spannen; herzhaft abschmecken, etwas Fett zugeben. Zwiebelringe dünsten, Buchweizen in eine gefettete Ring- oder Napfkuchenform drücken, auf eine angewärmte Platte stürzen, Zwiebelringe darüber breiten, mit krauser Petersilie, sauren Gurken oder Möhren garnieren.

Was paßt dazu? Kräuterquark bzw. Quarksoße und eine Salatplatte, Sauerkraut roh oder gedünstet, Bohnen-, Möhren-, Sellerie-Apfelgemüse.

Getreideküche im Urlaub

Oft genug fehlt im Urlaub der Herd. Was tun, wenn man auf Getreidekost nicht verzichten will? Dann kommt ins Reisegepäck:

Ein Tauchsieder, nicht zu klein (fürs Ausland den Eurostecker nicht vergessen), Litermaß mit Maßeinteilung, weithalsiges Thermosgefäß (½ Ltr. für 2–3 Personen). – Die erforderliche Größe rechtzeitig ausprobieren, denn Getreide und Wasser sollten es annähernd füllen, sonst hält es nicht die zum Quellen erforderliche Hitze.

Getreide und Dörrobst kann man mitnehmen, womöglich auch einige Gläser milchsaures Gemüse – Zucchetti, Gewürzgurken, Bohnen, Sauerkraut, Mixed Pickles, Rote Beete. – Frische Beilagen wie Salat, Obst, Quark, Käse und Dickmilch können meist am Ferienort dazu besorgt werden.

Für die Zubereitung ohne Herd, nur im Thermosgefäß, sind alle Thermo-Grützen geeignet, besonders schmackhaft ist Thermo-Roggen. Gut zu verwenden sind auch Buchweizen, Maisgrieß-Polenta, Hirse, Vollkornnudeln und Roggenflocken, die wie Nudeln gegessen werden. Mitgenommenes Grünkernschrot, das ebenfalls eine kurze Garzeit hat, sollte aber in den ersten Tagen verbraucht werden (Qualitätsminderung).

Buchweizen ist schon nach 40 Minuten gar, Thermo-Roggen-Grütze erst nach 1–2 Stunden, Hirse nach ¾ Stunden.

Zubereitung: Morgens Thermosgefäß gut vorwärmen, erst mit warmem, dann mit kochendem Wasser, mindestens ⅓ füllen, gut verschließen. Grütze abmessen, mit Gewürzen mischen, bequem und gut dafür ist Sekowa-Gemüsebrühe, Naturata Suppenwürze oder eine Mischung Trockenkräuter und Kräutersalz.

Das vorgewärmte Thermosgefäß leeren, rasch Grütze und sprudelnd kochendes Wasser einfüllen, schnell verschließen. Wenn das Getreide ausgequollen ist, wird nachgewürzt und mit Öl, Butter, geriebenem Käse oder Nüssen angereichert; dazu paßt Kräuterquark, Salat oder milchsaures Gemüse. – Für das Abendessen läßt sich im Thermosgefäß ein süßes Gericht vorbereiten wie Thermo-Gersten-Grütze oder Buchweizen mit einer Mischung gemahlener Gewürze: Anis, Fenchel, etwas Koriander, evtl. Zimt, Rosinen; beim Anrichten wird mit Sahne, Milch oder Sahnequark angereichert. Dazu paßt geschnittenes, 12 Stunden vorgeweichtes Dörrobst.

Hinweis: Auch für den Arbeitsplatz geeignet.

Frischkost und Gemüse

Grünes und Buntes aus Garten und Feld

Gemüse, roh oder gegart, vervollständigt erst eine Getreidemahlzeit. Die Frischkost (Rohkost einschließlich Salat) hat ihren Wert darin, daß sie dem Menschen die Stoffe und Kräfte der Pflanze in ihrer ursprünglichen Form darbietet. Als Vorspeise oder Beilage zu einem Getreidegericht wird sie gern nach einer warmen aromatischen Suppe gereicht.

Wieviel rohe Nahrung einem Menschen zuträglich ist, muß ganz individuell entschieden werden. Vieles spielt dabei eine Rolle: die Konstitution, Alter, Lebensweise, auch Tageszeit und Jahreszeit, und nicht zuletzt um welchen Teil der Pflanze (Wurzel, Blatt, Blüte/Frucht) es sich handelt. In einer saftigen Frucht haben schon Licht und Sonnenwärme die Stoffe, die im Blatt gebildet wurden, verfeinert und mit Aroma durchdrungen.

Dagegen ist die **Wurzel** weitgehend verdichtet, Zellulose und Mineralstoffe bestimmen ihre Struktur. Dringen Süße und Farbe vom oberen Wärmepol der Blüte/Frucht herunter, so wird die Wurzel lockerer, lichter, auch süß und farbig (Möhre, Rote Bete).

Blatt und Stengel bilden die Mitte zwischen Wärme-Blütenpol und dem mineralischen Wurzelpol wie beispielsweise beim Mangold. Das Blatt des Kopfsalates und der Kresse ist zart und durchlichtet, tendiert zum Wärme-Blütenpol, das Kohlblatt, faserreich mit fester Zellstruktur, tendiert zum Wurzelpol.

Je mehr die pflanzliche Nahrung von Wärme durchdrungen ist, wie eine **Blüte oder Frucht,** um so mehr kommt sie dem Menschen entgegen, um so leichter verdaulich ist sie. Je dichter und fester ihre Struktur, wie bei den Wurzelgemüsen, um so größer der Krafteinsatz für ihre Verdauung.

Durch sinnvoll und behutsam geleitete Wärmeprozesse greift man die Wärme- und Reifeimpulse der Pflanze auf und führt sie weiter auf die Stufe von Blüte und Frucht. Bei dem Bemessen der Kochzeit sollte man bedenken, daß die Pflanze in ihrer Blüte am zartesten und vergänglichsten ist (Blütentee). In der Frucht ist sie voll ausgereift und empfindlich, in ihren Blättern zart bis robust und in ihrer Wurzel am festesten. So wird eine Gurke sehr rasch «totgekocht», vergeht praktisch im Kochtopf, während ein derber Kohlkopf schon mehr vertragen kann und gar eine Wurzel (Schwarzwurzel, Sellerie, Steckrübe) erst durch längeres Garen ins Blütenhafte hinein gelöst, weich und süß wird. Bei roher Kost muß der Mensch selber in seinem Organismus diese Durchwärmung leisten.

Es ist ratsam, Frischkost mäßig und regelmäßig zu essen. Wer rohe Nahrung gar nicht verträgt, kann mit täglichen, sehr kleinen Portionen seinen schwachen Organismus daran gewöhnen.

Frischkost

Hinweise für die Zubereitung

Salate und Gemüse für Frischkost sollten möglichst bald nach dem Ernten verbraucht werden.

Frischhalten bis zum Verbrauch: Kühl bei 5–10 °C aufbewahren, in Glas- oder Tongefäßen vor Luftzutritt weitgehend geschützt, in feuchte Tücher oder Papier gehüllt; ersatzweise in gelochten, oben leicht geöffneten Plastiktüten, so, daß die Atmung der Gemüse nicht völlig unterbunden ist (sonst Fäulnisgefahr).

Waschen: in reichlich stehendem, recht kaltem Wasser, möglichst unzerteilt, denn an Schnittflächen geht Saft verloren, und der Luftsauerstoff greift qualitätsmindernd an; keinesfalls im Wasser liegen lassen, sehr sandigen Salat oder halb aufgeschlitzte Lauchstangen kurz unter fließendem Wasser abspülen. Blätter gut abtropfen, im Durchschlag oder Tuch schleudern. Wurzeln gründlich bürsten, nur wenn nötig schrappen (Möhren) oder schälen (Sellerie).

Sogenannten « Abfall » für Brühe auskochen. Frühzeitig vorbereitetes Gemüse in feuchtes Tuch wickeln und kühlstellen.

Zerkleinern: Salatblätter erst kurz vor dem Anrichten zerkleinern, harte zuerst nur in Öl wenden, um sie geschmeidig zu machen, später in der Soße. An Kresse weder Salz noch Öl geben, damit sie nicht zusammenfällt. – Fein geschnittenen Kohl mit der Faust oder einem Holzstößer mürbe stampfen. – Wurzelgemüse recht fein direkt in die fertige Soße reiben, 20 Minuten darin durchziehen lassen.

Grundrezepte für klare oder sämige Salatsoßen folgen, ebenfalls Vorschläge für abwechslungsreiches Würzen und Mischen.

In der Salatsoße verbinden sich Sauer und Süß, Schärfe und Milde, das knapp bemessene Salz löst sich auf. Herbes und Bitteres der rohen Gemüse wird durch Honig, Dicksäfte, Nüsse oder Sahne gemildert und ausgeglichen. Die Gewürze entfalten ihr Aroma und durchdringen die kühle Frischkost – besonders die von Wurzeln – mit Licht- und Wärmequalitäten, dadurch ist sie gut bekömmlich. Wird die Frischkost zu einem Getreidegericht gegeben, so ergänzt und verbindet die Soße wiederum diese Nahrungsmittel.

Grundrezepte für Salatsoßen

Zutaten gründlich verschlagen, Kräuter zufügen (s. Tabelle).

1) **Klare Soße**
Leicht verdünnter Zitronensaft, wahlweise Honig, Ahornsirup oder leicht verdünnter Apfeldicksaft.

2) **Klare Ölsoße**
6 TL Öl, wahlweise
2 TL Zitronensaft
oder
½ TL Molkosan mit
4½ TL Wasser verdünnt
oder
Demeter Apfelessig leicht verdünnt
oder
6 TL milchsaurer Gemüse- oder Sauerkrautsaft
oder
«Brottrunk»

nach Geschmack Honig oder Dicksaft (Birne, Apfel, Ahorn) und Salz

3) **Sahnesoße**
1 EL Leinöl
4 EL Schwedenmilch oder saure Sahne
½ EL Apfeldicksaft
2 EL «Brottrunk»
evtl. geschlagene Sahne (besonders für Wurzelfrischkost)
Salz

4) **Quarksoße**
2 EL Quark
Sahne oder Leinöl
6–8 EL Buttermilch bzw. Schwedenmilch
1 TL Apfeldicksaft
Salz

5) **Nuß- oder Mandel-Mayonnaise**
1½ EL Nußmus
1–2 EL Honig
3–4 EL Schlagsahne

oder

4 EL warmes Wasser mit
1 TL Zitronensaft vermischen
1½ EL Öl tropfenweise hineinrühren
½–1 TL Apfeldicksaft,
Salz

5a) **Meerrettich-Mayonnaise**
½–1 TL Demeter Meerrettich statt Nußmus

6) **Senfmayonnaise**
1 TL Demeter-Senf bzw. selbst gemahlene Senfkörner
2 EL Öl
1 TL Zitronensaft oder Molke
oder
¼ TL Molkosan mit
2 TL Wasser verdünnt
oder
2 EL Demeter Apfelessig leicht verdünnt,
½ TL Apfeldicksaft,
evtl. etwas Schwedenmilch,
Salz

Blatt-Salate

Gemüse/Obst	Zubereitung	Soße
Beinwell	feine Streifen schneiden	3, 4 oder 5
Boretsch	feine Streifen schneiden	3, 4 oder 5
Chicorée	schneiden	3 oder 5
a) mit Äpfeln	würfeln oder fein schneiden	a) 2 oder 3
b) mit Sauerkraut	fein schneiden	b) 2 oder 3
c) mit frischen Ananas und Äpfeln	würfeln	c) 1 oder 3
a) Eissalat	zerpflücken	a) 5
b) Zuckerhut	zerpflücken	b) 6
Endivie allein	schneiden	2 oder 3
oder mit Möhren	reiben	
und Äpfeln	würfeln oder fein schneiden	3 oder 4
Endivien mit	klein schneiden	2 oder 3
Ananas, Orangen, Äpfeln	würfeln	2 oder 5
Feldsalat allein	in kleinen Rosetten	2, 3 oder 5
oder mit	oder einzelnen Blättern,	5a
Möhren bzw. Pastinake	fein reiben	3, 4 oder 5a
Gartenkresse	ganz	1
Kopfsalat	Blätter ganz lassen oder zerpflücken	2 oder 3
Spinat-Salat, ebenso Neuseeländer-Spinat	Blätter ganz lassen oder klein schneiden	2, 3 oder 6

Würzvorschläge:

Dill, Schnittlauch
Dill, Schnittlauch

a) Dill, Petersilie, Schnittlauch, Basilikum, Zwiebeln

b) Zitronenmelisse, Rosmarin, Fenchel, Zwiebeln

c) Zitronenmelisse, Rosmarin, Fenchel

ohne Kräuter, evtl. Äpfel kleingewürfelt oder Zitronenmelisse, Schnittlauch, Zitronenthymian, Petersilie, Oregano, Pimpernell, Basilikum, Rosmarin. – Beide Vorschläge sind für a) und b) geeignet.

Kapuzinerkresse (Blätter oder Kapern), Zitronenmelisse, Anis, Fenchel, Basilikum
Zwiebeln

evtl. etwas Honig

Petersilie, Dill, Schnittlauch, Boretsch, Estragon, Meerrettich
oder Zwiebel, Kümmel, Anis, Fenchel

kurz vor dem Anrichten mischen (ohne Öl, ohne Salz, damit sie nicht zusammenfällt)

Dill, Kerbel, Estragon, Boretsch, Schnittlauch, wenig Eberraute, Zitronenmelisse, Zitronenthymian, Ysop, Pimpernell (Wiesenknopf), Breit- und Spitzwegerich u. a. Wildkräuter z. B. Wiesenschaumkraut, Hirtentäschel, unechte Kapern s. S. 19

Basilikum, Oregano, Boretsch, Ingwer, Dill, Petersilie, Schnittlauch, Zwiebeln, evtl. Sauerampfer

Wildkräuter-Salate

Einzeln oder gemischt	Zubereitung	Soße
Brunnenkresse allein evtl. mit Chinakohl	putzen, waschen fein schneiden	1, 2 oder 3 2 oder 3
Gänseblümchen, Sand-Bauernsenf/Mauerdoppelsamen junger Giersch junger Sauerampfer Hirtentäschel Wiesenschaumkraut	Rosetten vor der Blüte ernten Rosetten vor der Blüte ernten nur zarte Blätter ernten junge Blätter ernten Blättchen ernten Blättchen ernten	2, 3 oder 5
Löwenzahn allein oder mit Äpfeln oder Möhren oder milchsaurem « Allerlei »	klein schneiden würfeln reiben klein schneiden	5 oder 3 3 oder 4 3
Portulak = Winter-Postelein, evtl. mit Endivie oder Chicorée	nur kurz abspülen	1, 2 oder 3
Frauenmantel Storchschnabel Taubnessel (gelbe, rote, weiße) Wiesenschaumkraut Hirtentäschel Gundermann, wenig Schafgarbe Wilde Malve Scharbockskraut Kümmel-, Fenchel-, Kerbel-, Anis-Blätter	waschen, abtropfen hacken	2, 3 oder 4

Würzvorschläge:

mischen kurz vor dem Essen
mischen kurz vor dem Essen

feingehackte Zwiebeln
frische Schafgarbe
Spitz- und Breitwegerich

Soße 5) mit Schlagsahne (honiggesüßt), Sauerampfer, Schnittlauch, Quendel, Pimpernell (Wiesenknopf), Zitronenmelisse, Dill, Borretsch, evtl. Bärlauch
zu Soße 3)
Petersilie, Knoblauch (nur die Schüssel einreiben)

kurz vor dem Essen mischen
Spitz- und Breitwegerich

kurz vor dem Essen mischen
Bärlauch hacken

Gänseblümchen

Salate aus rohen Gemüsen

Gemüse/Obst	Zubereitung	Soße
Blumenkohl, allein oder mit Pastinake und Knollen-Fenchel	dünn abschneiden, Stiele und Strünke abziehen, raspeln raffeln fein hobeln	 3 oder 5 4
Chinakohl, allein oder mit Sellerie und Äpfeln	fein schneiden fein raffeln würfeln	2, 3 oder 5 4 2 und 4
Fenchel-Knolle, allein evtl. mit Eissalat oder Endivien	fein hobeln zerpflücken fein schneiden	2, 3 oder 5 3 2, 3 oder 5
Gurken	große Würfel	viel Sahnequark, Öl u. etw. Zitrone
1 Gurke mit Kürbis, evtl. 2 Orangen	feine Scheiben schneiden	3
Süß: Kürbis mit Äpfeln (Boskop) dazu Schlagsahne	fein raffeln grob raffeln	3 oder 5
Kürbis mit Chicorée	fein raffeln fein schneiden	2, 3 oder 5
Kohlrabi mit Möhren, evtl. Sellerie	fein reiben fein reiben fein reiben	2, 3 oder 4
Möhren, allein oder mit Pastinaken	reiben oder raffeln reiben oder raffeln	3 oder 5 4
roter oder gelber Paprika mit Zwiebeln und Tomaten	würfeln oder Streifen schneiden schneiden, mit Salzwasser überbrühen, ¼ Std. stehen lassen Scheiben schneiden	2
Pastinaken, allein oder mit Sellerie	raffeln reiben	4 oder 5a 5 oder 6

Würzvorschläge:

gemahlene Nüsse oder Mandeln, evtl. geröstet, Basilikum, Anis, Fenchel, Dill, etwas Senf, evtl. milchsaure Gurken oder Gewürzgurken

gemahlene Nüsse, evtl. Cashewnüsse, Löffelkraut, etwas gemahlene Senfkörner Meerrettichsenf, Dill oder Salbei, Mauerpfeffer, Rosmarin

Nüsse, Fenchel, Anis, Mauerpfeffer oder 1 Msp. gemahlene Senfkörner Schnittlauch, Petersilie, Dill

mit viel frischem Dill, evtl. Estragon

Dill, Estragon, etwas Petersilie, wenig Eberraute, Zitronenmelisse, Boretsch

Korinthen, Nüsse bzw. geriebene Mandeln oder Walnüsse, Honig, Anis, Fenchel, Vanille, etwas Zimt, Ingwer, Prise Piment. – 1 Std. durchziehen lassen.

Ingwer, Dill, Rosmarin, Boretsch, etwas Curcuma, 1 Msp. Cayenne, evtl. etwas Zwiebel, ½ Std. durchziehen lassen.

Nüsse, Schnittlauch, Dill, Petersilie

Nüsse, Fenchel, Anis, etwas Kümmel, Kerbel, Petersilie oder Dill, ca. 20 Min. durchziehen lassen

viel Petersilie, Dill, Rosmarin, Salbei, Estragon, Liebstöckel, Zitronenmelisse, evtl. unechte Kapern s. S. 19 (Kapuziner, Käspappel)

Apfel oder milchsaure Gurken, milchsaure Zwiebeln, Dill, Petersilie, Schnittlauch, Kerbel, alles für beide Salate geeignet

Salate aus rohen Gemüsen

Gemüse/Obst	Zubereitung	Soße
Radieschen oder Osterrettich	fein schneiden	2
Rettich mit Äpfeln	fein schneiden oder reiben würfeln oder grob raffeln	3 oder 4
Rote Bete, 2 Teile Äpfel, 1 Teil Sellerie, 1 Teil oder auch mit Chicorée	fein reiben würfeln reiben schneiden	2 oder 5a
Rotkraut } 2:1 Äpfel	fein hobeln, stampfen grob raffeln,	2 oder 5
Sauerkraut mit Äpfeln oder mit Lauch oder Chicorée	klein schneiden Scheibchen schneiden fein schneiden	3 5 oder 3
Sauerkraut mit Rote Bete und Äpfeln	schneiden raffeln würfeln	2
Sellerie, allein oder mit Äpfeln evtl. auch Möhren oder mit Rettich	reiben raffeln reiben reiben	 3 oder 5 5
Tomaten mit Zwiebeln	dicke Scheiben, dünne Ringe	2 oder 3
Topinambur (besonders für Diabetiker) mit ⅓ Äpfeln oder mit Möhren	raffeln, mit Säure mind. 1 Std. durchziehen lassen (spaltet Inulin) raffeln fein reiben	2 oder 3 4 oder 5
Weißkraut mit Zwiebeln und Äpfeln	fein hobeln, stampfen fein schneiden oder würfeln	6
Wirsing, allein oder mit Möhren	fein schneiden, fein reiben	5 oder 3

Würzvorschläge:

Schnittlauch, kein Salz (zieht zuviel Saft heraus)

Anis, Fenchel, kein Salz. } etwas ziehen lassen

Nüsse, Meerrettich, Anis, Dill,
Koriander, wenig Kümmel, Zitronenthymian

Kümmel, etwas Fenchel, evtl. 1 Msp. gemahlene Senfkörner oder Ingwer, Rosmarin, Oregano, Koriander } 2 Std. durchziehen lassen

Kümmel, Fenchel, Koriander, Dill, Anis,
evtl. auch Rosenpaprika, Basilikum

{ Anis, Kümmel, etwas fein geschnittene Zwiebel,
3–4 Wacholderbeeren, sehr fein zerrieben,
gemahlene Haselnüsse oder statt Zwiebel geriebener Meerrettich

Nüsse, Meerrettich (eine Spur)
Anis, Fenchel, Dill

bei 5) ohne Nüsse

Dill, Rosmarin, Basilikum, Majoran, Thymian, eine Spur Knoblauch
oder Schnittlauch, Zitronenmelisse, Estragon, Bergbohnenkraut, Kerbel

Anis, Fenchel, Dill, Koriander, Thymian, Melisse
oder Petersilie, gemahlene Senfkörner und Zitronenthymian

gemahlene Nüsse oder Sesam, Kümmel, Ingwer, Rosmarin, 1 Msp. Pfefferminz, milchsaure Gürkchen, Löffelkraut } 2 Std. durchziehen lassen

Anis, Fenchel, Koriander, Kümmel, Meerrettich, Petersilie } 2 Std. durchziehen lassen

Salate aus gekochten Gemüsen*

Gemüse/Obst	Zubereitung	Soße
Blumenkohl, allein oder mit milchsaurem Paprika	Röschen fein schneiden	2, 3 oder 5 2
Bohnen mit milchsauren Zwiebeln und evtl. Möhren	klein schneiden	2, 3 oder 4
Möhren, allein oder mit Erbsen und Blumenkohl	Scheiben Röschen	3 oder 5
Rote Bete	würfeln oder Scheiben schneiden	2
Schwarzwurzel mit Feldsalat	Scheiben schneiden	5 oder 5a 2
Sellerie allein oder mit Möhren oder Bohnen und Möhren	würfeln oder Scheiben schneiden	2, 4 oder 5

*Damit alle Gemüsesalate beisammenstehen, werden auch diese pikanten Salate aus gekochten Gemüsen hier im Kapitel Frischkost eingeordnet.

Würzvorschläge:

Nüsse, bei Soße 5 keine Nüsse
keine weiteren milchsauren Säfte; gemahlene Senfkörner, Basilikum, Dill, Löffelkraut

feingehackte milchsaure Gemüse
Bohnenkraut, Schnittlauch, Dill, Basilikum, Löffelkraut, viel Petersilie, Knoblauch. Zu Bohnen allein auch Zwiebeln

Dill, Petersilie, etwas gemahlene Senfkörner oder Ingwer

Äpfel, Nüsse, Anis, Fenchel, etwas Kümmel, etwas Koriander und Ingwer, Zwiebel oder obenauf Schnittlauch

etwas Koriander, Dill
gemahlene Nüsse, Basilikum, Dill

Schnittlauch, Anis, Fenchelkraut, Petersilie, Gewürzgurke, Dill, Bohnenkraut, Basilikum, Löffelkraut

Wirsing

Gemüse

Hinweise für die Zubereitung

Vieles an Nährwert und Eigenaroma unserer kostbaren Nahrungsmittel geht aus Gedankenlosigkeit täglich in Haushalt und Großküchen verloren: « schwimmt » weg – « fliegt » weg oder verkommt im Müll. Auch hier gilt dasselbe wie für die Frischkost und alles, was in Bd. I ausführlich im Abschnitt « Klare Kräuter- und Gemüsebrühe » ausgeführt wurde. Insbesondere, daß man » Abfall » von gewaschenem Demeter-Gemüse und -Obst unbedingt verwerten sollte, im Gegensatz zum Abfall von Pflanzen aus nicht biologischem Anbau, in deren Randschichten, Schalen, Stengeln und Blattrippen Schadstoffe in starker Konzentration nachgewiesen wurden (besonders viel Nitrat).

Schälen – besser schrappen – sollte man nur, soweit Bürsten nicht ausreicht.

Zerkleinern auch nur, soweit erforderlich. Im ganzen gegart bewahrt das Gemüse Aroma und Nährstoffe besser: fingerdicke Möhren, geviertelte Fenchelknollen, Kohlrabi oder Kohl schmecken so zubereitet wesentlich aromatischer. Rote Bete lassen sich zudem als Knolle gegart leichter abziehen und schneiden als rohe. Roh geraffelt werden sie allerdings sehr viel schneller gar.

Wie sehr « ißt » man doch auch mit den Augen! Ein unversehrter Blumenkohl auf einer Gemüseplatte ist einfach schön durch seine Form, ebenso ein kleiner Kopf Wirsing, Weißkohl, Spitzkohl oder grün-weiße Lauchstangen mit leuchtend roten Karotten daneben – selbst wenn man sie halbieren muß! In wenig Gewürzsud mit etwas Öl gedünstet, werden die Gemüse mit leicht gesalzener, flüssiger Butter oder Kräuterbutter angerichtet – wohl auch mit Vollkornbröseln oder ungesüßten Roggenstreuseln überstreut (Seite 184). Kreuzweises Einkerben der Kohlstrünke beschleunigt das Garen. Das gilt auch für besonders große Rosenkohlknospen. Möhren oder Pastinaken, die unzerteilt zu dick sind, erfreuen in Scheiben geschnitten durch ihre sternähnlichen geometrischen Zeichnungen, die man durch Stifteln oder Raffeln zerstören würde.

Dünsten. Zum Schutz gegen Nährstoff- und Aromaverlust wird das Gemüse vor dem Erhitzen in etwas Fett gewendet, dann mit wenig leicht gesalzenem Wasser aufgesetzt; so kann die Verdunstungstemperatur des Wassers von 100° nicht überschritten werden.

Dämpfen, garen in strömendem Dampf ohne Fettzugabe wird für Diätzwecke empfohlen oder auch für große Gemüsestücke wie Blumenkohl. Hierfür ist der Turmdünster besser geeignet als ein Dämpfeinsatz, weil der austretende Gemüsesaft darin aufgefangen wird statt ins Kochwasser zu tropfen.

Kochen in viel Wasser ist überholt, dadurch wird das Gemüse ausgelaugt, viele Vitamine und Aromen werden zerstört.

Binden, sämig machen: am einfachsten mit Doppelrahm-Frischkäse, den man mit etwas Gemüsebrühe anrührt, oder mit einem Feinschrot, das eine kurze Garzeit hat: z. B. Thermogetreide, Hirse, Reis, Buchweizen oder fein verriebene Haferflocken («Hafermehl»); diese müssen dann noch etwas mitkochen.

Würzen: Schon anfangs zugesetzt werden die Gewürze, die die Einseitigkeiten eines Gemüses ausgleichen und sich mit ihm im Garprozeß verbinden sollen, insbesondere gemahlene harte Samen- oder Wurzelgewürze, etwas später zugefügt werden kleingeschnittene Stengel (auch von Petersilie und ähnlichem).

Abgerundet und abgeschmeckt wird mit den restlichen Gewürzen und frischen Kräutern, mit Leinöl, Butter, süßer oder saurer Sahne sowie Kräutersalz oder Salz.

Warmhalten oder Wiedererwärmen? Werden Nachzügler zum Essen erwartet, wird ihre Portion gleich nach dem Garen kaltgestellt und später kurz erwärmt, denn Warmhalten mindert die Qualität von Gemüse und Obst mehr als Wiedererwärmen. Demgegenüber verträgt Getreide das Warmhalten gut.

Es werden vor allem weniger beachtete, aber wertvolle Gemüse behandelt; bekannte, als langweilig empfundene werden durch die Art der Zubereitung und Würzung zu ansprechenden Gerichten.

Blühender Postelein

Weißkohl mit Äpfeln

Spitzkohl ebenso

500 g	Kohl
200 g	Boskop oder ähnl. Äpfel
1	Zwiebel, kann auch fehlen
2–3 EL	Öl und einige EL Wasser oder Apfelschalentee
4	Datteln oder 1 Feige
	zum Abschmecken evtl. etwas Apfeldicksaft
	1 TL Senfkörner, ¼–½ TL gem. Kümmel, ¼ TL Fenchel, zuletzt einige Blüten Kamille, Salz. Nach Geschmack etwas Sekowa

Zubereitung: Zwiebel und Kohl schneiden, im Öl wenden, mit Gewürzen und etwas Wasser dünsten. Nach 15–20 Minuten die geschälten, geschnittenen Äpfel und Datteln mitdünsten, salzen, abschmecken.

Weißkohl, Chinakohl, Spitzkohl oder Wirsing, ganz oder halbiert

600 g	Kohl
3 EL	Öl
	wenig Wasser oder Brühe (Sekowa),
	gesalzene Butter oder Brösel zum Anrichten
	Gewürze wie vorher bei Weißkohl mit Äpfeln

Zubereitung: Kohl, ganz oder geteilt, am Strunk einkerben, Gewürze zwischen die Blätter streuen oder ins Kochwasser geben, Kohl mit Öl bestreichen. Garen im Dampf oder ganz wenig Wasser/Brühe. Geteilten Kohl im Topf wieder zum Kohlkopf zusammenstellen, Strunk nach unten.

Anrichten: Flüssige, gesalzene Butter darüber verteilen oder Brösel von Vollkornzwieback, -brot oder Flocken in Butter gewendet.

Was paßt dazu? Senf-, Curry- oder Käsesoße, Getreide-Pudding, Schnitten, Klöße.

Rotkohl

500 g	Rotkohl
200 g	säuerliche Äpfel, z. B. Boskop
1	kl. Zwiebel
4	EL Öl, einige EL Wasser
1–3 EL	Apfelessig (Demeter) oder Apfelsaft
1–2 EL	Apfeldicksaft

1 TL Senfkörner, ½ TL Anis, ¼ TL Fenchel, ¾ TL Ingwer,
1 Pr. Piment, 2–3 Nelken, 1 kl. Lorbeerblatt, 7 Wacholderbeeren,
evtl. etwas Sucanatzucker, Salz

Zubereitung: Rotkohl hobeln oder schneiden. Nach Belieben mit Apfelessig oder Apfelsaft mischen und mit der Faust oder einem Holzstößer mürbe stampfen, mit 1 EL Apfeldicksaft und Öl vermengt einige Stunden zugedeckt durchziehen lassen; dann mit sehr wenig Wasser, Zwiebeln und Gewürzen dünsten. Nach etwa 20 Minuten die klein geschnittenen Äpfel darin gar dünsten.

Abschmecken: leicht sauer-süß – für kleine Kinder ohne Essig.

Was paßt dazu? Gedünstete, in Butter geschwenkte Maronen, Grünkern als ganzes Korn, Grütze, Pudding, Schnitten, Klöße; Dinkel-Nuß-Klöße oder Gerstenpüree mit Mürbeteigbällchen.

Rotkohlreste in einer Umhüllung von Quarkmürbeteig gebacken sind besonders schmackhaft. Sie können aber auch kalt als Salat angemacht werden.

Lorbeer

Gelbe Steckrüben, Wrucken

2 EL	Sucanatzucker, ersatzweise ½–1 EL Demeter Rübensirup
600 g	Steckrüben, gelbe
3–4 EL	Öl
⅛–¼ l	Brühe, Sekowa
20 g	Butter zum Abrunden oder etwas Sahne

1 TL Senfkörner mitkochen oder zuletzt ¼ TL gem. Senfkörner zufügen, je ¼ TL Koriander, Kümmel, Fenchel, 3 Nelken, 1 kl. Lorbeerblatt, 1–2 TL Majoran, Salz

Zubereitung: Steckrüben schälen, in Stifte schneiden. Sucanat mit 2 EL Wasser dicklich kochen (Karamel), Öl zugeben, die Steckrüben darin wenden, mit etwas Brühe und den Gewürzen dünsten; nach ca. 30 Minuten, wenn sie gar sind, herzhaft, aber mild abschmecken, Strenge mit Sahne mildern, mit Butter abrunden.

Anrichten: mit frischem Schnittlauch oder Dill überstreut.

Was paßt dazu? Gerstenpüree, Backlinge, Klöße, Schnitten; vorher Kümmelsuppe, nachher Apfelkompott oder Dörrobst

Steckrüben in Dillsoße

Ohne Karamel gedünstet sind auch sie schmackhaft in dieser Soße (S. 115–118). 10 Minuten darin durchziehen lassen!

Steckrüben-Möhren-Püree

Geschnittene Steckrüben und Möhren zusammen oder getrennt mit Öl, Gewürzen und etwas Brühe dünsten, passieren, mit 100 g Sahne und etwas Butter abrunden.

je ½ TL Kümmel, Fenchel, Anis, 1 kl. Lorbeerblatt, 1 TL Dill, Salz

Was paßt dazu? Herzhafte Backlinge oder Schnitten.

Kümmel

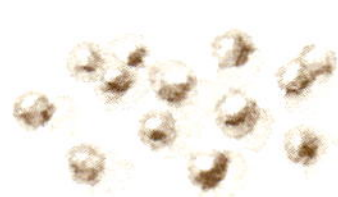

Senf

Fenchel

Pastinaken in Petersilien- oder Dillsoße

600 g	Pastinaken
1–2	Zwiebeln, können auch fehlen
30 g	Öl oder Butter, etwas Wasser
1 EL	Hafermehl zum Binden
¼ l	Milch
50 g	Sahne oder ca. 30 g Doppelrahmfrischkäse

etwas Kümmel, Fenchel, Thymian und Liebstöckel,
reichlich frische Petersilie oder Dill, Selleriesalz

Zubereitung: Pastinaken schrappen, nicht schälen, in Scheiben schneiden, evtl. mit klein geschnittenen Zwiebeln in Fett und etwas Wasser dünsten, dabei würzen. Garzeit nur 10–20 Minuten. Hafermehl mit etwas Milch anrühren, zugeben, kurz aufkochen, mit restlicher Milch auffüllen, frisch gehackte Kräuter 5 Minuten darin ziehen lassen, mit Sahne, Butter oder Rahmkäse abrunden, abschmecken.

Abwandlungen:

Pastinaken mit Möhren 1 : 1

Pastinaken mit Wurzelpetersilie oder Sellerie 3 : 1

Zutaten wie oben, Möhren bzw. Wurzelpetersilie 15 Minuten früher aufsetzen, weitere Zubereitung wie vorher.

Pastinaken mit Nüssen

Zutaten und Zubereitung wie oben, aber ohne Zwiebeln.
Zusätzlich: ½ EL Apfeldicksaft, etwas Zitronensaft,
40 g Haselnüsse, am besten geröstet und gemahlen.

je ¼ TL Muskatblüte, Fenchel, ½ TL Zitronenthymian, 1 Msp. Kümmel, Salz

Was paßt dazu? Hirse-, Buchweizen-, Thermo-Roggengerichte, Backlinge, Schnitten, Pudding, Klöße.

Pastinaken oder Topinambur mit Käse überbacken

Zubereitung: Pastinaken schrappen, ganz oder geschnitten kochen bzw. dünsten. Topinambur ganz und ungeschält 15–20 Minuten im Dampf garen, abziehen, schneiden, in Milchwasser oder leicht gesäuertes Wasser legen, damit sie weiß bleiben. Das gedünstete und geschnittene Gemüse und eine herzhaft gewürzte Grundsoße mit Milch in die Auflaufform füllen, mit geriebenem Käse überbacken.

Für die Pastinaken-Soße: 1 TL gemahlene Senfkörner, ½–1 TL Salbei, 1–2 Msp. Curry, 1 Msp. Kümmel, 40–60 g Boursin oder Bressot, Salz
Für die Topinambur-Soße: 1 TL gemahlene Senfkörner, 1 TL Sekowa, 2–3 TL Dill, Salz; milden Hartkäse zum Überbacken.

Topinambur in Petersilien- oder Dillsoße

800 g Topinambur
½–¾ l Grundsoße mit Milch, reichlich Dill oder Petersilie (S. 115–118).

Zubereitung: Topinambur mit Schale 15–20 Minuten in Dampf garen, abziehen, schneiden, mit 2 TL Kräutersalz mischen, mit etwas Molkosan oder Brottrunk benetzen, damit sie weiß bleiben. Soße herstellen, Topinambur mindestens 10 Minuten darin ziehen lassen, mit Sahne oder Butter abrunden, abschmecken.

Was paßt dazu? Hirse- und Hafergerichte, Klöße, Backlinge, Schnitten.

Pastinake

Zucchini-Gemüse, «Ratatouille»

2 Zwiebeln mittelgroß
2 Knoblauchzehen, fein gehackt, mit Salz verrieben
2 Paprikaschoten, möglichst rote oder gelbe
2 Auberginen
3 zartschalige Zucchini (300–400 g)
3 EL Öl
400 g Tomaten

reichlich getrocknetes Basilikum, Dill, etwas Thymian, Majoran, Curry, zuletzt Kräutersalz. Soweit vorhanden, die gleichen Kräuter frisch kurz vor dem Anrichten zufügen, sowie Petersilie und Schnittlauch.

Zubereitung: Paprika, Auberginen, Zucchini in Streifen schneiden, mit den gehackten Zwiebeln und Knoblauch in Öl wenden, mit 2 EL Wasser zugedeckt gut 15 Minuten dünsten, würzen.

Tomaten in Würfel schneiden, noch 5–10 Minuten mitdünsten, kräftig abschmecken.

Anrichten mit gehackten, frischen Kräutern.

Was paßt dazu? Reis- oder Hirserand, Maisgrieß- oder Hirse-Klöße, Polenta, Hirse «locker» gekocht.

Zucchini-Apfel-Gemüse

Abwandlung von «Ratatouille»

Wer Nachtschattengewächse meiden will, läßt Paprika, Auberginen und Tomaten weg und verwendet ca. 200 g säuerliche Äpfel, notfalls eingeweichte Trockenäpfel. Nach Belieben einige Edelebereschen mitdünsten (getrocknete einweichen). Eine säuerlich-süße Note kann auch durch einige Korinthen oder Dörrzwetschgen bewirkt werden.

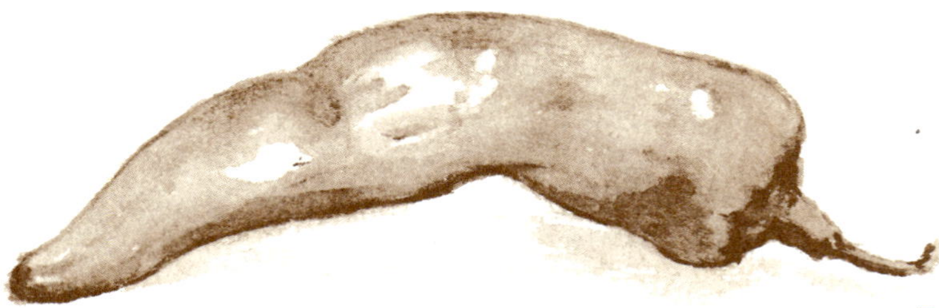

Paprika

Kürbis mit Gewürzgurken und Äpfeln

am besten Hokkaido-Kürbis

500 g	Kürbis (ohne Schale, Kerne und Faserteile gewogen)
200 g	säuerliche Äpfel, z. B. Boskop
50–100 g	Zwiebeln
3 EL	Öl und ⅓ Tasse Wasser bzw. Gemüsebrühe
200 g	Gewürzgurken (Demeter oder Eden)
60 g	Sahne
	Koriander, Ingwer, Dill, Basilikum, 1 Pr. Piment, 2 Nelken, ¼ Stg. Zimt, Salz

Zum Abschmecken wahlweise Apfeldicksaft, Brottrunk, Zitronensaft, Molkosan (verdünnt).
Zum Überstreuen Schnittlauch, Petersilie oder Granofink-Kürbiskerne, gemahlen.

Zubereitung: Zwiebeln und Kürbis in Stifte schneiden, mit Öl und Wasser 15 Minuten dünsten; die geschälten, geschnittenen Äpfel und Gewürze 10 Minuten mitdünsten. Gewürzgurken in Stifte schneiden, 10 Minuten darin durchziehen lassen, nicht kochen, pikant süß-säuerlich abschmecken, mit Sahne abrunden, hübsch überstreut anrichten.

Kürbis, rote Paprika, Zwiebeln und Tomaten

Abwandlung von Kürbis mit Gewürzgurken

150 g	Tomaten statt Äpfel
200 g	rote Paprika statt Gewürzgurken
	weitere Zutaten und Gewürze wie vorher, kein Zimt.

Zubereitung: Zwiebel, Kürbis, Paprika dünsten, dabei würzen, Tomaten zuletzt kurz darin ziehen lassen. Herzhaft abschmecken, abrunden.

Anrichten: mit Schnittlauch.

Was paßt dazu? Risotto, Gerstenflocken- oder Mandel-Nuß-Klöße, Roggenklöße, Hirsepudding mit Käse oder Nüssen.

Kürbis-Linsen-Gemüse

140 g	Linsen
420 ccm	Wasser
ca. 50 g	Lauch
ca. 25 g	Zwiebel
ca. 100 g	Pastinake, Wurzelpetersilie oder Sellerie
250 g	Kürbis, frisch oder milchsauer eingelegt
3 EL	Öl und 3 EL Wasser
2–3 EL	saure Sahne oder Butter zum Abrunden
½–1 EL	Apfeldicksaft
1–2 EL	Brottrunk oder ½ TL Molkosan

1 TL Senfkörner, 1 TL Basilikum, 1 TL Oregano, ½ TL Thymian; etwas Sekowa oder Cenovis Salz, bzw. Selleriesalz, für Liebhaber 1 Spur Knoblauch, frischen Schnittlauch

Vorbereitung: Linsen 10 Std. im Wasser einweichen.

Zubereitung: Linsen mit Senfkörnern im Einweichwasser 20 Minuten sachte kochen, 1 Std. oder länger nachquellen. Gemüse fein schneiden, in Öl und Wasser dünsten, mit den Gewürzen unter die Linsen mischen, milchsauren Kürbis jedoch erst jetzt zufügen, nicht kochen. Alles ca. 10 Minuten durchziehen lassen.

Abschmecken: pikant, süß-sauer mit Würze, Apfeldicksaft, Brottrunk. Abrunden mit Butter oder Sahne.

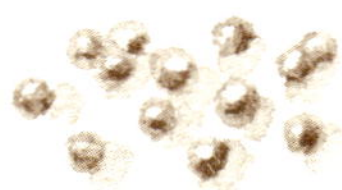

Senfkörner und -blüte

Zwiebeln in Rahmsoße

So zubereitet sind die Zwiebeln besonders gut bekömmlich.

8 Zwiebeln mittelgroß
¼ l Gemüsebrühe
150 g saure Sahne
20 g Butterflöckchen
½ TL Kümmel, ¾ TL Majoran, ½ TL Fenchel, Salz

Zubereitung: Die geschälten Zwiebeln ganz lassen, in eine gefettete Auflaufform setzen, Gemüsebrühe zugießen, (ca. 1½ cm hoch), die gemahlenen Gewürze darüber streuen (Salz erst zum Abschmecken), mit Butterflöckchen belegen, zudecken.

Backen bei 200–180 °C ca. 40 Minuten.
Die Brühe mit saurer Sahne abziehen (Sahne zuvor mit 3 EL heißer Brühe anrühren), abschmecken, mit Schnittlauch bestreut anrichten.

Was paßt dazu? Buchweizen-, Hirse- und Reisgerichte.

Rote Bete-Apfel-Gemüse

Biologisch-dynamisch angebaute Rote Bete zeichnen sich durch milde Süße aus statt des sonst oft erdig-herben Geschmacks

400 g	Rote Bete
120 g	Äpfel (z. B. Boskop)
4 EL	Öl und 6–8 EL Wasser
1–2 EL	Apfeldicksaft
etwas	Zitronensaft, Kanne Brottrunk oder Molkosan
etwas	geriebener Meerrettich nach Geschmack

½ TL Anis, ½ TL Koriander, ½ TL Ingwer, 1 Pr. Piment oder Nelke, 2 Msp. Kümmel, Sellerie- oder Meersalz

Zubereitung: Rote Bete schälen, raffeln, in Öl wenden, Wasser und Gewürze zufügen, nach 15 Minuten Kochzeit die geschälten, klein geschnittenen Äpfel mitdünsten. Wenn beides gar ist, leicht süß-sauer abschmecken, nach Wunsch auch mit Meerrettich, evtl. nachwürzen.

Was paßt dazu? Hirseklöße, Hirse locker gekocht, Gerstenschrot- oder -flockenklöße, Thermo-Hafergrütze geformt, Kümmelstangen (Bd. I, S. 251)

Rote Bete-Gurken-Gemüse

Wie vorher, aber statt Äpfel milchsaure Senf- oder Gewürzgurken.

Rote Bete, gebacken

600 g Rote Bete, kleine oder mittelgroße, unverletzt
3 EL Öl oder flüssige Butter

für das Kochwasser: etwas Lorbeer, 3 Nelken, wenig Salz.
für die gekochten Rüben: Kümmel, Ingwer oder Senfkörner, alles gemahlen; etwas Salz

Zubereitung: Wasser mit Gewürzen aufkochen, Rote Bete darin garen bis sich die Haut leicht mit den Fingern abdrücken läßt; abgießen, kalt abschrecken, abziehen; halbiert auf ein gefettetes Backblech setzen, mit Öl oder flüssiger Butter bestreichen. Gewürze darüber streuen.

Backen bei 220° etwa 20 Minuten.

Dazu paßt Meerrettichsoße, Endivien-, Chicorée-, Feld-Salat, Sauerkrautsalat, Getreidegrütze.

Rote Bete in heller Soße

Rote Bete garen wie für «gebacken». In dünne Scheiben oder Stifte schneiden, leicht salzen.

Grundsoße mit Milch (S. 115 f.) und einem beliebigen Feinschrot herstellen, wahlweise mit Meerrettich oder feingehackten Gewürzgurken abschmecken oder nur würzen mit:

Muskatblüte, 1 Pr. Piment, Salz, Apfeldicksaft, evtl. Zitronensaft, Ingwer

Spinat mit Brennessel gemischt

möglichst halb und halb

800 g	Spinat und Brennessel
2–3 EL	Öl
80–100 g	süße Sahne
50 g	Mandeln abgezogen

Frische Kräuter soweit erhältlich:
2 Bd. Boretsch, 1 Bd. Petersilie, Zwiebelgrün, Schnittlauch oder 1 geriebene Zwiebel, geriebener Ingwer, 1 Msp. Muskatnuß, evtl. Dill, Zitronenmelisse, Kräutersalz

Zubereitung: Den besonders eisenhaltigen Wurzelhals am Spinat lassen. Nur wenn die Stiele sehr lang und dick sind, klein schneiden. Von Brennesseln nur Spitzen und Blätter – auch große – verwenden (Stiele für Brühe auskochen). Beides in breitem Topf mit ganz wenig Wasser in Öl wenden, 5–10 Minuten dünsten, würzen, die feingehackten, frischen Kräuter mit der Sahne unterziehen, abschmecken. Wenn der Spinat herb ist, abgezogene süße Mandeln hacken, kurz mit durchziehen lassen oder auch zur Verschönerung über das fertige Gericht streuen. Das Durchdrehen und anschließende Wiedererhitzen, wie früher üblich, ist nicht zu empfehlen.

Milch hinzuzufügen ist nicht ratsam, die Verbindung mit der Oxalsäure des Spinats ist für viele unverträglich. Mildernd wirken die Mandeln oder auch ein roh hineingeriebener Apfel (Babykost), dagegen meide man zur gleichen Mahlzeit Tomaten und Rhabarber (Oxalsäure).

Für Spinatgerichte empfehlenswert sind neben dem hochwertigen, eisenhaltigen Mangold die Melde (wilde und Garten-) sowie Neuseeländerspinat.

Brennessel-Giersch-Gemüse

Giersch, Geißfuß oder Podagrakraut, gegen Gicht empfohlen, mildert den etwas herben Geschmack der Brennessel. Beide wirken entschlackend und sehr belebend auf den Organismus. Evtl. mitgeerntete harte Stiele und Wurzeln zur Suppe auskochen.

700–800 g	Gemüse, ca. ⅓ Giersch, ⅔ Brennessel
2–3 EL	Hafermehl, falls das Gemüse zu herb ist
30 g	Butter
50 g	süße Sahne, Milch oder Doppelrahm-Frischkäse
	nach Belieben 1 geriebene Zwiebel, Salz oder Kräutersalz, schmeckt aber auch ohne Salz sehr gut

Zubereitung: Das Gemüse mit ganz wenig Wasser 10–15 Minuten dämpfen, nach Belieben hacken oder durch den Wolf drehen. Bei zarten Spitzen und Blättern erübrigt sich das Durchdrehen und das nachteilige Wiedererwärmen. Nach Belieben mit etwas Hafermehl binden oder ein wenig extra gekochten, dicken Haferschleim zufügen. Anreichern mit einer Handvoll gehackter, roher Brennessel.

Abrunden mit Butter und süßer Sahne bzw. mit Milch.

Was paßt dazu? Maisschnitten, Buchweizen-Pfannkuchen, Backlinge.

Mangoldblatt-Gemüse

Reich an Mineralstoffen, wenig Oxalsäure, Zubereitung wie Brennessel-Giersch-Gemüse.
Gewürze siehe Tabelle und S. 16 f.

Mangold- oder Staudensellerie-Stiele, überbacken/gratiniert

600–800 g Mangoldstiele
1 große Zwiebel
3–4 EL Öl und 3 EL Wasser
100 g saure Sahne
200 g Schwedenmilch
80 g Käse (Greyerzer, Allgäuer, Parmesan oder Gouda)

reichlich Basilikum und Majoran, etwas Thymian, evtl. Paprika, Koriander, Muskat, frische Petersilie, Kräutersalz

Zubereitung: Mangoldstiele und Zwiebeln schneiden, mit Öl, Wasser und Gewürzen gar dünsten, gut abschmecken, möglichst auch mit frischen Kräutern, in gefettete Auflaufform füllen; Sahne mit Schwedenmilch und Salz verrührt darüber gießen, mit geriebenem Käse überstreuen.

Backen bei 200 °C, bis der Käse goldgelb ist.

Zucchini oder Zucchetti überbacken/gratiniert*

Zuerst Zucchini in Scheiben schneiden, mit Gewürzen mischen. Weitere Zutaten und Zubereitung wie bei « Mangoldstiele ».

reichlich Basilikum, Dill, Koriander, frische Petersilie, Kräutersalz, evtl. rote schmale Paprika und Tomaten.

Was paßt dazu? Thermo-Roggengrütze mit Nüssen, Grünkerngrütze, Haferflocken-Backlinge, Roggen-Backlinge.

*Zucchini sind junge, zarte Früchte, Zucchetti ausgewachsene, hartschalige.

Spinat-Soufflé

Ein Rezept für Köche, die ganz frische Eier von einwandfrei gehaltenen Freilaufhühnern zur Verfügung haben.

Für 6 Pfitzaufförmchen* oder eine mittelgroße Auflaufform

375 g	Spinat
60–70 g	Weizenfeinschrot ohne Kleie (70 g bei sehr saftigem Spinat)
3	**Eier**
500–750 ccm	Milch
25 g	Butterflöckchen
	etwas Sesam, geschält
	je 2 TL Ingwer und Koriander, 3 gestr. TL geriebene Zwiebeln, 3–4 gestr. TL Kräutersalz, 1½ gestr. TL Curry, reichlich gehackte Petersilie, evtl. auch Boretsch gehackt.

Zubereitung: Den gewaschenen Spinat auf Tüchern trocknen, in feine Streifen schneiden oder hacken.

Weizenschrot, Eigelb, Milch und Gewürze mit dem Schneebesen klümpchenfrei verrühren, möglichst einige Stunden quellen lassen, den Spinat zugeben und zuletzt den sehr steifen Eischnee unterziehen; abschmecken.

Den Teig in die gefetteten und mit Sesam ausgestreuten Pfitzaufförmchen füllen, mit Butterflöckchen belegen, mit vorgewärmten Glasdeckeln von Einkochgläsern zudecken. Im Backofen bei 175–200 °C 30 Minuten stocken lassen; in der Auflaufform ca. 40 Minuten. Für Fettempfindliche im kochenden Wasserbad 30 Minuten stocken lassen.

Das gestockte Soufflé mit einem Messer vom Rand lösen, stürzen, mit Petersiliensträußchen anrichten.

Was paßt dazu? Vorher eine klare Gemüsebrühe mit knusprigen Bröckchen. Möhren-Apfel-Rohkost oder Rote Bete – Sauerkrautsalat; Reis körnig, Dinkel oder Grünkern als ganzes Korn, grüner Salat. Als Abendessen Vollkornbrot bzw. Brötchen, Knäcke- oder Fladenbrot.

* Feuerfeste, irdene Förmchen, Ø 9 cm, Höhe 6 cm.

Fenchel

1–1½ kg	Fenchel
50 g	Butter
2–3 EL	Brösel (Zwieback)
200 g	ger. Käse, milde Sorte
etwas	Zitronensaft oder Milch

Fenchelkörner, Senfkörner, Zitronensaft, Salz
oder etwas Zitronenthymian und Zitronenmelisse, Salz

Zubereitung: Zarte Blättchen zurücklegen, äußere harte Blätter von der Knolle lösen, mit den Stielen und je ½ TL Fenchel- und Senfkörnern zu Brühe auskochen. Knolle ganz oder geteilt in der leicht gesalzenen Brühe – oder in wenig Wasser mit etwas Zitronensaft, oder Milch – weichkochen (20 bis 40 Min.), abtropfen lassen.

In gefettete Auflaufform legen, mit Bröseln, geriebenem Käse und Butterflöckchen belegen, 10–20 Min. überbacken. Anrichten mit frischem Grün.

Oder Fenchel dünsten wie oben, dann mit Nuß-Mandel-Soße (s. S. 128) und gehacktem Fenchelgrün überstreut anrichten.

Lauchgemüse «Hessenland»

Kasseler Spezialität

600 g Lauchstangen mit Blättern
230 g Boskop
40 g Korinthen
3 EL Öl und 4 EL Wasser
Milch oder Sahne

2 TL Senfkörner, 1 TL Fenchel,
1/8 TL Muskat, Salz

Zubereitung: Den Lauch in Scheiben schneiden, mit Senfkörnern in Öl und Wasser 10 Minuten dünsten; Äpfel schälen, in Stückchen schneiden, Korinthen und Gewürze einige Minuten mitdünsten, etwas Milch oder Sahne zufügen, abschmecken, anrichten.

Was paßt dazu? Dinkel-, Weizen- oder Hirseklöße, Hafer, Hirse oder eine Getreidegrütze, Getreidepudding.

Grünkohl (Braunkohl, Krauskohl)

Grünkohl schmeckt erst, nachdem er Frost bekommen hat

500 g	Grünkohlblätter und abgezogene Strünke
1	große Zwiebel
4–5 EL	Öl
100 g	süße Sahne
50 g	Mandeln (nach Möglichkeit)
2 EL	Hafermehl nach Wunsch zum Binden mit
4 EL	Milch

2 TL Senfkörner, je ¼ TL Koriander und Anis, 3 Blatt Pfefferminze, zuletzt einige Kamillen- oder Schlehenblüten; zum Abschmecken Kräutersalz und Muskatnuß

Zubereitung: Zwiebel und Grünkohlblätter schneiden, mit Öl, etwas Wasser und den Gewürzen 30–60 Min. dünsten, Rippen und Strünke für Gemüsebrühe verwenden.

Will man das Gemüse binden, rührt man 1–2 EL Hafermehl mit etwas Milch an, läßt es die letzten 10 Minuten mitköcheln, ebenso die abgezogenen, gehackten Mandeln; abrunden und abschmecken mit süßer Sahne und Kräutersalz.

Nach Belieben kann man den gedünsteten Grünkohl auch durch den Wolf drehen (2-mm-Scheibe), anschließend binden, abrunden, abschmecken. Er verträgt das Wiedererwärmen ganz gut.

Was paßt dazu? Gersten- oder Hirsebacklinge, Hafernußhäufchen neutral, Thermo-Grütze mit Nüssen; Flachbrot, Kümmel- und Käsegebäck (s. Band I), Mürbeteig-Kugeln, s. S. 271 f. Eine milde Beilage sind Zwiebeln im ganzen gedünstet.

Wer sich nach alter Gewohnheit Bratkartoffeln zum Grünkohl wünscht, sollte sie tüchtig mit Majoran, Kümmel und Basilikum würzen und als eiweißreiche Ergänzung Frischkäsekugeln dazu reichen (s. Band I, S. 263).

Zuckererbsen

Ein schmackhaftes, leider wenig bekanntes, sehr ausgiebiges Gemüse. Wenn es vom Konsumenten mehr verlangt würde, wären Demeter-Gärtnereien sicher gern bereit, diesen «Stickstoffsammler» anzubauen. Die Hausfrau hat kaum Arbeit beim Putzen, wenig Abfall, da die zarten Schoten wie bei grünen Bohnen mitgegessen werden. Etwa 20 Minuten gedünstet, werden sie leicht gesalzen mit Butter angerichtet, evtl. mit frischem Grün von Fenchel, Dill, Kerbel, Petersilie überstreut und sind so ein leicht bekömmliches Gericht.

Was paßt dazu? Risotto, Hirsotto, Haferflocken-Backlinge mit Petersilie, Mandel-Nuß-Backlinge (Gerste).

Klöße

Klöße – eine kugelrunde Sache

Warum empfindet man die runde Form als wohltuend? Bei allen Völkern erscheint sie als Kugel und Ball, zu Gefäßen oder Schmuck geformt. Man sieht diese Urform im Kosmos, in der Natur in vielen Metamorphosen: in Sonne und Mond, in Regen- und Tautropfen, die an Blättern und Gräsern funkeln, in Äpfeln und Nüssen – eine urbildhafte Form für ein harmonisches Ganzes.

Das Wahrnehmen und das Selbstgestalten einer solchen Grundform wirkt bei Kindern bis in die Organbildung hinein und auch bei Erwachsenen noch gesundend und harmonisierend. Es ist daher nicht unwesentlich, wie man auch bei der täglichen Küchenarbeit mit den Formen umgeht. So gestaltet gerade bei der Zubereitung von Klößen der Mensch die Form, nicht das Gefäß, das dem Teig die Grenzen setzt.

Kindern macht das Klößedrehen immer wieder ein großes Vergnügen, besonders, wenn sie vielleicht noch knusprige Bröckchen, Mandeln, Datteln, Zwetschen, Kirschen oder Aprikosen darin verstecken dürfen! Nacheinander werden die glatt gerollten, runden Klöße ins siedende Wasser versenkt. Doch welch ein Pech, wenn's weiterkocht ... man steht vor einem Brei!

Das Element des Wassers, verbunden mit maßvoller Wärme, läßt allmählich die Klöße «ausreifen», garen und einen nach dem anderen kreiselnd an die Oberfläche steigen; nach ca. 5 Minuten können sie mit dem Schaumlöffel herausgeholt werden.

Hinweise für die Zubereitung

Die Grundsubstanz der Klöße ist ausgequollenes Getreide, entweder ganze Körner gegart und durch den Wolf gedreht (2-mm-Scheibe)
<u>oder</u> ein steifer Brei aus Flocken, Schrot oder Grütze in Wasser oder Gemüsebrühe gegart (ideal im Simmertopf).

Wer keinen Simmertopf hat, nimmt zum Einweichen nur die Hälfte des im Rezept bzw. in der Tabelle angegebenen Wassers. Nach der Einweichzeit bringt man den Rest des Wassers zum Kochen und rührt das Eingeweichte hinein, läßt kurz aufkochen und so lange nachquellen, wie im Rezept angegeben.

Beim Nachquellen spannt man ein dickes Tuch zwischen Topf und Deckel, das den Dampf bzw. das Kondenswasser aufsaugt.

Gelockert, aber auch gebunden wird der steife Brei durch eiweiß- und stärkehaltige Substanzen mit kurzer Garzeit, wie Hafer- oder Buchweizenmehl, Käse, Quark, Nüsse, «Vollgrieß» oder Brösel.

Alle Rezepte in diesem Buch sind entwickelt und ausprobiert auf der Basis von Demeter-Quark, der eine gleichbleibende Konsistenz hat (s. auch S. 11). Zu feuchter Quark bindet schlecht!

Kräftiges Abschmecken ist wichtig, denn die Würze zieht erst beim Kochen richtig ins Getreide ein. Ab und zu sind fein gehackte, gedünstete Zwiebeln und Knoblauch oder in Butter leicht geröstete Brotbröckchen im Teig eine pikante Abwechslung.

Einen Probekloß formt man glatt und ohne Rillen, etwa in der Größe einer kleinen Clementine, legt ihn in einen breiten Topf in gut gesalzenes kochendes Wasser, das vorher mit etwas Mehl oder Grieß « abgebunden », d. h. kurz aufgekocht wurde (dadurch bleibt die Oberfläche von Klößen glatter). Das Wasser darf aber keinesfalls weiterkochen (notfalls rasch etwas kaltes Wasser am Topfrand zugeben!). Man läßt den Kloß **im offenen Topf** ziehen, bis er hochkommt, und noch weitere 5–10 Minuten, dann zerschneidet man ihn und prüft Geschmack und Konsistenz. Der Kloß soll innen locker, nicht mehr klebrig sein.

Beim Garen darf er nicht « abkochen », d. h. es darf sich kaum Teig ablösen. Ist er zu fest, wird etwas feuchter Quark in den Teig gearbeitet, kocht er ab, wird Hafermehl oder Grieß untergeknetet, aber wenig, damit er nicht wieder zu fest wird; nochmals abschmecken.

Jetzt **die Klöße formen,** dazu die Handflächen mit der Fingerspitze ölen oder in ein Wasser-Ölgemisch tauchen; alle nacheinander **ins kochende Wasser legen, so, daß es immer kurz vor dem Kochen bleibt. Nie übereinanderlegen! Keinen Deckel auflegen.** Sind sie gar, innen locker, nicht mehr klebrig, werden sie mit dem Schaumlöffel auf einer vorgewärmten Platte (evtl. mit umgestülpter Untertasse, unter der sich das Tropfwasser sammelt), angerichtet und nach Belieben mit flüssiger Butter bestrichen.

Zum Anrichten bestreut man sie zur Beilage passend wahlweise mit gehackten, frischen Kräutern, geriebenem Käse, gemahlenen Nüssen, gedarrtem Sesam (Sesam-Thymian-Salz s. S. 29), in Butter gewendeten Vollkorn- oder Zwiebackbröseln oder gedünsteten Zwiebeln.

Was paßt zu Klößen?

Zu herzhaft gewürzten: Salate, Soßen wie Kräuter-, Meerrettich-, Tomaten-, Nuß-Soße, auch Gemüse.

Zu süß gewürzten: Apfelmus, Kompott, Dörrobst, Frucht- und Nußsoße.

Mandel- oder Nußklöße aus Gerste

200 g	Gerstenschrot* grießartig
600 ccm	Wasser
	oder 200 g Thermo-Gerstengrütze, 640 ccm Wasser
80 g	Butter oder 40 g Butter, 4 EL Öl und Öl zum Formen
150 g	trocken ausgedrückter Quark (naß ca. 240 g)
85 g	geröstete Mandeln oder Nüsse, sehr fein gemahlen
115 g	Demeter Grieß oder Hafermehl (für Thermo-Gerstengrütze nur 80 g)
1 EL	Ahornsirup
	Butter oder gem. Mandeln/Nüsse zum Anrichten

1 TL Zitronenthymian, etwas abgeriebene Zitronenschale,
1½ TL Koriander, 1½ TL Ingwer, 1½ TL Anis, ½ TL Muskatblüte,
1–2 TL Salz

Vorbereitung: Schrot eine, besser 10 Std. in ca. ⅔ des Wassers einweichen (Thermo-Gerstengrütze nicht einweichen), 5 Minuten kochen, ½–1 Std. nachquellen lassen.

Zubereitung: Den Rest des Wassers kochen, das eingeweichte Schrot unter Rühren kurz darin köcheln, würzen, mindestens 30 Minuten nachquellen, dann abkühlen und ausdampfen lassen; mit den übrigen Zutaten verkneten, kräftig abschmecken, möglichst 1 Std. Teigruhe. Weiter s. S. 74.

Was paßt dazu? Eine zarte Soße, Rohkostsalate oder Gemüse wie Möhren-Erbsen, Fenchel, Schwarzwurzel, Blumenkohl in Dill-, Zitronen- oder Kerbelsoße oder Kompott wie Mirabellen, Birnen.

*Hier wurde Spelzgerste verwendet, die Quellfähigkeit von Nacktgerste ist etwas geringer.

Dinkel-Klöße mit Nüssen

200 g	Dinkelschrot
410 ccm	Wasser
180 g	trocken ausgedrückter Quark (naß ca. 270 g)
4 EL	Öl und Öl zum Formen
60 g	Demeter-Grieß
40 g	Nüsse, am besten geröstet und fein gemahlen, oder 80 g Nüsse und nur 50 g Grieß
	2 TL Rosmarin, 1 TL Ingwer, 1½ TL Koriander, ½ TL Muskatblüte, ¾ TL Salbei, 1–2 TL Salz

Vorbereitung: Dinkelschrot mindestens eine, besser 10 Std. in ca. ⅔ des Wassers einweichen.

Zubereitung: Den Rest des Wassers kochen, das eingeweichte Schrot unter Rühren kurz darin köcheln, würzen, mindestens 30 Minuten nachquellen, dann abkühlen und ausdampfen lassen; mit den übrigen Zutaten verkneten, kräftig abschmecken; möglichst noch 1 Std. Teigruhe. Weiter s. S. 74.

Was paßt dazu? Schwarzwurzeln, Chicorée, Pastinaken, Steckrüben-Möhren-Püree, Lauch, Kohlrabi, Zuckererbsen, Magnoldstiele, Blumenkohl, Ratatouille und andere Gemüse mit Soße.

Weizenschrot-Klöße

180 g	Weizenschrot, mittelfein
415 ccm	Wasser
230 g	trocken ausgedrückter Quark (naß ca. 350 g)
4 EL	Öl und Öl zum Formen
25 g	Hafermehl, nach Bedarf noch 10 g dazu
50–80 g	Haselnüsse, fein gemahlen
	Butter, Nüsse oder Käse zum Anrichten

3 TL Basilikum, 2 TL Majoran, 1 TL Thymian, 2 TL Dill, Kräutersalz oder Salz

Vorbereitung: Schrot mindestens eine, besser 10 Std. in ca. $\frac{2}{3}$ des Wassers einweichen.

Zubereitung: Restliches Wasser kochen, das Schrot unter Rühren kurz darin köcheln, würzen, 30 Min. nachquellen, dann abkühlen und ausdampfen lassen.

Schrotbrei mit den übrigen Zutaten verkneten und kräftig abschmecken. Teigruhe $\frac{1}{2}$ – 1 Std. Weiter s. S. 74.

Was paßt dazu? Schwarzwurzeln, Pastinaken, Kohlrabi, Steckrüben, Mangoldstiele, Chicorée oder andere Gemüse mit Soße.

Weizenflocken-Klöße

180 g	Weizenflocken
390 ccm	lauwarmes Wasser
180 g	Quark, Demeter
40 g	Kräuter-Frischkäse
75 g	Grieß, « Vollgrieß »
1–2	Zwiebeln
4 EL	Öl und Öl zum Formen
	Butter, frische Kräuter, Käse, Nüsse oder Sesam zum Anrichten

3 TL Basilikum, 1 TL Bohnenkraut, 3 TL Majoran, 1½ TL Thymian, evtl. Muskat, 1½–2 TL Meersalz
oder ½ TL Salbei, ¾ TL Curry, 1 TL Liebstöckel, 1 TL Salz

Zubereitung: Flocken mindestens ¼ Std. besser 3 Stunden einweichen, unter Rühren aufkochen, würzen, nachquellen, bis die Flocken sich zerdrücken lassen, abkühlen, ausdampfen lassen.
Quark und Frischkäse mit Öl, dann mit anderen Zutaten verkneten, kräftig abschmekken, weiter s. S. 74.

Fehlt die Zeit zum Erhitzen der Flocken, legt man den noch weichen Teig mit 2 Eßlöffeln ins kochende Salzwasser.

Was paßt dazu? Sauerkraut- und Blattsalat, Wurzelrohkost, Gemüse.

Abwandlung: Statt Käse und Zwiebeln 100 g Nüsse fein gemahlen und 60 g Grieß. Gewürze: Zitronenschale, Muskatblüte, Koriander, Salz.

Dazu paßt: Kompott und Dörrobst.

Weizenflocken-Klöße für Eilige

180 g	Weizenflocken
360 ccm	Wasser, lauwarm
180 g	Quark oder 200 g Schichtkäse
4 EL	Öl und Öl zum Formen
35–50 g	«Vollgrieß»
60–70 g	Nüsse, fein gemahlen, oder 50 g Käse fein gerieben
	Butter, frische Kräuter, Käse, Nüsse oder Sesam zum Anrichten
	2 gehäufte TL Sekowa oder 1½–2 TL Kräutersalz, evtl. etwas Muskatblüte

Zubereitung: Flocken 10 Minuten, besser einige Stunden zuvor lauwarm einweichen, mit allen Zutaten glatt zu einem weichen Teig verkneten.

Mit 2 gefetteten Eßlöffeln oder einem Eislöffel Klöße ins kochende Salzwasser legen, nicht mehr kochen. Weiter s. S. 74.

Was paßt dazu? Sauerkraut- und Blattsalat, Wurzelrohkost, beliebiges Gemüse mit Soße, auch Gemüsesuppe.

Quark-Käse-Klöße

600 g	trocken ausgedrückter Quark (naß ca. 900 g)
3 EL	Öl und Öl zum Formen
40 g	Käse, Schweizer gerieben oder Ziegenkäse (bindet besonders gut)
50 g	Weizen- oder Dinkelfeinschrot, evtl. Kleie vorher absieben
25 g	Weizenmehl Type 1700
50 g	Käse, gerieben, zum Anrichten
	¾ TL Muskat, 1½ TL Salbei, ¾ TL Paprika mild, 1–2 TL Steinsalz

Zubereitung: Alle Zutaten nacheinander glatt verkneten, herzhaft abschmecken, Teigruhe möglichst 2–3 Stunden. Weiter s. S. 74.

Was paßt dazu? Salate, besonders Chicorée oder Endivien. Gemüse, z. B. Blumenkohl, Chicorée, Kohlrabi, Fenchel, aber auch Apfelmus.

Maisgrieß-Klöße

150 g	Maisgrieß, am besten «spezial grob»
450 ccm	Wasser
160 g	Schichtkäse
50 g	Hafermehl
4 EL	Öl und Öl zum Formen
	geriebenen Käse (milden Schweizer) zum Anrichten

2 TL Basilikum, 2 TL Dill, 1 TL Oregano, 1 TL Koriander, 1 geriebene Zwiebel, 1 TL «Sekowa», Salz
oder: 2 TL Curry, etwas Paprika edelsüß, 50 g Käse z. B. Greyerzer oder Boursin

Zubereitung: Mais im Wasser 10 Minuten kochen, 40 Minuten nachquellen, würzen, abkühlen und ausdampfen lassen. Quark mit Öl, dann mit den anderen Zutaten verkneten, herzhaft abschmecken. Weiter s. S. 74.

Was paßt dazu? Salate, Soße z. B. Curry-, Paprika-, Meerrettich-, Tomaten-Soße; Gemüse z. B. Ratatouille, Chicorée, Blumenkohl, Rote Bete.

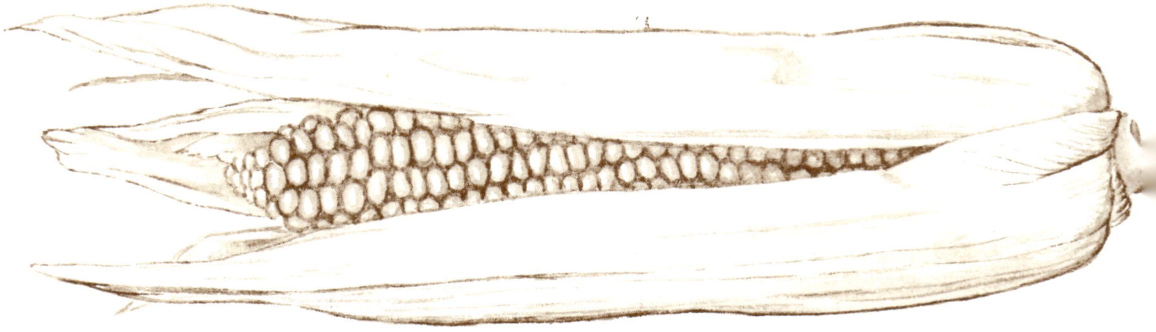

Grünkernschrot-Klöße

200 g	Grünkernschrot
360 ccm	Wasser
150 g	Quark, nicht zu naß
6 EL	Öl, und Öl zum Formen
70–80 g	Dinkelfeinschrot (Kleie vorher absieben) oder 70–100 g Hafermehl
	Butter, frische Kräuter, Käse, Nüsse oder Sesam zum Anrichten

2 TL Basilikum, 1 TL Rosmarin, 2 TL Oregano, 1 TL Dill,
½ TL Bergbohnenkraut, 1–2 TL Kräutersalz, evtl. geriebene Zwiebel

Zubereitung: Schrot in einem Teil des Wassers kurz einweichen, das restliche Wasser aufkochen, das Eingeweichte unter Rühren 3–5 Minuten darin köcheln, würzen, 40 Minuten nachquellen, dann abkühlen und ausdampfen lassen.

Quark mit Öl cremig rühren, mit Grünkern und Schrot verkneten, kräftig abschmecken, Teigruhe ½–1 Std. Weiter s. S. 74.

Was paßt dazu? Soße mit Dill, Petersilie, Basilikum oder Estragon, Salatplatte; Gemüse: Möhren mit Bohnen, Kohlrabi, Blumenkohl und andere Kohlarten.

Gerstenflocken-Klöße

150 g	Gerstenflocken
300 ccm	Wasser
200 g	trocken ausgedrückter Quark (naß ca. 300 g)
5 EL	Öl, und Öl zum Formen
80 g	Grieß – ersatzweise Hafermehl
60 g	Hasel-, Paranüsse oder Mandeln fein gerieben
	Butter, Brösel, gemahlene Nüsse, Sesam oder Käse zum Anrichten

2 TL Curry, 2 TL Koriander, 2 TL Meersalz
oder 2 TL Basilikum, 2 TL Rosmarin, ½ TL Thymian, Salz

Zubereitung: Flocken möglichst 1–3 Std. einweichen, unter Rühren zum Kochen bringen, würzen, ½–1 Std. im Wasserbad nachquellen bis sich die Flocken zerdrücken lassen, abkühlen und ausdampfen lassen. Den trockenen Quark zuerst mit Öl, dann mit den übrigen Zutaten gründlich verkneten, kräftig abschmecken, möglichst ½–2 Std. quellen lassen. Weiter s. S. 74.

Hirse-Klöße

160 g Hirse } gekocht ca. 520 g
430 ccm Wasser }
170 g Schichtkäse oder 260 g trocken ausgedrückter Quark (naß ca. 390 g)
5 EL Öl, und Öl zum Klöße formen
40 g Hafermehl, nach Bedarf ca. 30 g mehr, ersatzweise Grieß
Butter, frische Kräuter, Käse, Nüsse oder Sesam zum Anrichten

für das Kochwasser: 8 Wacholderbeeren, 1 Lorbeerblatt, ½ TL Koriander, zuletzt Salz

für den Teig: 1 TL Koriander, 1 TL Ingwer, 1½ TL Liebstöckel, 1 TL «Sekowa», 1 TL Kräutersalz, evtl. gedünstete Zwiebel

Zubereitung: Hirse 10 Minuten mit Gewürzen im Wasser kochen, 40 Minuten nachquellen, dann abkühlen und ausdampfen lassen.

Quark und Öl cremig rühren, mit Hirse und etwas Hafermehl verkneten, würzen, herzhaft abschmecken, Teigruhe ½–1 Stunde. Weiter s. S. 74.

Was paßt dazu? Kräuter- oder Meerrettichsoße, Rote Bete-Apfel-, Rote Bete-Gewürzgurkengemüse, Pastinaken-, Möhren- oder Lauchgemüse.

Roggen-Klöße

160 g Roggenschrot, mittelfein
450 ccm Wasser
65 g Doppelrahm-Frischkäse
Butter, Nüsse, Zwiebelringe oder frische Kräuter zum Anrichten

2 TL Thymian, 1 TL Kümmel gemahlen, 7 Wacholderbeeren, Salz

Vorbereitung: Schrot 10 Stunden einweichen in 250 ccm Wasser.

Zubereitung: Restliche 200 ccm Wasser kochen, das Eingeweichte einrühren, mit Wacholderbeeren ½ Std. köcheln, würzen, 2 Std. nachquellen. Weiter s. S. 74.

Was paßt dazu? Gemüse mit Soße, z. B. Möhren, Pastinaken, Zucchetti, Mangoldstiele, Sauerkraut.

Thermo-Roggen-Klöße

150 g Thermo-Roggengrütze
350 ccm kaltes Wasser
225 g Schichtkäse
2 EL Öl und Öl zum Formen
50 g Hafermehl
oder 80–100 g Vollkornzwieback, gerieben, besonders zu Dörrobst
Butter oder Nüsse zum Anrichten

1 TL Koriander, 1 TL Kümmel, ½ TL Thymian, 1 TL Kräutersalz

Zubereitung: Grütze mit Gewürzen unter Rühren im Wasser 10 Minuten köcheln, 1 Std. nachquellen, Schichtkäse oder ausgedrückten Quark, Öl und Hafermehl unterkneten, herzhaft abschmecken; Teigruhe möglichst 1 Std. Weiter s. S. 74.

Dazu paßt Gemüse in Soße, z.B. Möhren, Pastinaken, Weißkraut, Gurken, Zucchetti usw., aber auch Dörrobst als Kompott.

Gerstenschrot-Klöße mit Vollkornzwieback

120 g	Gerstenschrot
320 ccm	Wasser
150 g	trocken ausgedrückter Quark (naß ca. 225 g)
6 EL	Öl
110 g	Vollkornzwieback, fein gerieben
3 EL	Molke
	je 1 TL Koriander, Anis, Fenchel, 1½ TL Zitronenthymian, ¾ TL Ingwer, ½ TL Muskatblüte, 2 TL Salz

Vorbereitung: Schrot mindestens eine, besser 10 Std. in ca. ¾ des Wassers einweichen.

Zubereitung: Restliches Wasser kochen, das eingeweichte Schrot unter Rühren kurz darin köcheln, würzen, 30 Minuten nachquellen, dann abkühlen und ausdampfen lassen; mit den übrigen Zutaten verkneten, gut abschmecken, Teigruhe ½–1 Std. Weiter s. S. 74.

Was paßt dazu? Salate und Frischkost. Zarte Soßen und Gemüse oder Kompott, Fruchtsoße.

Quark-Nuß-Klöße

600 g	trocken ausgedrückter Quark (naß ca. 900 g)
3 EL	Öl
100 g	Haselnüsse fein gemahlen
50 g	Weizen- bzw. Dinkelfeinschrot (Kleie vorher absieben)
100 g	feingehackte Datteln (nur für süße Klöße)
25 g	Weizenmehl Type 1700
	30 g Butter, 40 g Nüsse zum Anrichten
	1–2 TL Anis, 1 TL Fenchel, 1 TL Koriander, ½–1 TL Zimt, ½ TL Muskatblüte, ⅔ TL Steinsalz, Schale einer Zitrone

Zubereitung: Alle Zutaten der Reihe nach glatt verkneten, abschmecken, Teigruhe möglichst 2–3 Stunden. Weiter s. S. 74.

Zum Anrichten mit flüssiger Butter bestreichen, mit grob gemahlenen Nüssen überstreuen.

Was paßt dazu? Apfelmus oder Kompott, auch Dörrobst; zu Klößen ohne Datteln auch Salate.

Buchweizen-Klöße

210 g	Buchweizengrütze
360 ccm	Wasser
230 g	Schichtkäse oder Quark (nicht zu naß)
3 EL	Öl oder weiche Butter und Öl zum Formen
50 g	Haselnüsse fein gemahlen
20–50 g	Buchweizenmehl
	Butter oder gedünstete Zwiebel zum Anrichten

Zu Gemüse passend: 2 TL Basilikum, 1 TL Majoran, ½ TL Salbei, 7 Wacholderbeeren, ½ TL Bohnenkraut, 1 TL Thymian, 1–2 TL Kräutersalz, 2 Zehen Knoblauch, 1 große Zwiebel, fein geschnitten und gedünstet

Zu Kompott passend: Koriander, Anis, Muskatblüte, Salz

Zubereitung: Grütze ins kochende Wasser einrühren, 3 Minuten köcheln, würzen, 20 Minuten nachquellen lassen; mit den übrigen Zutaten verkneten, kräftig abschmecken, Teigruhe ½–1 Stunde. Weiter s. S. 74.

Was paßt dazu? Salate, Gemüse oder Apfelmus bzw. Dörrobst

Apfel-Klöße aus gekochter Gerste

Gerstenrest vom Barley-Water verwenden oder 150 g Gerste lt. Tabelle im Wasserverhältnis 1:3 kochen, durch den Wolf drehen (2-mm-Scheibe).

450 g gekochte, passierte Gerste*
120 g trocken, ausgedrückter Quark (naß ca. 200 g)
5 EL Öl und Öl zum Formen
50 g Gerstenfeinschrot oder 70 g Hafermehl oder 100 g süßen Vollkornzwieback, fein gerieben, nach Bedarf etwas mehr
130 g Datteln (vor der Gerste passieren)
350 g Äpfel z. B. Boskop
evtl. 30 g Nüsse, fein gemahlen

1/3 TL Zimt, 3/4 TL Vanille, 1/3 TL Muskatblüte, 1 1/2 TL Koriander, 1 Pr. Nelke, 1/2 Zitrone, Saft und Schale, 1/3 TL Salz

Zubereitung: Äpfel schälen, fein raffeln, in Zitronensaft wenden, mit Gewürzen mindestens 1/2 Std. durchziehen lassen. – Quark mit Öl cremig rühren, alle Zutaten mischen, gut abschmecken, Teigruhe 1 Stunde. Weiter s. S. 74.

* Praktischer Hinweis zum Passieren (Zerkleinern) s. S. 24.

Zwetschen- oder Kirschen-Klöße aus Hirse

ca. ½ kg	Zwetschen oder Kirschen
evtl.	Honig oder Sucanatzucker bzw. Datteln
160 g	Hirse
430 ccm	Wasser
260 g	trocken ausgedrückter Quark (naß ca. 390 g)
4 EL	Öl und Öl zum Formen
40 g	Hafermehl, nach Bedarf noch ca. 30 g
	1 TL Koriander, 1 TL Anis, 1 TL Ingwer, 1 Pr. Nelke, ½ TL Salz; für Zwetschen ½ TL Zimt

Zubereitung: Wenn nötig, das Obst einige Stunden mit Honig oder Sucanat vermischt durchziehen lassen oder den Zwetschenstein durch eine Dattel ersetzen.

Hirse mit Wasser und einem Teil der Gewürze 10 Minuten kochen, 40 Minuten nachquellen, dann abkühlen und ausdampfen lassen.

Quark und Öl cremig rühren, mit Hirse, Gewürzen und Hafermehl verkneten, kräftig abschmecken; Teigruhe ½–1 Stunde. Weiter s. S. 74.

Zwetschen mit Stein oder mit einer Dattel gefüllt in Teig wickeln, in geölten Handflächen glatt rollen; Kirschen mit Stein verwenden (der Stein gibt ein gutes Aroma!), garen und anrichten, wie S. 74 ausgeführt.

Was paßt dazu? In Butter geschwenkte Brösel, Kompott oder Vanillesoße.

Aprikosen- oder Zwetschen-Klöße aus Grieß

200 ccm	Wasser
200 ccm	Milch
200 g	Grieß, « Vollgrieß »
50 g	Butter und Butter zum Anrichten
50 g	Datteln, sehr fein gehackt
40 g	Haselnüsse, fein gemahlen
20 g	Mandeln, fein gemahlen
125 g	Demeter-Quark
65 g	fein geriebener Vollkornzwieback (für Zwetschen 70 g) für den Teig und Zwiebackbrösel zum Anrichten
20	Trockenaprikosen ohne Stein oder frische, reife Zwetschen
	Schale einer Zitrone, fein gerieben, 1 TL Ingwer, 1 TL Anis, ½ TL Vanille, 1 TL Koriander, 1 kleiner TL Salz

Zubereitung: Trocken-Aprikosen zum Aufquellen 12–24 Std. vorher in wenig lauwarmem Wasser einweichen, öfter wenden! Dann gut abtropfen lassen.

Wasser und Milch aufkochen, Grieß einrühren, Datteln, Butter und Salz zufügen, mindestens ½ Std. nachquellen lassen und abkühlen.

Quark, Gewürze und die übrigen Zutaten unterkneten, abschmecken. Teigruhe möglichst ½ Std. Aprikosen in Teig wickeln, in geölten Handflächen glattrollen. Weiter s. S. 74.

Zum Anrichten: zerlassene Butter oder in Butter geschwenkte Brösel oder mit Fruchtsoße (Aprikose oder Apfel) s. S. 124.

Obstklöße

Für ihre Zubereitung kann man auch Kloßrezepte von anderen Getreiden benutzen und mit beliebigem Steinobst füllen (evtl. auch mit knusprig gerösteten Brotbröckchen).

Pudding

Pudding – ein Kapitel über Standfestigkeit

Ein wohlgeformter Pudding gibt der Mahlzeit gleich ein festliches Gepräge. Er hat nichts gemein mit dem künstlich gefärbten «Pudding» aus der Tüte oder dem «Wackelpeter». Im Wasserbad gekocht ist er – herzhaft oder süß – ein gehaltvolles Hauptgericht und auch für Empfindliche gut verträglich. Außerdem praktisch hinsichtlich der Zeiteinteilung, denn er verträgt längeres Stehen vom Einfüllen bis zum Kochen. Seine Grundsubstanz ist gekochtes Getreide, meist auch leicht gedünstetes Gemüse, Kräuter bzw. Obst. Ihre Aromen durchdringen sich innerhalb der geschlossenen Form in feuchter Wärme.

Beim Pudding kann der Mensch nicht selber gestaltend tätig sein wie beim Formen von Klößen, Backlingen, Umhüllungen oder Gebäck; aber er darf auch nicht einfach zusehen, wie sein Teig sich behäbig in die Rundung einer Pfanne ergießt. Wachsam muß er sein, sonst sinkt sein Pudding zusammen beim Abheben der haltgebenden Form. Auch ist bei der Zubereitung einiges zu beachten; dann werden Arbeit, Spannung und geduldiges Abwarten belohnt. Der Pudding bewahrt seine Form, das alte Sprüchlein bewährt sich:

Geduld, Vernunft und Hafergrütze
sind zu allen Dingen nütze!

Hinweise für die Zubereitung

Der Teig muß besonders kräftig gewürzt werden, da die Gewürze erst beim Kochen völlig einziehen.

Die Form sorgfältig fetten mit Butter oder Butterschmalz (Öl läuft weg), besonders am Boden und Mittelteil. Mit Sesam, gemahlenen Nüssen, Kokosraspeln oder Bröseln gleichmäßig ausstreuen.

Beim Einfüllen öfters in den Teig stechen, um Lufteinschlüsse zu vermeiden; höchstens bis 1 cm unter den Rand füllen, damit er sich ausdehnen kann.

Zum Kochen die Form gut verschließen, bis zur halben Höhe ins kochende Wasser stellen, zudecken, evtl. mit einer übergestülpten Schüssel.

Herausheben nach der angegebenen Kochzeit; Geduld bewahren, damit der Pudding «sich setzen» kann!

Stürzen erst nach 10–15 Min. auf eine warme Platte.

Garnieren kann man festlich mit zerlassener Butter oder Soße und farbenfroh mit Petersilie, Möhren- oder Tomatenscheiben, oder Käseecken mit rotem Paprika bestreut.

Ein süßer Pudding könnte verziert werden mit grünen Zweiglein von Rosmarin oder Süßdolde, dazwischen mit verschiedenen Zutaten, die auch im Pudding enthalten sind: weiße Mandeln, Nüsse, Weinbeeren, Walnußhälften, Apfel- oder Mandarinenspalten.

Ein kalter Pudding ist auch zum «Kaffeestündchen» statt Kuchen sehr beliebt! Das kochende Wasserbad ersetzt hier den Backofen.

Fehlt die Zeit zum Vorkochen des Getreides, wählt man ein Getreide, das eine kurze Garzeit hat (Buchweizen, Grünkerngrütze, Hirse, Maisgrieß sowie alle Thermogrützen), weicht ca. 1 Std. ein, vermischt es dann mit den übrigen Zutaten, würzt kräftig und füllt es in die gut vorbereitete Form ein.

Dies ist aber höchstens für kleine Portionen (2–3 Personen) zu empfehlen, weil die leichten Zutaten obenauf schwimmen und außerdem das Abschmecken sehr erschwert ist.

Sogar im **Turmdünster** (s. Bd. I «Wichtige Küchengeräte») ist die Puddingform zu verwenden. Sie paßt bei Ø 16 cm (für 4–5 Personen) schon in den kleinsten Dünster Ø 18 cm. Wenn man einen 2. Ring umgekehrt auf die Form legt, schließt der Deckel gut.

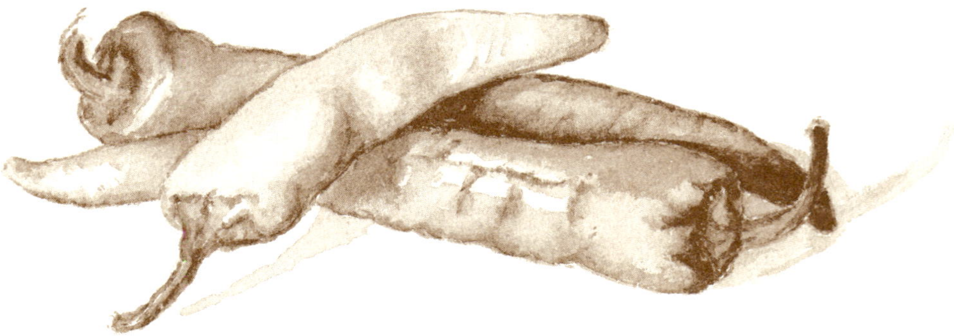

Brot-Pudding mit Spinat

300 g Spinat
je 1 Bd. Petersilie und Boretsch
1 Zwiebel, mittelgroß
40 g Öl oder Butter
120 g Schichtkäse oder leicht ausgedrückter Quark
80 g Käse, würzige Sorte
120 g Vollkornbrot, hart getrocknet gewogen
2 TL Basilikum, ¾ TL Muskat, wenig Curry, 2–3 EL getrocknete, geriebene Brennessel, 2 TL Kräutersalz

Zubereitung: Spinat gut abtrocknen, roh fein hacken, Petersiliestiele und Zwiebel klein schneiden, beides mit Öl und 1 EL Wasser dünsten, abgekühlt mit dem Schichtkäse verrühren; Käse fein – Vollkornbrot grob reiben in der Nußmühle, alles mit dem roh gehackten Spinat, mit Boretsch- und Petersilienblättern und den anderen Gewürzen mischen, mit der Hand fest verkneten, gut abschmecken, in die vorbereitete Puddingform füllen, weiter s. S. 91 f.

Kochzeit: 30 Minuten.

Anrichten: Wahlweise mit Tomatenscheiben, Radieschen, roten Paprikastreifen, Möhren, Petersilie, dazwischen evtl. mit Paprika bestreute Käseecken legen.

Was paßt dazu? Vorher Möhren- oder Rote Bete-Suppe; Blattsalate in Sahnesoße, gedünstete Zwiebeln in Sahnesoße, geschmorte Tomaten oder nur eine Soße: Tomaten-, Muskat-, rote Paprikasoße.

Brot-Pudding mit Grünkohl

Abwandlung von Brot-Pudding mit Spinat

250 g Grünkohl statt Spinat
4 EL Schlagsahne
weitere Zutaten wie bei Brot-Pudding mit Spinat
2 TL Senfkörner, Kümmel, Koriander, Basilikum, 2 Blätter Pfefferminze, einige Kamillen- oder Schlehenblüten, Kräutersalz

Zubereitung: Grünkohl 40 Minuten mit Öl, Senfkörnern und wenig Wasser dünsten, hacken, würzen, weitere Zutaten wie bei «Brot-Pudding mit Spinat» zufügen, herzhaft abschmecken.

Hirse-Pudding, herzhaft

150 g Hirse
350 ccm Wasser
150 g Quark, nicht zu naß, oder Schichtkäse
2–3 EL Öl
40 g Käse* (Emmentaler, Allgäuer)

1½ TL Dill, 1 TL Thymian, 1 gehäufter TL Liebstöckel, 1 TL Sellerieblätter, ¾ TL Koriander, 6 Wacholderbeeren, 1 mittlere Zwiebel gerieben, 1 gehäufter TL Kräutersalz

oder: Zwiebel, Curry, Liebstöckel, Kräutersalz

Zubereitung: Hirse mit Wasser 10 Minuten kochen, würzen, 30–40 Minuten nachquellen.

Quark mit Öl cremig rühren, mit dem geriebenen Käse unter die etwas abgekühlte Hirse mischen, kräftig abschmecken.

In die vorbereitete Form füllen. Weiter s. S. 91 f.

Kochzeit: 30 Minuten.

Was paßt dazu? Frischkostplatte; Meerrettich-, Tomaten- oder Kräutersoße; Meerrettich- oder Kräuterquark.

Gemüse wie: Rote Bete, Möhren, Kürbis, Zucchini-Ratatouille, Spinat, Grünkohl, gedünstete Zwiebeln, Lauch.

* Nach Wunsch statt Käse 70 g Nüsse gemahlen, dann ohne Zwiebel und Curry, dafür ½ TL Muskatblüte.

Roggen-Pudding mit Käse

400 g gekochter Roggen aus 140 g ganzen Körnern (lt. Tabelle gegart), oder aus 130 g Grütze bzw. Thermo-Grütze
240 g Demeter-Quark
2 EL Öl
50 g Emmentaler Käse
35 g Kräuterkäse wie Heirler, Boursin, Tatare, Bressot
160 g Buchweizen gedarrt oder 120 g hart getrocknetes, geriebenes Vollkornbrot, die Menge hängt von der Feuchtigkeit des Teiges ab.

1 TL Kümmel, 1 TL Basilikum, ½ TL Sellerieblätter, 1 TL Dill, Sekowa, Kräutersalz, evtl. 1 EL Brennesselpulver.
Sehr schmackhaft und farblich belebend sind 100 g kleingeschnittene Gewürzgurken oder 70 g rote, milchsauer eingelegte Paprika, dazu 1 Zwiebel.

Zubereitung: Gekochten Roggen abtropfen lassen und passieren. Quark trocken ausdrücken, mit Öl und Weichkäse cremig rühren, mit Gewürzen, Gurken bzw. Paprika, Zwiebeln und Emmentaler unter den Roggenbrei mischen. Kräftig abschmecken. Den zähen Teig in die vorbereitete Form füllen, weiter s. S. 91 f.

Kochzeit: 40 Minuten.

Anrichten: mit geriebenen Möhren und Petersilie oder ähnlichem.

Was paßt dazu? Frischkostplatte, Chicoréesalat und andere Salate oder Gemüse wie Lauch oder Pastinaken mit Soße.

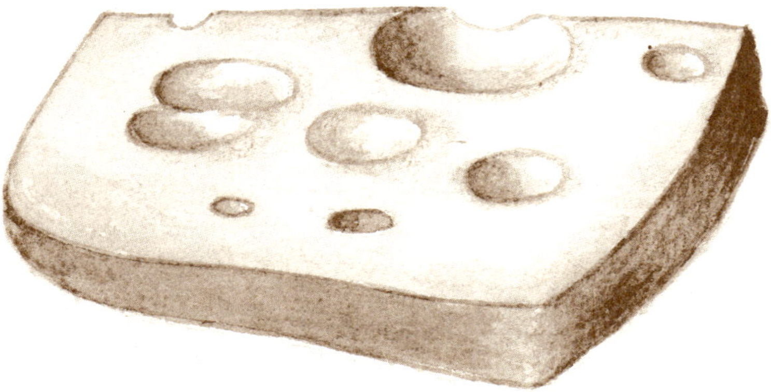

Thermo-Roggen-Pudding mit Gemüsemischung

135 g	Thermo-Roggen-Grütze
320 ccm	Sprudel oder Wasser
250 g	Gemüse, z. B. 100 g Lauch, 80 g Sellerie, 30 g Möhren, 40 g Pastinaken bzw. Wurzelpetersilie oder Wirsing. Statt Gemüsemischung evtl. Grünkohl oder Brennessel mit 2 Zwiebeln
2 × 3 EL	Öl und 3 EL Wasser
100 g	Quark, nicht zu feucht
40 g	Emmentaler oder ähnlicher Käse
5–10 g	Hafermehl nach Bedarf

Für die Roggen-Grütze: 1 TL Kümmel, 12 Wacholderbeeren, feingehackt, 1 TL Thymian, ½ TL Rosmarin, Salz

Für das Gemüse: etwas Kümmel, Fenchel, Liebstöckel, wahlweise Selleriesalz, Kräutersalz oder Sekowa

Vorbereitung: Grütze über Nacht, mindestens aber 3 Std. mit Gewürzen einweichen.

Zubereitung: Gemüse sehr fein schneiden oder raffeln, mit 3 EL Öl, Wasser und Gewürzen fast gar dünsten, wenn nötig abtropfen lassen. Quark mit Öl cremig rühren. Käse reiben. Alles mischen, je nach Feuchtigkeit 1–2 gehäufte EL Haferflocken zufügen, herzhaft abschmecken, denn die Grütze nimmt die Gewürze erst beim Kochen richtig auf. Weiter s. S. 91 f.

Kochzeit: 30 Minuten.

Was paßt dazu? Sauerkrautsalat garniert mit Löwenzahn-, Feldsalat oder ähnlichem, Meerrettich- oder Kräuterquark bzw. -soße. Gemüse passen fast alle zu diesem herzhaften Gericht.

Thermo-Roggen-Pudding mit Spinat

120 g	Thermo-Roggen-Grütze
320 ccm	Wasser
200 g	Quark
40 g	Boursin
50 g	Emmentaler
4 EL	Öl
540 g	Spinat
60–70 g	gedarrten Buchweizen (ersatzweise Brösel)

Zum Kochen der Grütze: 7 Wacholderbeeren, ¼ TL Kümmel, ¼ TL Thymian, Salz
Zum Teig: 2 TL Basilikum, 1 TL Majoran, 2 Msp. Muskat, Salz

Zubereitung: Thermogrütze mit Wasser und Gewürzen 5 Minuten köcheln, (ergibt gekocht ca. 380 g). 1–2 Std. nachquellen lassen, salzen.

Den gewaschenen, gut abgetropften Spinat in 2 EL Öl wenden, im eigenen Saft erhitzen, nur zusammenfallen lassen, ausdrücken (Brühe anderweitig verwenden), hacken. Den Quark trocken ausdrücken, mit 2 EL Öl und Boursin cremig rühren, mit geriebenem Emmentaler, Spinat, Grütze und restlichen Gewürzen verkneten. Zuletzt den knusprigen Buchweizen zufügen, er soll den Teig beim Garen noch etwas festigen, ohne ihn zu verkleistern; abschmecken. In die gefettete Form füllen. Weiter s. S. 91 f.

Kochzeit: 20 Minuten.

Mit geriebenen Möhren oder roten Paprikastreifchen verzieren.

Was paßt dazu? Paprikasoße, gedünstete Zwiebeln in Sahnesoße, gekochte Rote Bete als Salat.

Buchweizen

Kohlpudding mit Getreidefüllung

wahlweise Wirsing, Weiß-, Grün-, China- oder Spitzkohl

Vorkochen des Getreides für die Füllung, entweder je
130 g Thermo-Roggen-, Thermo-Gersten-, Thermo-Weizen-Grütze
oder je 160 g Grünkerngrütze bzw. Buchweizen
ergibt nach Tabelle gegart jeweils ca. 400 g gekochtes Getreide

Zutaten:

400 g	gekochtes Getreide, wie oben angegeben
160 g	Quark oder 100 g Schichtkäse
60 g	Kräuterkäse, Boursin, Tatare, Bressot
3–4 EL	Öl
2	Zwiebeln
1	rote Paprika
etwas	Peperoni als pikante Würzung
100 g	Gewürzgurken (Demeter, Eden, Gary)
1 EL	Haferflocken fein oder Vollkornbrösel, falls die Füllung zu weich ist
1	Kohlkopf, etwa 600–700 g

Für die Füllung: reichlich Basilikum, Oregano, Majoran, etwas Thymian, Löffelkraut, evtl. Knoblauch, Kräutersalz

Für das Kochwasser: 1 TL Senfkörner, je ½ TL Kümmel und Fenchel, gemahlen

Zubereitung: ½–1 l Wasser mit Gewürzen aufkochen, 1 EL Öl und den Kohlkopf hineingeben (Strunk kreuzweise eingeschnitten nach unten legen). Nach und nach die äußeren Blätter vorsichtig ablösen, sobald sie geschmeidig und fast gar sind.* Sehr dicke Rippen ausschneiden, mit Zwiebeln und Paprika klein hacken, andünsten; Gurken in Würfel schneiden. Alle Zutaten gut verkneten, kräftig abschmecken.

Die Form sorgfältig fetten, besonders Boden und Mittelteil. Die gedämpften Blätter mit Kräutersalz und Kümmel bestäuben, die Form damit auslegen. Große Blätter über den Rand der Form heraushängen lassen, Teig einfüllen, zuletzt Blätter über die Füllung decken, mit Butterflocken belegen, weiter s. S. 91 f.

Kochzeit: 50 Minuten.

Was paßt dazu? Soße wie Tomaten-, Apfel-Curry-, Kümmel-, Meerrettich-, Senfsoße.

* Wer mehrere Formen füllen will, spart Zeit, wenn er die Blätter sobald als möglich ablöst und im Extra-Topf fast gar kocht.

Mangold-Pudding mit Getreidefüllung

(Abwandlung von Kohlpudding)

15–20 breite Blätter von Mangold, Comfrey oder Zuckerhut*
(Stiele getrennt für ein Gemüse verwenden)
400 g gekochtes Getreide (als Getreide ist auch Reis möglich, ungekocht 160 g)
übrige Zutaten wie bei Kohlpudding, keine Gewürzgurken

reichlich Basilikum, Oregano, Majoran; etwas Thymian, Fenchel, Muskatnuß, evtl. 1 Zehe Knoblauch mit Salz verrieben, 2 TL «Sekowa», Kräutersalz; Paprika nach Belieben

Zubereitung: Dicke Stiele ab- bzw. herausschneiden, Blätter schmiegsam machen: mit einer Teigrolle auf dem Tisch platt rollen (etwas Saft geht zwar verloren), oder portionsweise kurz in fast kochendes Wasser legen; Vorsicht, sie kleben leicht zusammen und reißen! Weiter wie bei Kohlpudding.

Kochzeit: 40 Minuten.

Was paßt dazu? Rote Bete- oder Kümmel-Suppe, Wurzelfrischkost; Salat aus gekochter Rote Bete, Meerrettich- oder Muskatsoße. Vielleicht noch ein Bratapfel?

Majoran

* Ist leicht bitter, deshalb als Leberdiät geeignet.

Grünkern-Pudding mit Gemüsemischung

für 3–4 Personen

200 g	Grünkernschrot grob, grützeartig
25 g	Dinkel- oder Weizenfeinschrot
200 ccm	Wasser oder Sprudel
100–300 g	Gemüse: ca. 30 g Zwiebeln, 30 g Möhren bzw. rote Paprika, 120 g Lauch, 100 g Sellerie, 20 g Wurzelpetersilie <u>oder</u> nur Zwiebeln und 100–150 g Gewürzgurken (Eden)
160 g	Schichtkäse oder nicht zu feuchter Quark
4 EL	Öl
65 g	Emmentaler Käse gerieben oder 60 g Kräuterkäse – Exquisa, Boursin, Bressot, Tatare
15 g	Hafermehl, falls der Teig zu feucht ist

<u>Zum Grünkern:</u> je 1 TL Dill, Basilikum, ¼ TL Bohnenkraut, Majoran, ½–¾TL Kräutersalz (Vorsicht, Käse ist auch salzig).

<u>Zum Gemüse:</u> ⅓ TL Kümmel, 1 TL Dill, ¼ TL Selleriesalz

Zubereitung: Grünkernschrot mindestens 30 Minuten mit Gewürzen in Sprudel oder Wasser einweichen.

Gemüse sehr fein raffeln, mit Gewürzen und etwas Öl roh unter den Grünkern mischen, jedoch Hartes oder grob Geraffeltes vorher kurz andünsten.

Schichtkäse bzw. Quark mit Öl cremig rühren, mit dem Käse zum Grünkern geben, gut mischen, falls zu weich, noch 10–15 g Hafermehl zufügen, kräftig abschmecken; in die sorgfältig vorbereitete Form füllen. Weiter s. S. 91 f.

Kochzeit: 40 Minuten.

Was paßt dazu? Frischkostplatte, verschiedene Gemüse.

Grünkern-Pudding mit Grünkohl

Abwandlung von Grünkern-Pudding mit Gemüsemischung

250 g Grünkohl statt 300 g Gemüsemischung
1 große Zwiebel
220 g Quark
4 EL Sahne

statt der vorigen Gewürze zum Gemüse:
2 TL Senfkörner, etwas Koriander und Kümmel,
3–4 Blätter Pfefferminze, zuletzt einige Blüten von Kamille oder Schlehe, Kräutersalz

Zubereitung: Grünkohl und Zwiebel schneiden, 40 Minuten dünsten, dabei würzen, abtropfen, fein hacken, Quark trocken ausdrücken, mit Öl und steifgeschlagener Sahne verrühren, sonst wie bei Grünkernschrot-Pudding.

Grünkern-Pudding mit Spinat

Abwandlung von Grünkern-Pudding mit Gemüsemischung

250 g Spinat statt 300 g Gemüsemischung

zum Würzen des Spinats nur reichlich gehackte, frische Petersilie, Boretsch, etwas Majoran oder Oregano, Muskat, Kräutersalz

Zubereitung: Spinat fein hacken, roh lassen. Sonst wie bei Grünkern-Pudding mit Gemüsemischung.

Buchweizen-Pudding mit Gemüsemischung

200 g Buchweizen oder -grütze
360 ccm Sprudel oder lauwarmes Wasser
250 g Gemüsemischung:
a) Sellerie, Lauch, Möhre, Wurzelpetersilie, Pastinake, Wirsing
b) Rote Bete, Apfel, Zwiebel, Lauch, Sauerkraut
120 g Quark
65 g Doppelrahmkäse
2 EL Öl und 3 EL Wasser

a) Kümmel, Fenchel, Dill, Liebstöckel, Senfkörner, Selleriesalz
b) Kümmel, Anis, Koriander, 1 Pr. Piment, Basilikum, 3 Wacholderbeeren, Selleriesalz

Zubereitung: Buchweizen mindestens 1 Std., -grütze ½ Std. in Sprudel bzw. Wasser einweichen, Gewürze wie Senf, Kümmel mit einweichen. Gemüse schneiden, mit Öl und Wasser andünsten, würzen, fast gar abtropfen.

Quark, Doppelrahmkäse und 1 EL Öl cremig rühren, alles mischen, kräftig abschmecken; in die sorgfältig vorbereitete Form füllen. Weiter s. S. 91 f.

Kochzeit: 30 Minuten.

Buchweizen-Pudding mit Grünkohl

Abwandlung von Buchweizen-Pudding mit Gemüsemischung

200 g Grünkohl statt Gemüsemischung
1 große Zwiebel
110 g Quark, trocken ausgedrückt (naß ca. 170 g)
4 EL Sahne steif geschlagen

2 TL Senfkörner, etwas Koriander, Fenchel, Kümmel, zuletzt einige Kamillenblüten, Kräutersalz

Zubereitung: Grünkohl und Zwiebel schneiden, mit Öl, 3 EL Wasser und Gewürzen 40 Minuten dünsten, abtropfen, fein hacken. Quark und Sahne cremig rühren. Alles mischen, kräftig abschmecken, einfüllen. Weiter s. S. 91 f.

Kochzeit: 40 Minuten.

Buchweizen-Pudding mit Spinat

Abwandlung von Buchweizen-Pudding mit Gemüsemischung

180 g	Buchweizen
180 g	Sprudel oder lauwarmes Wasser
450 g	Spinat statt Gemüsemischung
1 kl. Bund	Petersilie
120 g	Haselnüsse oder abgezogene Mandeln, gemahlen
30 g	Hafermehl
180 g	Schichtkäse
4–6 EL	Öl
	1 TL Koriander, 1 TL Ingwer, ⅓ TL Muskatnuß, Boretsch und Comfrey (frisch oder getrocknet), 2 große TL Sekowa, Salz

Zubereitung: Buchweizen ca. 1 Std. einweichen. Spinat abtrocknen, roh mit Petersilie evtl. auch Boretsch fein hacken; alle Zutaten mit der Hand glatt verkneten, abschmecken, in die sorgfältig vorbereitete Form füllen. Weiter s. S. 91f.

Kochzeit: 30 Minuten.

Zum Anrichten: geriebene Möhren, Petersilie.

Was paßt dazu? Möhrenrohkost, Nußsoße oder Kürbis- bzw. Tomatensoße.

Roggen-Pudding mit Dörrobst

auch geeignet, um Reste zu verwerten

400 g	gekochter Roggen aus 140 g ganzen Körnern im Wasserverhältnis 1 : 7 gekocht, abgetropft und passiert, <u>oder</u> aus 130 g Grütze bzw. Thermo-Grütze im Wasserverhältnis 1 : 2,8 gekocht
250 g	Quark oder Schichtkäse (Demeter)
2 EL	Öl
50–80 g	Sahne
1–2 EL	Demeter-Rübensirup
80 g	Hasel- oder Walnüsse
60 g	Trocken-Zwetschen ohne Stein
60 g	Trocken-Birnen
120 g	Buchweizen gedarrt oder 100 g trockenes, geriebenes Vollkornbrot, Menge richtet sich nach der Feuchtigkeit des Teiges
	1–2 EL Zitronenthymian, Schale einer Zitrone dünn abgerieben, ½ TL Muskatblüte, 1 TL Fenchel, 1 Msp. Nelke, ½ TL Ingwer, frisch gerieben, etwas Kardamon, ¾ TL Zimt, Salz, evtl. Rübensirup oder Honig nach Geschmack

Vorbereitung: Trockenobst frühzeitig klein schneiden, lauwarm befeuchten, öfter wenden.

Zubereitung: Quark mit Öl cremig rühren, Sahne steif schlagen, zuletzt Sirup hineinschlagen, unter den Quark ziehen, Nüsse grob mahlen. Alle Zutaten mischen, nur soviel Buchweizen/geriebenes Brot verwenden, daß der Teig klumpig vom Löffel fällt, gut abschmecken, in die gut vorbereitete Form füllen. Weiter s. S. 91 f.

Kochzeit: 40 Minuten.

Schmeckt kalt oder in Scheiben geschnitten und aufgebacken auch gut.

Was paßt dazu? Obstsaft, Frischmilch, Schwedenmilch, Molke mit Apfeldicksaft gesüßt, Vanillesoße.

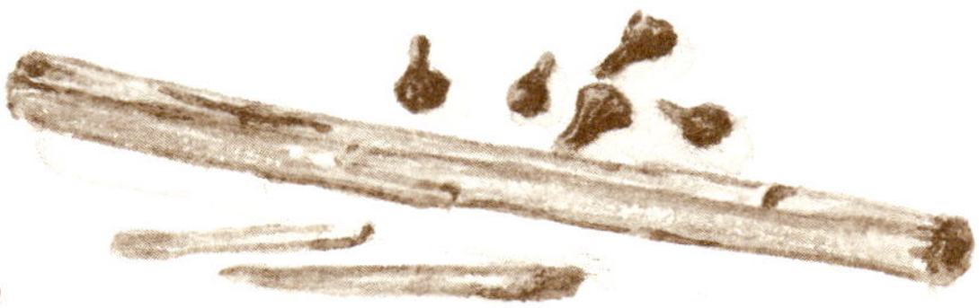

Zimtstange und -blüten

Hirse-Pudding mit Trockenzwetschen oder -kirschen

150 g	Hirse
370 ccm	Wasser
80 g	Trockenzwetschen ohne Stein oder 120 g Trockenkirschen mit Stein
50 g	Rosinen oder Weinbeeren
150 g	Schichtkäse oder entsprechend trockenen Quark (Demeter)
1½ EL	Öl
1½ EL	Demeter-Rübensirup
70 g	Haselnüsse
	Butter und gemahlene Nüsse für die Form
	½ TL Koriander, 1 TL Ingwer, 1 TL Anis, Schale von 1 Zitrone natur, ⅓ TL Muskatblüte, ¾ TL Fenchel, ⅓ TL Salz

Vorbereitung: Trockenobst 12–24 Std. einweichen, öfter wenden.

Zubereitung: Hirse lt. Tabelle kochen, oder im Thermosgefäß das kochende Wasser auf die Hirse gießen, sofort verschließen, ca. 1 Std. quellen lassen. Wenn nötig Trockenobst in wenig Wasser lauwarm einweichen. Nüsse grob mahlen. Schichtkäse/Quark mit Öl und Sirup cremig rühren. Mit Gewürzen, abgetropftem, klein geschnittenem Obst, Hirse und Nüssen gut vermischen, abschmecken, in die sorgfältig vorbereitete Form füllen. Weiter s. S. 91 f.

Kochzeit: 30 Minuten.

Was paßt dazu? Apfelmus mit Preiselbeeren, Kompott, Obstsaft, Ebereschensaft mit Honig gesüßt.

Hirse-Apfel-Pudding

160 g	Hirse
350 ccm	Wasser
100 g	Trockenbirnen oder Datteln bzw. Rosinen
8 St.	Trockenaprikosen (können auch fehlen)
360 g	Äpfel (Boskop oder ähnliche)
1½ gr. EL	Demeter-Rübensirup
2–3 EL	Ahornsirup oder Birnendicksaft
20 g	Sucanat-Zucker oder Honig nach Bedarf
80 g	Nüsse, geröstet, fein gemahlen,
5	bittere Mandeln, fein gemahlen
220 g	Demeter-Quark
5 EL	Öl oder flüssige Butter

Für die Hirse: 2 Nelken, 1–2 TL Koriander, Schale einer Zitrone, ¾ TL Salz
Für die Äpfel: je 1 gehäufter TL Anis, Fenchel, Ingwer, ½ TL Zimt, ¾ TL Vanille, Saft einer Zitrone

Zubereitung: Frühzeitig Trocken-Birnen und -Aprikosen zum Aufquellen klein schneiden, einige Stunden mit 4–5 EL lauwarmem Wasser befeuchten, öfter umwenden.

Hirse mit 350 ccm Wasser 5–20 Minuten kochen, würzen, 30 Minuten nachquellen lassen oder lt. Tabelle « locker » kochen.

Äpfel schälen, in feine Stifte schneiden, in Zitronensaft wenden, würzen, mit Sirup und Birnenschnitz mindestens ½ Std. durchziehen lassen.

Quark trocken ausdrücken, mit Öl und Ahornsirup cremig rühren, Nüsse grob mahlen, alles gut vermischen, abschmecken. Weiter s. S. 91 f.

Kochzeit: 50 Minuten.

Anrichten mit Fruchtsoße oder Frischmilch.

Hirse-Kirsch-Pudding

Abwandlung von Hirse-Apfel-Pudding

400 g	Kirschen mit Stein statt Äpfel und Aprikosen
100 g	Rosinen oder Datteln statt Trockenbirnen
220 g	Quark, trocken ausgedrückt

Dinkel- oder Weizen-Nußpudding

170 g	Dinkel- oder Weizenschrot, grützeartig
340 ccm	Sprudel
30 g	Aprikosen (Trockenobst)
95 g	Datteln (Trockenobst)
70 g	Haselnüsse
140 g	Quark, nicht zu feucht (Demeter)
2–3 EL	Öl
2 EL	Ahornsirup

je ¾ TL Anis, Fenchel, Koriander, Ingwer, 1 TL Vanille, ⅓ TL Muskatblüte, Schale einer Zitrone gerieben, ½ TL Salz

Vorbereitung: Dinkel- oder Weizenschrot mindestens eine, am besten 10 Std. in Sprudel einweichen, zudecken oder in Wasser garen lt. Tabelle. Trockenaprikosen kleinschneiden, mit 1–2 EL Wasser befeuchten.

Zubereitung: Datteln ebenso schneiden, Nüsse mittelgrob mahlen, Quark, Öl und Ahornsirup cremig rühren, alle Zutaten einschließlich der Gewürze gut mischen, abschmecken, in die sorgfältig vorbereitete Form füllen. Weiter s. S. 91 f.

Kochzeit: für Dinkel 30 Minuten – für Weizen 50 Minuten.
Ein Rest schmeckt auch kalt gut oder in Scheiben geschnitten und aufgebacken.

Was paßt dazu? Apfel- bzw. Aprikosensaft oder Milch, Apfelmus oder Fruchtsoße.

Vanillezweig

Dinkel- oder Weizen-Pudding mit Birnenschnitz

Abwandlung von Dinkel- oder Weizen-Nußpudding

180 g	Weizenschrot, grützartig
340 ccm	Sprudel
¾ EL	Demeter-Rübensirup
1 EL	Birnendicksaft
2 EL	Honig
70 g	Haselnüsse
140 g	Quark, nicht zu feucht (Demeter)
2–3 EL	Öl
100 g	Birnenschnitze

je 1 großer TL Koriander und Ingwer, 1 Pr. Nelke, 1 TL Fenchel, ½ TL Muskatblüte, Zitronenschale gerieben, ½ TL Salz

Vorbereitung: Weizenschrot mindestens eine, am besten 10 Std. in Sprudel einweichen oder in Wasser garen lt. Tabelle, Birnenschnitz klein schneiden, über Nacht mit 4 EL Wasser befeuchten, öfter umwenden, zudecken.

Zubereitung: Quark mit Öl, Sirup, Dicksaft und Honig cremig rühren, Haselnüsse grob mahlen. Alle Zutaten einschließlich der Gewürze gut mischen, abschmecken, in die sorgfältig vorbereitete Form füllen. Weiter s. S. 91 f.

Kochzeit: 50 Minuten.

Was paßt dazu? Birnensaft oder Frucht-Milch-Soße (Schwedenmilch mit Birnendicksaft).

Zum kalten Pudding auch Schlagsahne!

Abwandlung; Statt Birnenschnitz

200 g	Johannisbeeren mit Sucanatzucker süßen, abtropfen,
40–50 g	Demeter-Grieß zum Binden zufügen

Buchweizen-Pudding, süß

250 g	Buchweizenkörner oder -grütze
450 ccm	Sprudel
6	Trocken-Aprikosen bzw. Birnenschnitze, Trocken-Zwetschen oder -Kirschen mit Stein
150 g	Quark oder Schichtkäse (Demeter)
2 EL	Öl
150 g	Haselnüsse oder selbstgetrocknete Kokosflocken
4 gr. EL	Honig
2 gr. EL	Malzextrakt oder etwas weniger Rübensirup
	2–3 TL Koriander, 1 TL Muskatblüte, Schale von 1½ Zitronen, dünn abgerieben, ca. ¾ TL Salz

Zubereitung: Buchweizen 1–2 Std. in Sprudel einweichen, Trockenobst klein schneiden, befeuchten, öfter wenden, evtl. leicht erwärmen.

Quark mit Öl cremig rühren, Honig und Malzextrakt einrühren, mit dem gequollenen Trockenobst, den grob gemahlenen Haselnüssen und Gewürzen unter den Buchweizen mengen, gut abschmecken, in die gut vorbereitete Form füllen. Weiter s. S. 91 f.

Kochzeit: 30 Minuten.

Was paßt dazu? Apfel-, Quitten-, Heidelbeerkompott.
Schmeckt auch kalt gut mit Fruchtsoße.

Grünkernschrot-Pudding, süß

Zutaten und Zubereitung wie bei Buchweizen-Pudding; recht apart im Geschmack.

Soßen

Soßen – das Tüpfelchen auf dem i!

In der Getreideküche werden verhältnismäßig selten Soßen gereicht. Sie verleiten allzuleicht zu ungenügendem Kauen vor allem der ganzen Körner. Jedoch haben sie zweifellos ihren Wert als verbindendes Element zwischen Gemüse- und Getreidegerichten. Dem Hauptgericht geben sie oft noch eine pikante oder fruchtig-süße Abrundung und verschönern es farblich, wie z. B. Tomaten-, Curry-, Kräuter- oder Fruchtsoßen.

Hinweise für die Zubereitung

Als Basis für **gekochte herzhafte Soßen** dient Wasser, besser Kräuter- oder Gemüsebrühe* (weiterhin kurz als Brühe bezeichnet), mit einem Feinschrot gebunden. Nach dem Kochen und Quellen des Schrotes wird frische konzentrierte Gemüsebrühe, Rohsaft, meist aber Milch untergerührt, sowie Sahne oder Butter, die der Soße die erwünschte Fülle geben. Dabei sollte die Temperatur 60–70° nicht übersteigen.** Gleichzeitig werden die geschmackgebenden Zutaten hinzugefügt, durch welche die Soße ihren Charakter und Namen erhält.

Würzvorschläge sind in den folgenden Soßentabellen zu finden. Dafür einige praktische Winke:

Anrösten – und zwar ohne Fett – intensiviert das Aroma bei Schrot, Kümmelkörnern und Zwiebeln. Starkes Erhitzen mit Fett macht die Speisen schwer verträglich, deshalb werden die in der konventionellen Küche üblichen Mehlschwitzen (Einbrennen) abgelehnt.

Schrot bei guter Mittelhitze ständig rühren, bis es duftet und etwas Farbe bekommt.

Kümmelkörner nach dem Rösten abkühlen, mahlen und 5–10 Minuten in der Soße mitkochen. Besonders aromatisch ist Kreuzkümmel.

Zwiebeln, halbiert oder geschnitten geröstet, geben der Soße eine schöne Farbe und sind besonders bekömmlich. So geröstet lassen sie sich kühl als Vorrat im Schraubglas verwahren.

* Ihr gesundheitlicher Wert und ihre Herstellung ist beschrieben in Band I, S. 24/25.
** Behandlung der Milch s. Band I, S. 169–170.

Senfkörner geben frisch gemahlen sowohl Salatsoßen als auch gekochten Soßen ein pikantes Aroma und mayonnaiseartige Farbe. Sie wirken durch ihre Schwefelprozesse wärmend und belebend auf die Verdauungsorgane. Außerdem sind sie billiger als Senf in Tuben.

Getrocknete Kräuter feuchtet man vorher an und läßt sie länger ziehen, vielleicht auch kurz aufkochen.

Gehackte, frische Kräuter einschließlich Wildkräuter[*] sollten nur 5–10 Minuten mitziehen. Für ½ l Soße braucht man 3–4 EL gehackte Kräuter.

Stiele von Petersilie oder Dill werden fein geschnitten gleich mit der Milch in die Soße gegeben oder mit den Zwiebeln angedünstet.

Frische Meerrettich-Stangen reibt man direkt in eine Schüssel mit Milch. An der Luft würden die wertvollen ätherischen Öle und das reichlich vorhandene Vitamin C sich rasch verflüchtigen.[**]

Kapern, auch unechte, geben der Soße eine pikante säuerliche Note.[**]

Säuren zum Abrunden wären Zitrone, Demeter-Apfelessig, Molkosan, Demeter Sauermilchprodukte, Sauerkrautsaft und Kanne-Brottrunk. Reste von solchen Soßen sofort kalt stellen, die aktive Milchsäure arbeitet (säuert) sonst weiter.

Der sauer-süße Apfeldicksaft gibt zugleich den kleinen Hauch Süße, der in keiner herzhaften Soße fehlen sollte.[***]

Zum Nachwürzen wird man nur ausnahmsweise neben Kräutersalz eine Suppenwürze brauchen (wie Sekowa, Naturata, Cenovis). Grundrezepte für gut ½ l Soße folgen auf S. 115 f.

[*] Siehe Abbildungen Bd. I S. 46, 47 und 52.

[**] Konservieren von Meerrettich und Kapern s. S. 19 (Würzkapitel). Im Handel sind aus biologisch-dynamischem Anbau in Gläsern zu haben: Meerrettich, Kapern, Tomaten.

[***] über Süßen und Aromatisieren s. Bd. I S. 172.

Grundrezepte

Die Basis für eine **gekochte, süße Milch-Soße** ist gut 1 Teil Wasser und 1–2 Teile Milch. Zum Binden wird helles Feinschrot von Reis, Mais, Hirse oder Hafermehl bevorzugt. Die Milch* wird erst nach dem Kochen möglichst bei 60–70° zugefügt. Nachdem die Soße kalt ist, wird zum Süßen und Abrunden Honig in sehr steife Schlagsahne geschlagen und unter die Soße gezogen. Neutral, unaufdringlich süßt Birnendicksaft. Eine gute Alternative zum denaturierten Industriezucker ist der Vollrohrzucker Sucanat mit seinem großen Reichtum an Mineralstoffen, Vitaminen und einem malzartigen Geschmack. Weitere Süßungsmittel sind gleichzeitig geschmackgebende, sehr nahrhafte Konzentrate, die der betreffenden Soße ihren Charakter und Namen geben: Siruparten und Dicksäfte, besonders zart und lieblich der Ahornsirup, dagegen intensiv, karamelartig Demeter-Rübensirup, milder Demeter-Malzextrakt; die beiden letzteren färben die Soße bräunlich.

Das wichtigste Gewürz für süße Soßen ist die Vanille, etwas ähnlich im Aroma die Wurzeln und Samen der Süßdolde, ergänzt durch Anis und Koriander; wenig gebräuchlich ist eine Zimtsoße (vielleicht wegen ihrer stopfenden Wirkung), sie paßt recht gut zu Dunstäpfeln.**

Die Basis für **gekochte Fruchtsoßen** ist der Apfelschalentee*** (Apfel-, Birnenschalen, Zwetschenkerne mit Gewürzen wie Zimt, Nelken, Ingwer, Anis, Fenchel, Koriander, Vanille), ergänzt durch Demeter-Obstsäfte, Wala-, Weleda-Elixiere und/oder Bauck oder Voelkle Wildfruchtsäfte. Er wird gebunden mit Demeter-Grieß oder klaren Bindemitteln wie Naturata-Gel (N-Gel aus Johannisbrotkernmehl ist geschmacksneutral, gut gelierend, billig), Apfelpektin, Agar-Agar, Tapioka. Gesüßt wird mit Honig, Dicksäften, Sucanat, evtl. etwas Rübensirup. Eine Soße, die kalt gegessen werden soll, muß auch kalt abgeschmeckt werden.

Als Basis für **kaltgerührte Soßen** verwendet man Fruchtmus oder Sauermilchprodukte wie Joghurt, Schwedenmilch, Buttermilch. Sie werden verdünnt und erhalten ihren typischen Geschmack durch Zugabe von Obstsaft, Dicksaft, oder Elixier, nach Wunsch zusätzlich durch Honig.

* Behandlung der Milch sowie Süßen und Aromatisieren s. Bd. I S. 169–173.
** s. Bd. I, S. 158.
*** Rezept s. S. 290.

Grundrezepte für ½ l Soße

Gekochte herzhafte oder süße Soße

30–35 g	Weizenfeinschrot (andere Getreidearten s. Tabelle)
125 ccm	Wasser/Brühe zum Einweichen oder Anrühren
125 ccm	Wasser/Brühe zum Kochen
280 ccm	Milch, nach Wunsch z.T. zu ersetzen durch Frischsäfte (Gemüse- und Kräutersäfte)
20–30 g	Butter oder 2–3 EL Schlagsahne zum Abrunden
	Gewürze, Kräuter, Salz; nach Bedarf süßen (s. unten)

Zubereitung: Feinschrot in 125 ccm Wasser einweichen oder trocken, ohne Fett dextrinieren (leicht rösten) und anrühren, danach in 125 ccm kochend Wasser/Brühe unter Rühren 5–10 Minuten köcheln (ideal im Simmertopf) bei schwacher Hitze nachquellen, evtl. im Wasserbad, dann 60–65 Grad heiße Milch zufügen oder kalte nach und nach bei geringer Wärmezufuhr einrühren, würzen, abrunden, abschmecken. – Für süße Soßen die geschlagene Sahne mit reichlich Honig süßen (auf 200 g Sahne 2–3 volle EL Honig) oder weitere Süßungsmittel S. 115.

Gekochte Fruchtsoße

Damit der Fruchtsaft nicht mitgekocht wird, kocht man das Bindemittel nur im Schalen-/Gewürztee und gibt den Fruchtsaft erst nach dem Kochen zu. Die Menge des benötigten Saftes hängt von seiner Konzentration ab.

Bindemittel lt. Tabelle einweichen; in kochenden Gewürz- oder Schalentee (bzw. Wasser) einrühren, kochen, ausquellen lassen, danach Obstsaft oder Elixier und 1 Pr. Salz zufügen, kalt abschmecken, nach Bedarf mit Honig oder Dicksaft nachsüßen oder -würzen, Konsistenz nach Belieben verdünnen.

Kalt gerührte Quarksoße, süß oder herzhaft

250 g	Demeter-Quark
3–4 EL	Leinöl oder Schlagsahne
2 EL	heißes Wasser
250 ccm	Sauermilch oder Wasser
	Gewürze lt. Tabelle, Kräutersalz; süß mit 1 Pr. Salz

Damit Quark und Leinöl sich besser verbinden, wird gleichzeitig das heiße Wasser eingerührt; anschließend mit Sauermilch oder Wasser kräftig aufgeschlagen zu einer cremigen Soße.

Tabelle zum Binden

von ½ l gekochter Soße – herzhaft oder süß

Für eine Soße, die kalt angerichtet wird, gilt die kleinere Mengenangabe.

Menge in Gramm	**Bindemittel,** Feinschrot	**Einweichen** in 125 ccm Wasser Min./Std.	**Kochen** in 125 ccm Brühe/Wasser Min.	**Nachquellen** Min.
25–35	Buchweizen	5 Min.	5	30
25	Dinkel	1–3 Std.	5–10	30
18–25	Gerste	1–3 Std.	5–10	30–60
30–35	Grieß	kalt anrühren	5–10	20
35–45	Grünkern	5–30 Min.	5	30
30–35	Hafermehl/ verriebene Flocken	5–60 Min.	5	30–60
30–35	Hirse	5 Min.	5–10	30
25–30	Mais	30–60 Min.	5–10	30
40–45	Vollreis	15–30 Min.	5–10	30
30–40	Weizen	1–3 Std.	10	30–60

jeweils mit 280 ccm Brühe/Milch auffüllen

von ½ l gekochter Fruchtsoße

Geschmacklich ist die kalte der heißen vorzuziehen.

2– (5)	Agar-Agar	kalt anrühren	Kurz auf 100 °C erhitzen
10–15 (25)	Apfel-Pektin	kalt anrühren	1–2 Min. auf 70 oder 100 °C
30–32 (50)	Demeter Grieß, trüb	kalt anrühren	5–10 Min., 20 Min. nachquellen
6–8 (12)	N-Gel (Naturata-Gel)	kalt anrühren	1 Min.
35–40 (55)	Tapioka (gemahlen 10 Min.)	30–40 Min. einweichen	30–40 Min.

Die im ○ angegebenen Mengen lassen den Saft cremeartig gelieren.

Vorschläge zum Würzen gekochter herzhafter und süßer Soßen

Gekocht nach Grundrezept S. 116 f.

Hauptgewürze, nach denen die einzelnen Soßen benannt werden	**Ergänzende Gewürze und Zutaten**
Basilikum	Koriander, etwas Ingwer, etwas Muskatblüte, evtl. Schnittlauch
Bergbohnenkraut, mehrjährig, oder Pfefferkraut	Zwiebel, Schnittlauch, etwas Salbei, Majoran, Dill, Salz
Bohnenkraut, einjährig	Dill, Dost, Petersilie
Curry (2–2½ TL) mit Zwiebeln und Äpfeln gedünstet	Grundsoße aus geriebenem Hirsefeinschrot oder Maisgrieß, Kümmel, Basilikum, Majoran, Muskat, Pr. Cayenne, Salbei, 1 Msp. Ingwer, Apfeldicksaft, Sahne, Zitronensaft
Dill	evtl. durch getrockneten verstärken, etwas Muskatblüte, Sahne
Estragon	Fenchel, etwas gemahlene Senfkörner, Rahmkäse
Fenchel, Samen und Kraut	Zitronenthymian, Spur Apfeldicksaft, Honig, Spur Zitronensaft
Kapern, ca. 2–3 EL	Muskat, etwas Apfel-Birnendicksaft, Salz
Käse, ca. 160 g, gerieben (nicht kochen)	Grundsoße aus Mais-, Hirse- oder Weizenfeinschrot. Salbei, Kümmel, Curry, Paprika, etwas Zitronensaft
Kerbel (1–2 Bund)	Grundsoße aus Hirse- oder Hafermehl Anis, etwas Sauerampfer, Spur Ingwer, geschlagene Sahne mit etwas Honig
Kümmel	Grundsoße aus Roggenfeinschrot 2 gehäufte TL ganze Körner rösten, dann mahlen, Spur Anis, etwas Doppel-Rahmkäse

Gerichte, zu denen die Soßen gereicht werden können

Bohnen, Kohlrabi, Blumenkohl, Gurken, Zucchetti, Tomaten,
Grünkernklöße, -Pudding, Dinkel, Hafer, Hirse, Mais

Bohnen-, Tomaten-, Eissalat,
Roggengrütze, -Klöße, -Pudding, Buchweizengerichte

Bohnen,
Hafer, Gerste, als Grütze oder Backling

Kürbis, Blumenkohl, Kohl-Pudding und Kohl im Teig gebacken
Reis, Mais, Hirse, Auflauf, Pudding, Klöße

Kohlrabi, Möhren-Erbsen, Zuckererbsen, Gurken, Zucchetti, Weißkohl, Salate,
Getreidegerichte, Klöße, Pudding

Blumenkohl, gefüllte Gurken und Zucchetti, Tomaten

Fenchelgemüse mit Butter (ohne Käse)

Weißkohl,
Backlinge, Thermo-Roggen-Pudding, -grütze

Blumenkohl, Lauch, Mangoldstiele, Chicoréegemüse, Mangold-Pudding,
Mais, Reis mit Chicorée- und Endiviensalat

Kohlrabi, gefüllte, in Teig gebackener Lauch, Sellerie, Zucchetti,
Hirseklöße, Maisgrieß

Steckrüben, Weißkohl, Wirsing, Kohlpudding,
Roggengerichte

Vorschläge zum Würzen gekochter herzhafter und süßer Soßen

Gekocht nach Grundrezept S. 116 f.

Hauptgewürze, nach denen die einzelnen Soßen benannt werden	**Ergänzende Gewürze und Zutaten**
Liebstöckel (streng!)	Koriander, etwas Thymian, Ysop
Majoran	Basilikum, etwas Thymian
Meerrettich, Demeter – im Glas oder frische Wurzel	etwas Apfeldicksaft, Zitronensaft, Sahne, Butter, evtl. Nußmus
Muskat	Basilikum, etwas Salbei, gemahlene Senfkörner
Nuß/Mandel	Koriander, Ingwer, Muskatblüte, Pr. Piment, Spur Honig, Zitronensaft, Schlagsahne
Petersilie	etwas gedämpfte Zwiebel
Salbei	Dost, Äpfel, Spur Apfeldicksaft, evtl. Curry
Sauerampfer	Anis, Apfeldicksaft, Schlagsahne, evtl. etwas Ingwer oder Koriander
Senf, Demeter – im Glas	gemahlene Senfkörner, evtl. Meerrettichsenf, Spur Apfeldicksaft, Zitronensaft, Honig, Sahne
Tomaten	Rosmarin, Basilikum, Schnittlauch, Zwiebel, etwas Salbei, Spur Knoblauch und Cayenne oder Ingwer
Vanille	Spur Zitronensaft, Schlagsahne mit Honig, etwas Salz, evtl. Ahornsirup
Zimt	etwas Koriander, Anis, Spur Piment, Dattelmus, Schlagsahne, evtl. Ahornsirup

Gerichte, zu denen die Soßen gereicht werden können

Möhren, Kohlrabi, Pastinaken, Steckrüben,
Maisgerichte und andere Getreidegerichte

Mangoldstiele, Steckrüben,
Spinat- und Grünkohl-Pudding, Roggen-Grütze, -Pudding

Rote Bete gebacken, Rote-Bete-Gemüse, Kohl-Pudding,
Käseauflauf, Rotkohl in Teigtaschen

Wirsing, Weißkohl ganz als Gemüse oder als Pudding,
Mangold- oder Spinat-Pudding

Chicorée, Topinambur, Kohlrabi, Rotkohl, Fenchel, Blumenkohl, Schwarzwurzeln, Pastinaken und Möhren,
Klöße mit Salaten, Hafer, Dinkel, Gerste

Kohlrabi, Möhren, Erbsen, Bohnen, gefüllte Gurken, Tomaten,
Mangold-, Spinat-Pudding, Klöße, Getreidegrützen

Käse-Auflauf, Käsetaschen, Klöße

Lauch in Vollkornteig gebacken,
Klöße mit Salat

Weißkohl in Vollkornteig gebacken, gebackene Rote Bete,
Weizenflockenklöße mit Endivien- und Chicoréesalat, Kohlpudding

Spinat-, Mangold-, Grünkohl-Pudding,
Reis, Mais, Grünkern-Pudding

Brat- und Dunstäpfel, Apfelauflauf, Apfel im Schlafrock, Apfeltaschen,
Rhabarber-/Sauerampfergrütze s. Bd. I,
Dampfnudeln mit Backferment, Kirschenmichel

Dunstäpfel, Apfeltaschen, Apfelmus

Vorschläge zum Würzen gekochter herzhafter und süßer Soßen

Gekocht nach Grundrezept S. 116 f.

Hauptgewürze, nach denen die einzelnen Soßen benannt werden	**Ergänzende Gewürze und Zutaten**
Zwiebel	trocken rösten oder dünsten, gemahlene Senfkörner, Pr. Piment, Ingwer, etwas Salbei

Fruchtsoßen:

Holundersaft aus schwarzen Beeren	Koriander, Anis, Ingwer, Zimt, Nelke, Zitronen, Apfeldicksaft, etwas Rübensirup, Honig
Zwetschenmus	Zimt, Pr. Piment oder Nelke, Ingwer, Koriander
Hägemark	etwas Zitronen- und Apfeldicksaft oder Ahorn-Sirup, Spur Vanille und Koriander
Aprikosen – Apfel	Trockenobst gequollen passiert oder Nektar, evtl. Anis, etwas Koriander oder Ingwer, Zitronensaft, Honig

Ausgearbeitete Rezepte s. S. 116 f., 127 und 129.

Gerichte, zu denen die Soßen gereicht werden können

Zucchetti, Paprika, Tomaten,
Mangold-, Spinat-Pudding, Reis-, Mais-, Käse-Gerichte, Roggen und Buchweizen

süßer Pudding, süßer Brei, süße Backlinge und Schnitten
Vollkorn-Dampfnudeln mit Backferment

Pudding, Klöße, Dampfnudeln

Pudding,
Klöße,

Schnitten süß gewürzt,
Arme Ritter aus Demeter-Weizenbrot

Vorschläge zum Würzen kalt gerührter süßer und herzhafter Soßen

Nach Grundrezept «Quarksoße» S. 116.

Hauptgewürze, nach denen die einzelnen Soßen benannt werden	**Ergänzende Gewürze und Zutaten**
Fruchtsoße aus Fruchtmus, Elixieren, Früchten mit Sauermilchprodukten	Buttermilch, Schwedenmilch, Joghurt, Honig, Apfeldicksaft oder Ahornsirup, evtl. etwas Vanille, Anis, Zimt, Ingwer, Fenchel, Zitrone
Kräuter-Quark	Leinöl, heißes Wasser, Schwedenmilch, evtl. etwas Schlagsahne, Spur Apfeldicksaft, Kräutersalz, frische, notfalls getrocknete Kräuter: Dill, Boretsch, Estragon, Zitronenmelisse, Zitronenthymian, Kerbel, Sauerampfer, Pimpernell, Schnittlauch
Kümmel-Quark	Kümmel, geriebene Zwiebel, evtl. gemahlene Senfkörner
Mandel- oder Nußmus	2–3 gehäufte EL Mandelmus, ca. 150 g Quark mit 150 g Milch oder 300 g Schwedenmilch, etwas Vanille, 70 g Schlagsahne mit Rübensirup darin, Apfeldicksaft; oder Schlagsahne mit Honig, evtl. mit Ahronsirup
Meerrettich-Quark	300 g Quark, 3 EL Leinöl, etwas heißes Wasser; Schwedenmilch, Spur Zitronensaft oder Apfeldicksaft. Nach Wunsch etwas Senf und Zwiebeln

Gerichte, zu denen die Soßen gereicht werden können

Vollkornzwieback oder Vollkorngebäck, Waffeln, Pfannküchlein, süße Backlinge, Schnitten, Dampfnudeln

---

Hirse-, Hafer-, Roggen-, Buchweizengrütze und -Pudding mit Salat, Brot-Pudding mit Mangold, Spinat oder Grünkohl, Kartoffeln

---

Rote Bete, Kartoffeln, Pastinaken,
Roggen-, Buchweizengrütze

Hafernußhäufchen, Waffeln, Apfel-Birnen-Salat, Apfelmus oder -kompott, Apfelpfannkuchen, Obst-Törtchen (Mürbeteig mit Johannis- oder Preiselbeeren)

Hirse, Thermo-Roggengrütze, Buchweizen, Brot,
Kartoffeln, einfache Backlinge und Salat,
Rote Bete, Kohlgerichte

Einige ausgearbeitete Rezepte als Anregung

Sauerampfersoße

180 ccm	Wasser oder Brühe
45 g	Grünkernfeinschrot
75 g	Sauerampferblätter*
350 ccm	Milch, 50–60° heiß
1–3 EL	Schlagsahne mit etwas Honig
	½–1 TL Salz oder Kräutersalz
	⅛ TL Anis

Kerbelsoße

180 ccm	Wasser
35 g	Hafermehl
350 ccm	Milch
3–4 geh. EL	gehackter Kerbel
1–2 EL	Schlagsahne mit 1 Spur Honig, ersatzweise 40 g Butter
	½ TL Kräutersalz,
	⅛ TL Anis

Zubereitung Sauerampfersoße: Feinschrot mit einem Teil des Wassers/der Brühe kalt einweichen, danach den Rest kochen, das Eingeweichte unter Rühren 5–10 Minuten darin köcheln, ½–3 Std. nachquellen lassen.

Sauerampfer fein hacken, in der Soße ziehen lassen, heiße Milch einrühren, würzen, abrunden, abschmecken.

Zubereitung Kerbelsoße: Hafermehl mit einem Teil des Wassers einweichen, danach den Rest kochen, das Eingeweichte unter Rühren 5–10 Minuten darin köcheln, kalte Milch (nicht unter 10°) nach und nach einrühren, würzen, gehackten Kerbel 5–10 Minuten darin ziehen lassen, abrunden und abschmecken.

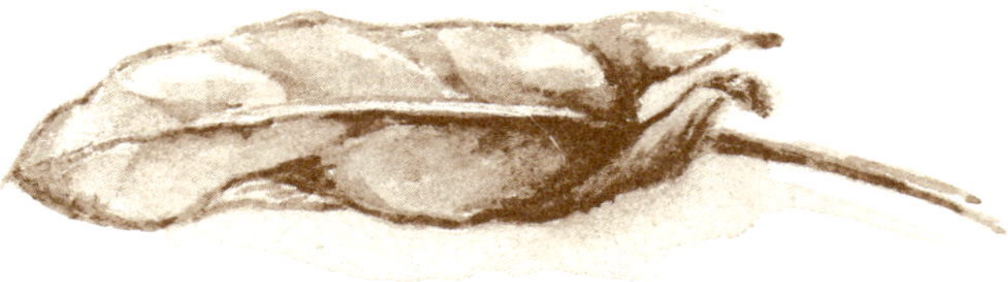

* Dicke Stiele für Brühe auskochen.

Zwiebel-Apfel-Soße mit Curry

120 g Zwiebeln
1 EL Öl und 2 EL Wasser
150 g säuerliche Äpfel, z. B. Boskop
10 g Weizen-, Mais- oder Hirsefeinschrot, am besten leicht geröstet
400 ccm Schalen- oder Gemüsebrühe mit 1 Lorbeerblatt und Wacholder
etwas Sahne oder Butter, Zitronen- und Apfeldicksaft zum Abrunden

je ½ TL Kümmel, Majoran, Basilikum, ½–¾ TL Curry,
¼ TL Ingwer, 1 Pr. Cayenne, 1 Pr. Muskat, ca. ½ TL Salz

Zubereitung: Zwiebeln in dünne Ringe schneiden, mit Öl und Wasser dünsten, Äpfel schälen, in feine Scheibchen schneiden, mitdünsten, Schrot darüber stäuben, nach 5 Minuten mit Brühe auffüllen, 10 Minuten kochen, würzen, mindestens ½ Std. nachquellen lassen, abrunden, abschmecken.

Paßt zu Thermo-Roggen- und Buchweizengrütze, Hirse, Mais, Reis, Sauerkrautsalat, oder zu panierten sowie in Teig gebackenen Zucchetti-, Kürbis-, Sellerie-Scheiben.

Tomatensoße

25 g Gerstenfeinschrot
1 kl. Zwiebel
1 EL Öl und 1 EL Wasser
250 g Tomaten
300 ccm Schalen-/Gemüsebrühe oder Wasser
100 ccm Milch, ca. 60° heiß
3 EL süße Sahne
Butter, einige Tropfen Apfel- oder Birnendicksaft,
gehackte Petersilie oder Schnittlauch zum Abrunden

½ Lorbeerblatt, 3 Pimentkörner, je ⅓ TL Basilikum und Oregano,
Kräutersalz

Zubereitung: Gerstenfeinschrot leicht rösten (ohne Fett) oder in einem Teil des Wassers 1–3 Std. einweichen, dann Zwiebeln fein schneiden, in Öl und Wasser dünsten, Tomaten klein schneiden, mitdünsten oder durch den Wolf drehen und zuletzt der fertigen Soße frisch zufügen. Schrot und Brühe zugeben, 30–40 Minuten sachte kochen, würzen, heiße Milch einrühren, abschmecken, abrunden.

Paßt zu Reis, Mais, Polenta, Hirse, Vollkornnudeln mit Salat; Zucchetti-, Kürbisgemüse, gefüllten Paprikaschoten.

Nuß-Mandel-Soße, herzhaft oder süß

Soße nach Grundrezept S. 115 f. herstellen mit:

30 g Thermo-Weizenmehl
zum Würzen und Verfeinern:
60 g geröstete Haselnüsse – sehr fein gemahlen
40 g geröstete Mandeln, und 1–2 bittere, sehr fein gemahlen
oder 100 g Walnüsse – sehr fein gemahlen
etwas Koriander, Ingwer, 1 Msp. Piment und Muskatblüte, einige Tropfen Apfeldicksaft oder Zitronensaft, Salz; etwas Honig und 1 Spur Sirup in die steife Sahne schlagen

Karamelsoße, kalt

Soße nach Grundrezept herstellen mit:

30–35 g Demeter-Grieß
zum Würzen: 1–2 EL Demeter Rübensirup in die steife Sahne schlagen, sowie ½ TL Vanille, ein paar Tropfen Zitronensaft, 2 Msp. Salz

Oder echten Karamel herstellen: statt Rübensirup 60 g Zucker mit 2 EL Wasser auflösen, unter Rühren in einer Pfanne erhitzen bis er dunkelbraun ist, ⅓ Tasse kochendes Wasser zugeben, außerdem ohne Wärmezufuhr vorsichtig etwas Soße. Nach Absinken der hohen Temperatur alles mischen, würzen, Sahne unterziehen, abschmecken.

Feine Vanillesoße

S. Bd. I, S. 232.

Gekochte Fruchtsoße mit Holundersaft

heiß oder kalt anrichten

Das Mischungsverhältnis von Holundersaft (s. S. 289) und Gewürztee (s. S. 290 f.) richtet sich nach der Konzentration des Saftes, etwa 1 : 1 bis 2 : 1.

200 ccm	Gewürztee
300 ccm	Saft von schwarzen Holunderbeeren
7 g	N-Gel (oder ein anderes Geliermittel lt. Tabelle)
⅓ TL	Demeter Rübensirup oder 1 TL Sucanatzucker
4–5 EL	Ahorn- oder Apfeldicksaft

Für den Gewürztee: Schalen und Kernhaus von ca. 3 Äpfeln, Schale einer Zitrone oder Orange natur, je ½ Zimt- und Vanillestange, 3 Piment-, 12 Korianderkörner, 2 Nelken, 1 cm Ingwerwurzel geschabt, je ⅓ TL Anis- und Fenchelkörner (die Gewürze können zweimal ausgekocht werden), evtl. zum Süßen Feigen oder Dörrzwetschen mitkochen, abseihen.

Zum Abschmecken der Soße: Apfeldicksaft, Honig, evtl. Sucanat, 1 Prise Salz, evtl. Zitronensaft oder einige Tropfen Molkosan, eine Spur Ingwer, Vanille, Anis oder Zimt.

Zubereitung: Für den Gewürztee ca. 300 ccm kaltes Wasser mit obengenannten Gewürzen kalt ansetzen und 8–10 Minuten auskochen. Tee und 200 ccm Saft erhitzen, N-Gel mit etwas kaltem Saft angerührt darin kurz aufkochen, Sirup einrühren, etwas abkühlen, 100 ccm Saft zugeben. Mit den Gewürzen fein säuerlich-süß abschmecken. Gelier- und Geschmacksprobe kaltstellen, wenn nötig, Soße verdünnen und nachwürzen.

Andere Fruchtsoßen werden ähnlich hergestellt, aber ohne Nelke. Bei schwarzen Johannisbeer-, Schlehen-, Hagebutten-, Apfel-Quittensaft und Aprikosen-Nektar Vorsicht mit Piment, Zimt, Rübensirup.

Backlinge, Bratlinge, Schnitten, Pfannkuchen

Backlinge, Bratlinge, Schnitten und Pfannkuchen – knusprig und goldbraun aus Backofen und Pfanne

Backlinge haben mit den Klößen gemeinsam, daß sie aus ähnlichen Zutaten bereitet werden. Der wesentliche Unterschied ist jedoch, daß der Kloß mollig sich rundend und dehnend im siedenden Wasser auf- und niedersteigt, während der Backling seine ursprünglich kugelige Form aufgeben und sich der Unterlage anpassen muß. Er bewahrt höchstens die Form einer Halbkugel, wenn er mit dem Eisportionierer aufs Blech gesetzt wird. Im Backofen überfällt ihn prägend die trokkene Hitze, und er überzieht sich langsam mit einer leicht knusprigen Haut.

Stellt man aber anfangs ein Wasserschälchen in den Backofen, so verzögert das die Krustenbildung. Der Backling geht meist noch ein wenig auf und bleibt weicher, saftiger. Dies besonders als Hinweis für Leberempfindliche.

Eingeschlossen im dampfenden Innern des Backlings entfalten Gewürze, auch frische und trockene Kräuter, besonders gut Aroma und Duft.

Bratling, der knusprige Bruder des Backlings, muß sich von beiden Seiten in die heiße Pfanne fügen. Das heiße Fett umschließt ihn mit einer pikanten Kruste.

Nicht allen Menschen sind Backlinge oder gar Bratlinge gut verträglich. Da sind **die Schnitten** schon leberfreundlicher. Feuchter ist der Teig und sanfter die Wärme im Ofen – es geht gemächlicher zu. Hier muß nicht die individuelle Form gehalten werden wie beim Backling, hier gart in Ruhe und lecker verziert, auf Blech oder Glasdeckel daumendick aufgestrichen, die Schnittenmasse als ein Ganzes. Erst vor dem Auftragen wird in Dreiecke oder Rauten geteilt.

Pfannkuchen sind für die Schnellen, die sie am liebsten gleich duftend und knusprig aus der Pfanne essen, daher bei Junggesellen beliebt! Außerdem laden sie dazu ein, eine süße oder pikante Füllung hinein zu rollen. Darüber mehr im nächsten Kapitel «Vollkornteig als Hülle».

Backlinge und Bratlinge

Hinweise für die Zubereitung

Backlinge:

Als Grundmasse eignen sich ganze Körner, gekocht und durch den Wolf gedreht (unzerkleinerte werden in der Kruste zu hart), gekochtes Schrot oder gekochte bzw. roh eingeweichte Flocken. Dazu kommen zerkleinertes Gemüse, Obst oder Trockenfrüchte sowie passende Gewürze.

Zum Binden und Lockern dienen wahlweise Quark, Käse oder gemahlene Nüsse.

Formen kann man die Backlinge mit dem praktischen Eisportionierer, der öfter in ein Gemisch von viel Wasser und wenig Öl getaucht wird, dann werden sie hübsch halbkugelig und besonders locker. Oder die Handflächen einölen, Kloß oder Ei formen und zu einem flachen Rund oder Oval platt drücken.

Verziert werden Backlinge mit Käse, geschältem Sesam oder Nüssen. Recht feuchte Backlinge und Bratlinge wälzt man gern rundum in hellem Sesam; sie halten besser und nehmen weniger Fett auf. – Eine gewürzte, käsebestreute Tomatenscheibe sollte jedoch erst gegen Ende der Backzeit aufgelegt werden: die Tomate bleibt appetitlicher und der zerlaufene Käse ist dann leichter verdaulich.

Gebacken wird im vorgeheizten Ofen. Die plötzliche Hitze bewahrt die Form und verhindert ein Zerlaufen. Deshalb ist in den Rezepten zuerst die höhere Anfangstemperatur und dann die Ausbacktemperatur angegeben.

Bratlinge:

Der Teig wird zubereitet wie für Backlinge. Gegart wird durch Braten in der Pfanne mit Butterschmalz oder reinem ungehärtetem Kokos- oder Palmkernfett. Das Fett wird erhitzt, aber nicht bis zum Rauchen! Wenn ein Tropfen Wasser, Teig oder einige Schrotkrümel darin anfangen zu bruzzeln, legt man die Bratlinge hinein und läßt sie bei mittlerer Hitze ungestört darin braten. Die untere Kruste muß sich langsam bilden, dann gart auch das Innere mit und der Bratling läßt sich gut wenden und auf der anderen Seite fertig braten. Sind rohe Zutaten im Bratling, muß er etwas sanfter und länger braten. Besonders schonend und fettsparend wirkt ein aufgelegter Deckel.

Dazu passen Gemüse, saftige Salate, eventuell Soßen und Suppen.

Wie frischt man restliche Backlinge/Bratlinge auf?

Backlinge mit etwas Butter und wenig Wasser in einer Deckelpfanne gut zugedeckt bei mittlerer Hitze 10–20 Min. aufbacken, oder ohne Zugabe von Fett und Wasser auf einer Platte über kochendem Wasser gut zugedeckt, vor Dampf geschützt, ca. 20 Min. erhitzen.

Mais-Backlinge

160 g	Maisgrieß
560 ccm	Schalenbrühe oder Wasser
160 g	Buchweizenmehl/-Feinschrot
100 g	Doppelrahmkäse, biologischer Schafskäse oder geriebener Käse
3 EL	Öl
40–60 g	Zwiebeln, fein geschnitten, evtl. trocken geröstet
1 St.	rote Gemüsepaprika oder 2 cm einer schmalen scharfen Schote
80 g	Gewürzgurken, klein geschnitten (können evtl. fehlen)

3 TL Basilikum, ½ TL Liebstöckel, 1–2 TL Kräutersalz oder 1–2 TL Thymian, ½ TL gem. Senfkörner, 1–2 TL Salbei, 2–3 TL Curry, etwas Knoblauch und Ingwer

Zubereitung: Maisgrieß 5–10 Minuten in der Brühe kochen, mindestens 1½ Std. nachquellen lassen, dabei würzen; etwas abgekühlt mit den anderen Zutaten verrühren, herzhaft abschmecken. Zwei Eßlöffel oder einen Eislöffel in Wasser-Öl-Gemisch tauchen, damit Backlinge auf ein gefettetes Backblech setzen, nach Wunsch mit Sesam bestreuen.

Backen bei 220–200°, bis sie goldgelb und knusprig sind. Wünscht man sie weicher, betupft man sie mit Schwedenmilch oder saurer Sahne.

Dazu paßt grüner Salat, Tomaten-, Bohnen-, Gurkensalat, auch milchsaure Gemüsesalate. Außerdem Gemüse wie Zucchetti, Gurken, Kürbis, Ratatouille, Mangoldstiele, Spinat usw.

Reis-Backlinge

200 g	Reis (Demeter-Rundkorn)
600 ccm	Wasser
50 g	Butter
110 g	geriebener Käse (würzige Sorte)
80–100 g	Buchweizenmehl
	Schwedenmilch zum Bestreichen, evtl. Käse o. Sesam zum Bestreuen.

1 Lorbeerblatt, 1 TL Koriander, ½ TL Ingwer, 1–2 TL Curry,
1 TL Basilikum, ½ TL Salbei, etwas Salz

Zubereitung: Reis 3–5 Std. einweichen, ½ Std. köcheln, würzen, 1–2 Std. nachquellen, mit den Zutaten fest verkneten, gut abschmecken. Eislöffel oder Eßlöffel in Wasser-Öl-Gemisch tauchen, Backlinge auf das gefettete Blech setzen, mit Schwedenmilch bestreichen, evtl. gegen Ende der Backzeit mit Käse bestreuen; **Backen** bei 220–200° ca. 20 Minuten, anfangs mit Wasserschälchen.

Hafer-Backlinge aus passierten Körnern

480 g	Hafer, bereits gekocht und passiert durch die 2-mm-Scheibe* (dafür 210 g Hafer in 480 ccm Wasser garen, s. Tabelle)
150 g	Demeter-Quark, besser: 100 g trocken ausgedrückter Quark mit 50 g Schwedenmilch
3 EL	Öl und Öl zum Formen
20–30 g	Hafermehl oder gedarrter, ungemahlener Buchweizen
4–6 EL	saure Sahne/Schwedenmilch zum Bestreichen

3–4 EL	Zwiebeln, feingehackt	oder	80 g	Nüsse, grob gemahlen
1–2 Bd.	Petersilie		1 TL	Honig
1 TL	Sekowa		1 TL	Muskatblüte
½ TL	Senfkörner		1 TL	Ingwer
	Salz			Salz

Zubereitung: Alle Zutaten gut verkneten, abschmecken, mit geölten Händen Backlinge formen, mit saurer Sahne/Schwedenmilch bestreichen, backen, anfangs mit Wasserschälchen bei 220° 30–40 Minuten, außen knusprig, innen weich.

* Wer den Hafer nicht passiert, muß beim Backen unbedingt für Dampf sorgen (Wasserschälchen) oder mit Folie bedecken, sonst werden die äußeren Körner trocken und hart.

Reisröllchen mit Spinat

auch gut mit Mangold oder Brennesseln mit Giersch

160 g	Vollreis (Demeter Rundkorn)
320 ccm	Wasser, evtl. etwas mehr
130 g	Spinat
1	mittelgroße Zwiebel und 1 EL Wasser
30 g	Butter oder Öl, Öl zum Formen
80 g	trocken ausgedrückter Quark (naß ca. 120 g)
50–120 g	Hafermehl (die Menge hängt vom Saftgehalt des Spinates ab)
35 g	Käse gerieben.
	Zum Wälzen:
80–100 g	Zwiebackmehl von ungesüßtem Vollkornzwieback

Für das Kochwasser: Ingwerwurzel, ca. 2 cm lang, 3 Nelken, ¼ TL Koriander, 1 Zwiebel, Salz erst zum Nachquellen zufügen

Für den Teig: ½ gestr. TL Curry, ¾ gestr. TL Koriander, 1 geh. TL Basilikum, ⅓ TL Ingwer, gut 1 TL Kräutersalz, ca. 20 g Petersilie, 20 g frischer Boretsch, 1 Handvoll getrocknete Brennesseln

Vorbereitung: Reis lt. Tabelle im Wasser garen, würzen.

Zubereitung: Spinat waschen, sehr gut in Tüchern abtrocknen, dann mit den frischen Kräutern fein hacken. Zwiebel in Butter dünsten, mit Quark, Käse und den anderen Zutaten gut verkneten, abschmecken. Mit geölten Handflächen Rollen formen, ca. 2 cm dick und 6 cm lang, intensiv im Zwiebackmehl wälzen – gibt lockere Kruste!

Backen auf gefettetem Blech bei 250° ca. 10 Minuten, dann noch 20–30 Minuten bei 200–175°, außen knusprig, innen saftig. Oder mit Butterschmalz in der Pfanne braten.

Was paßt dazu? Blattsalate, Salat aus gekochten Möhren oder Rote Bete, Möhren-Apfel-Rohkost. Salat mit milchsaurem Gemüse. Apfelmus und Preiselbeeren.

Pastinaken-Backlinge mit Haferflocken

Sellerie- und Topinamburbacklinge ebenso

180 g	Haferflocken, fein
225 ccm	Sprudel
1	Zwiebel mittelgroß, feingehackt
3 EL	Öl und Öl zum Formen, zum Braten Butterschmalz
35 g	Quark, Demeter
2 EL	Schlagsahne, sehr steif
30 g	Mandeln, abgezogen, geröstet und gemahlen
300 g	Pastinaken (geputzt gewogen)
4–5 EL	geschälten Sesam zum Wälzen

¾ TL Liebstöckel, je 1 TL Dill, Koriander, Fenchel, ¼ TL Muskat, ½ TL Kümmel, reichlich gehackte, frische Petersilie, Selleriesalz, etwas Knoblauch gerieben

Zubereitung: Haferflocken mit Sprudel einweichen, Pastinaken fein reiben, alle Zutaten miteinander verkneten, kräftig abschmecken, 1 Std. quellen lassen. In geölten Händen ca. 16 Backlinge formen, in geschältem Sesam wenden.

Backen bei 220–200°, etwa 30–40 Minuten oder mit Butterschmalz beidseitig in der Pfanne braten.

Was paßt dazu? Saftige Salate und Gemüse, z. B. Mangold, Spinat, Grünkohl, Fenchel u. a.

Spinat-Backlinge mit Flocken

Wahlweise auch mit Mangold oder gedünstetem Wirsing

180 g	Gerstenflocken oder 210 g Haferflocken oder 210 g Weizenflocken
270 ccm	Sprudel
90 g	trocken ausgedrückter Quark (naß ca. 140 g)
3–4 EL	Öl, evtl. Öl zum Formen
40 g	Zwiebeln, gehackt, am besten trocken geröstet (2–4 EL)
180 g	Grünes: Spinat, Boretsch und Petersilie, evtl. Brennesseln
30 g	Grieß
	Reichlich geschälter Sesam zum Wälzen

1 TL Ingwer, etwas Muskat, evtl. wenig Knoblauch gerieben,
2 TL Oregano, 2 TL Basilikum, Salz

Zubereitung: Flocken mindestens 3, besser 10 Std. in Sprudel einweichen; Zwiebeln fein hacken, ohne Fett, ohne Wasser, unter Rühren leicht anrösten; das Grüne gut abtrocknen und fein hacken; alle Zutaten verkneten, etwas durchziehen lassen, herzhaft abschmecken. Den Teig eßlöffelweise mit geölten Handflächen zu Backlingen formen, in Sesam wälzen.

Backen bei 220–200° ca. 30 Minuten, außen knusprig, innen saftig.

Was paßt dazu? Gerstenpüree, Blattsalat, Salat von gekochten roten Rüben, Möhren, Sauerkrautsalat oder ein Schälchen Preiselbeerkompott.

Lauch-, Möhren-, Sellerie-Backlinge

Abwandlung von Spinat-Backlingen

1 EL Sahne zufügen, da diese Gemüse weniger saftig sind.

Fenchel, Petersilie, etwas Kümmel, Liebstöckel, Salz.

Lauch-Backlinge mit Haferflocken

300 g	Haferflocken, fein
350 ccm	Sprudel
4 EL	Öl und Öl zum Formen
75 g	trocken ausgedrückter Quark (naß ca. 100 g) oder Kräuterfrischkäse
100 g	Lauch oder Zwiebeln
	zum Bestreichen und Bestreuen:
50 g	Schwedenmilch oder saure Sahne
60 g	ger. Käse oder gehackte Nüsse
	1 TL Curry, 1 TL Ysop, 3/4 TL Salbei, 2 EL Oregano oder 2 TL Thymian, Salz

Zubereitung: Haferflocken mit Sprudel einweichen, 1/2 Std. quellen lassen, Lauch sehr fein schneiden; alle Zutaten zum Teig verkneten, kräftig abschmecken. Mit 2 geölten Löffeln ca. 20 Backlinge formen.

Backen bei 220–200° etwa 30 Minuten. Wenn sie von unten eine Kruste haben, obenauf bestreichen, geriebenen Käse darüber streuen oder grob gem. Nüsse bzw. Sonnenblumenkerne. – Hübsch ist auch eine Tomatenscheibe auf der Sahne, dann mit geriebenem Käse kurz überbacken.

Was paßt dazu? Salate oder Gemüse.

Grünkohl-Backlinge mit Haferflocken

Wirsing- oder Brennessel-Backlinge ebenso

200 g	Haferflocken
270 ccm	Sprudel
90 g	Schichtkäse
3 EL	Öl
3 EL	Sahne (macht milde, kann aber fehlen)
45 g	Käse, z. B. Greyerzer oder 40 g Nüsse, gerieben
20–30 g	Grieß, Demeter «Vollgrieß»
2–3 EL	Zwiebeln, gehackt, am besten trocken geröstet
180 g	Grünkohlblätter, gut abgetrocknet, fein gehackt
	reichlich geschälter Sesam zum Wälzen

2 TL Basilikum,
2 TL Majoran,
½ TL Fenchel und Koriander,
1 TL Ingwer, ¼ TL Muskat,
Kamillenblüten, Salz

Zubereitung: Alles mit der Hand gut verkneten, abschmecken. 2 Eßlöffel in warmes Öl tauchen – oder einen Eislöffel verwenden – Rollen oder Halbkugeln formen, in Sesam wälzen.

Backen bei 220–200° gut 30 Minuten, außen kroß, innen saftig.

Was paßt dazu? Saftige Blattsalate, Salat aus gekochten roten Rüben oder Quark-Meerrettichsoße, Tomatensoße.

Grünkern-Backlinge

250 g	Grünkerngrütze oder mittelgrob geschroteter Grünkern
500 ccm	Sprudel
125 g	Quark, Demeter
4 EL	Öl und Öl zum Formen
100 g	Nüsse gemahlen oder 65 g Käse gerieben
15–25 g	Dinkelfeinschrot oder Hafermehl soweit erforderlich
je 50 g	geschälter Sesam, Brösel von Schwarzbrot oder von Zwieback zum Wälzen von je 6 Backlingen

2 TL Dill, 2 TL Rosmarin, 1½ TL Koriander, ⅓ TL Muskatnuß, 1 mittelgroße Zwiebel, fein geschnitten, 1 Pr. Cayenne, 1½ TL Kräutersalz

Vorbereitung: Grütze 2–3 Std. in Sprudel einweichen.

Zubereitung: Grütze mit Gewürzen, Quark, Öl und Nüssen gut verkneten, herzhaft abschmecken – Gewürze und Flüssigkeit werden erst beim Backen aufgesaugt, deshalb ist es für Anfänger ratsam, einen Bratling zur Probe zu machen.

Aus dem sehr weichen Teig mit 2 geölten Löffeln bzw. einem Eislöffel Backlinge formen, wälzen s.o.; hübsch zum Anrichten sind je 6 Backlinge in einem anderen Farbton! – Auf gefettetem Blech backen bei 220–180° etwa 20–30 Minuten.

Anrichten mit einer Salatplatte oder beliebigem Gemüse.

Roggen-Backlinge

2 EL	Leinsamen
160 g	Roggen- oder 150 g Thermo-Roggen-Grütze
200 ccm	Wasser oder Gemüsebrühe
200 ccm	Wasser/Gemüsebrühe
40 g	Nüsse, Para- oder Haselnüsse
3 EL	Öl oder Butterschmalz und Öl zum Formen
150 g	trocken ausgedrückter Quark (naß 220 g) oder 90 g Doppelrahm-Frischkäse mit 1 EL Sahne
2 St.	Zwiebeln oder 100 g Lauch, fein gehackt
50–90 g	Hafermehl oder Vollkornbrot-Brösel zum Regulieren der Feuchtigkeit
6 EL	gehackte Brennesseln
	oder
5 EL	frische Kräuter: Oregano, Majoran, Thymian, Ysop

Zum Wälzen: reichlich geschälten Sesam, evtl. Sesam mit grob gemahlenem Kümmel mischen.

Für das Kochwasser: 1 Lorbeerblatt, 1 TL Kümmel, 7 Wacholderbeeren, ½ TL Fenchel, ½ TL Thymian, nach dem Quellen Kräutersalz

Für den Teig: Petersilie, Oregano,

Vorbereitung: Leinsamen und Roggen mittelfein schroten, in 200 ccm Wasser/Brühe 3–10 Std. einweichen (entfällt für Thermo-Roggen-Grütze).

Zubereitung: 200 ccm Wasser/Brühe mit dem eingeweichten Roggen und Gewürzen 3–5 Minuten köcheln, 40–60 Minuten nachquellen, salzen; etwas abkühlen, Zwiebeln und Brennesseln fein hacken. Alle Zutaten gut mischen, abschmecken, mit dem Hafermehl die Feuchtigkeit regulieren. Aus dem weichen Teig mit geöltem Löffel Backlinge formen, in reichlich Sesam wälzen.

Backen bei 250° 5 Minuten, dann bei 200° 20–40 Minuten.

Was paßt dazu? Salate, spinatartige Gemüse oder Gurken, Zucchetti u. a.

Bunte Hirsekugeln

160 g	Hirse
400 ccm	Wasser
30–40 g	Käse zum Reiben
4 EL	Sahne, am besten steifgeschlagen
500 g	Gemüsemischung: Möhren, Petersilienwurzel, Pastinake, Sellerie, Lauch bzw. Zwiebeln oder Wirsing, Grünkohl oder Brennesseln, gehackt
2 EL	Öl zum Dünsten des Gemüses und Formen der Bälle

Für die Hirse: 7 Wacholderbeeren, ½ TL Koriander, Kräutersalz
Für das Gemüse: Liebstöckel, etwas Kümmel, Basilikum
Für den Teig: Curry, Ingwer, Sekowa-Brühe, Spur Knoblauch und Cayenne.

Zubereitung: Hirse mit Gewürzen 10 Minuten im Wasser kochen, 40 Minuten nachquellen, dabei salzen. Gemüse raffeln, mit Öl in wenig Wasser dünsten, würzen, abtropfen. Mit Hirse, Sahne, geriebenem Käse und Gewürzen verkneten; einige Zeit durchziehen lassen, um zu sehen, ob die Hirse noch etwas von der Gemüsebrühe aufnehmen kann, damit die Bälle locker bleiben, aber auch nicht flach werden wie Backlinge.

Einen Eislöffel oder die Handflächen mit Wasser-Öl-Gemisch benetzen, Bälle formen.

Backen bei 200–180° in 20–30 Minuten; evtl. Oberhitze geben, bis sie goldbraun und knusprig sind.

Hirse-Käse-Kugeln

Abwandlung von Bunte Hirsekugeln

Zutaten wie vorher, aber

160 g	Käse zum Reiben
160 g	Gemüsemischung
2 EL	Öl; Sahne ist nicht unbedingt nötig.

Gewürze für Hirse und Gemüse die gleichen wie oben. Für den Teig: 3 TL Dill, 1½ TL Sekowa, ⅓ TL Curry, 1–2 TL Liebstöckel

Zubereitung wie vorher.

Feine Hirse-Backlinge

170 g	Hirse
425 ccm	Wasser
140 g	trocken ausgedrückter Quark (naß ca. 210 g)
1 TL	Kräuter-Frischkäse
5 EL	Sahne sehr steif schlagen
4 EL	Öl oder 8 EL ohne Sahne
50 g	Haferflocken, fein
	Zum Bestreuen: geschälter Sesam oder gemahlene Haselnüsse

1 TL Curry, 1 Pr. Cayenne,
1 gehäufter TL «Sekowa», 1 TL Salz

Zubereitung: Hirse und Wasser 10 Minuten kochen, 40 Minuten nachquellen, dabei würzen; mit den übrigen Zutaten verkneten, herzhaft abschmecken; mit geölten Handflächen oder einem kleinen Eislöffel 20–24 Backlinge auf ein gefettetes Blech setzen, mit Sesam oder Haselnüssen bestreuen.

Backen bei 220–175° etwa 20–30 Minuten.

Was paßt dazu? Salate aller Art, aber auch zarte Gemüse, z. B. Fenchel, Blumenkohl, Zuckerschoten.

Getreide-Sahne-Backlinge

ohne Quark, ohne Käse

800 g	gekochtes Getreideschrot/Grütze, z. B. aus 200 g gedarrtem Roggen (Wasserverhältnis 1 : 2,9)
6–7 EL	Öl, etwas Öl zum Formen
2	Zwiebeln, ca. 100 g
40 g	Haselnüsse, geröstet besonders pikant
80 g	Sonnenblumen- oder Pinienkerne
70 g	Vollkornbrösel
100 g	Schlagsahne, recht steif
	Sesam geschält
	je 1½–2 TL Majoran, Liebstöckel, Sekowa, Salz

Zubereitung: Zwiebeln fein schneiden, Nüsse grob mahlen, alle Zutaten nacheinander mischen, zuletzt die steife Sahne; abschmecken, möglichst 1 Std. quellen lassen, Backlinge formen, in geschältem Sesam wälzen.

Backen bei 200 °C 30–40 Min., anfangs mit Wasserschälchen im Ofen.

Was paßt dazu? Salate, Fenchelgemüse, Zuckererbsen, Blumenkohl.

Postelein

Gemüse-Backlinge aus gekochter Gerste

z. B. restliche Gerste von Barley-Water (S. 286)

400 g	Gerste, gekocht und passiert (Wolf, 2-mm-Scheibe)
160 g	trocken ausgedrückter Quark (naß ca. 240 g)
3–4 EL	Öl und Öl zum Formen
60–90 g	Gerstenfeinschrot (je nach Feuchtigkeit der gekochten Gerste*)
350 g	Gemüsemischung, z. B. Sellerie, Möhre, Pastinake, Lauch, Wurzelpetersilie, Petersilienstiele, Zwiebel
	nach Belieben geschälten Sesam zum Wälzen
	½ TL Liebstöckel, ½ TL Kümmel, 1 TL Sellerie- oder Kräutersalz, evtl. etwas verriebenen Knoblauch

Zubereitung: Gemüse fein raffeln bzw. schneiden, Zwiebel leicht trocken anrösten, alle Zutaten mit der Hand gründlich verkneten, kräftig abschmecken. Mit geölten Handflächen oder 2 geölten Eßlöffeln ca. 20 Backlinge formen, nach Belieben in geschältem Sesam wälzen.

Backen bei 220° etwa 20 Minuten, dann bei 200° noch 10 Minuten. Anrichten mit Petersiliensträußchen, Tomaten oder Radieschen.

Dazu paßt eine Salatplatte oder Gemüse, z. B. Mangoldstiele.

* Bei der Teigbereitung ist zu beachten, daß die Gerste in kaltem Zustand steif ist, beim Erhitzen aber sehr weich wird.

Kräuter-Backlinge aus gekochter Gerste

z. B. restliche Gerste von Barley-Water (s. S. 286)

600 g	Gerste, gekocht und passiert (Wolf, 2-mm-Scheibe)
200 g	trocken ausgedrückter Quark
4 EL	Öl und Öl zum Formen
60 g	Zwiebeln, geschnitten und trocken angeröstet
90 g	Gerstenfeinschrot bzw. 110 g Grieß oder 90 g trockene Brotbrösel (je nach Feuchtigkeit der gekochten Gerste*)
	Zum Bestreichen und Bestreuen:
2 EL	Schwedenmilch oder saure Sahne
50 g	geriebener Käse oder gehackte Nüsse

2 TL Basilikum, 2 TL Majoran, 1 TL Bergbohnenkraut, evtl. 2 Zehen verriebener Knoblauch oder 2 TL «Sekowa», 1½–2 TL Kräutersalz

Zubereitung: Die Zutaten gut verkneten, herzhaft abschmecken, mit geölten Handflächen oder 2 geölten Eßlöffeln ca. 20 Backlinge formen.

Backen bei 220° ca. 20 Minuten, dann bestreichen, bestreuen und bei 200° noch weitere 10 Minuten backen.

Was paßt dazu? Salate, auch milchsaure oder verschiedene Gemüse.

*Bei der Teigbereitung ist zu beachten, daß die Gerste in kaltem Zustand steif ist, beim Erhitzen aber sehr weich wird.

Haferflocken-Backlinge mit Petersilie bzw. Wildkräutern oder süß mit Trockenobst

280 g	Haferflocken
460 ccm	Sprudel
3–3½ EL	Öl, evtl. Öl zum Formen der Backlinge
65 g	Schichtkäse oder trocken ausgedrückter Quark mit 1 TL Sahne
55 g	Haselnüsse oder Kräuter-Frischkäse
40 g	«Vollgrieß» oder Thermo-Hafergrütze – zum Braten ca. 40 g Butterschmalz

Wahlweise eine der folgenden Gewürzmischungen:

frisch: 90 g Petersilie, 2 Zwiebeln gehackt und trocken geröstet, Liebstöckel, evtl. Löffelkraut, Salz,
oder 100–150 g Wildkräuter (s. Wildkräuter für Salat S. 42), Salz

getrocknet: 2–3 TL Basilikum, 2 TL Majoran oder Oregano, ½ TL Bergbohnenkraut, 1 große Zwiebel, Salz,
oder 2–3 TL Dill, 1–2 TL Bohnenkraut, Zwiebel, Salz,
oder 1½ TL Koriander, 1 TL Selleriesalz, 1 Pr. Piment, 100 g Parastatt Haselnüsse, ⅓ TL Muskat, evtl. Salz
oder 1–2 TL Salbei, 2 TL Ysop, 2 TL Boretsch, Kräutersalz

süß: je 1½ TL Anis, Fenchel, Koriander, Ingwer, 1 TL Zitronenschale, Rosinen oder Trockenbirnen bzw. Trockenaprikosen, evtl. Süßdoldenwurzel oder -samen (vanilleartig), etwas Salz

Zubereitung: Flocken ½ Std. oder länger einweichen. – Alle Zutaten gut mischen, abschmecken. Den Teig eßlöffelweise in der Pfanne in Butterschmalz braten (Bratlinge) oder mit 2 geölten Eßlöffeln (bzw. Eislöffel) Backlinge formen, in Sesam wälzen, im Backofen backen bei 250°, sobald sie Kruste haben – nach 10 bis 15 Minuten –, auf 200° schalten und noch 10–15 Minuten backen, außen kroß, innen saftig.

Was paßt dazu? Salate, Spinat und ähnliche, leichte, saftige Gemüse, Mangold, Zucchetti, Kürbisgemüse. Zu süß abgeschmeckten Backlingen Apfelmus.

Gersten-Backlinge mit Vollkornzwieback

120 g	Gerstenschrot
320 ccm	Sprudel
150 g	trocken ausgedrückter Quark (naß ca. 225 g)
110 g	Vollkornzwieback fein gerieben, ungesüßter oder gesüßter
3 EL	Molke
6 EL	Öl (bei Schlagsahne nur 3 EL Öl)
	für die süße Zubereitung: 3 EL Korinthen oder 3 EL Schlagsahne mit Honig gesüßt oder 3 EL Ahornsirup
	für die Zubereitung herzhaft oder süß: je 1¼ TL Koriander, Anis, ½ TL abgeriebene Zitronenschale, 1 gestr. TL Ingwer, Salz

Zubereitung: Schrot mindestens 3 Std. im Sprudel einweichen, dann die übrigen Zutaten dazukneten; ½–1 Std. Teigruhe; gut abschmecken. Mit Eßlöffel oder kleinem Eislöffel Häufchen auf ein gefettetes Blech setzen, mit Schwedenmilch betupfen, mit Sonnenblumenkernen bestreuen.

Backen bei 220–200° ca. 20–40 Minuten.

Was paßt zu den Herzhaften? Soßen, Salate, Spinat, Fenchel, Blumenkohl, Gurke u. a. zarte Gemüse.

Was paßt zu den Süßen? Obstsalat, Apfelmus, kalte gekochte Fruchtsoßen oder kalt gerührte Soße mit Hägemark (S. 115 f., 122 und 124).

Mandel- oder Nuß-Backlinge

aus Thermo-Gersten-Grütze

200 g	Thermo-Gersten-Grütze
500 ccm	Wasser
80 g	Butter, etwas Öl zum Formen
150 g	trocken ausgedrückter Quark (naß ca. 220 g) oder 100 g Doppelrahm-Frischkäse
70 g	Hafermehl, etwas mehr für die süßen Backlinge mit eingeweichtem Trockenobst
85 g	geröstete Mandeln, fein gemahlen, oder 100 g geröstete Nüsse
	Für süße Backlinge außerdem:
60 g	Birnenschnitz
40 g	Korinthen
5 Stück	Aprikosen

Für herzhafte Backlinge: 1½ TL Koriander, ½ TL Muskatblüte, Salz
Für süße Backlinge: zusätzlich 1 großer TL Demeter Rübensirup, 1 TL Anis

Zubereitung: Trockenobst klein schneiden, mit 4–6 EL lauwarmem Wasser befeuchten, öfter wenden. Thermo-Grütze im Wasser 5 Minuten köcheln, 30 bis 60 Minuten nachquellen lassen. Die übrigen Zutaten unterkneten; für süße Backlinge auch das gut abgetropfte, klein geschnittene Trockenobst. Teigruhe 1 Std. Backlinge oder Halbkugeln formen, mit Schwedenmilch bestreichen.

Backen bei 220°, 30–40 Minuten, sofort mit Butter bestreichen.

Was paßt zu den herzhaften? Salatplatte, Gemüse wie Kohlrabi, Möhren, Erbsen, Blumenkohl, Fenchel, Gurken.

Was paßt zu den süßen? Fruchtsoße, Kompott.

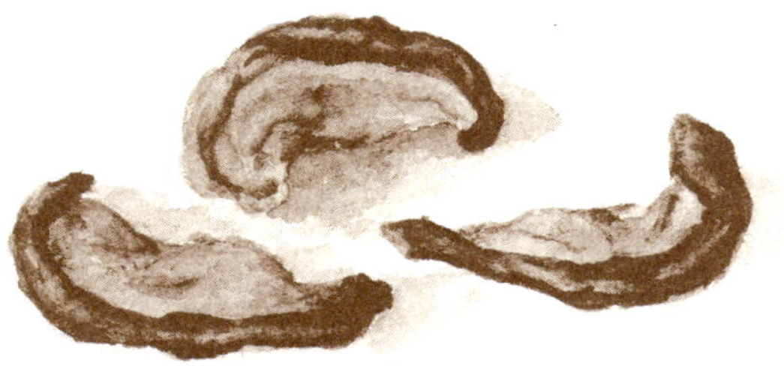

Hirsebacklinge, besonders locker und knusprig

Grundteig:
425 ccm Wasser
170 g Hirse

2 TL Thymian, 2 TL Koriander, 2 TL Salbei, sehr wenig Salz

Zubereitung: Hirse im Wasser 10 Minuten köcheln, würzen, 1 Std. nachquellen lassen. Mit dieser Grundmasse die unter a), b), c), d) angegebenen Zutaten verkneten, abschmecken. Teigruhe ½–1 Std. Eislöffel oder Eßlöffel in ein Wasser-Öl-Gemisch tauchen, Backlinge formen, auf das gefettete Blech setzen, mit saurer Sahne bestreichen oder mit geschältem Sesam bestreuen. Backen bei 220–200°, in 25–40 Minuten goldgelb, außen kroß, innen saftig.

a) **zart, locker und voll**
110 g Doppelrahm-Frischkäse
3–5 EL Öl
1 EL Schwedenmilch
½–1 EL süße Sahne
35 g Hafermehl
Sesam zum Bestreuen

b) **pikant**
90 g geriebener Käse
2–3 EL Öl
1 EL Schwedenmilch
½ EL süße Sahne
35 g Hafermehl

c) **mild, würzig**
180 g trocken ausgedrückter Quark
5 EL Öl
1 EL Schwedenmilch
1 EL süße Sahne
35 g Hafermehl

zusätzlich 1½ TL Curry, 1 TL Sekowa, ½ TL Kümmel, ½ TL Salz, Sesam

d) **süß,** wie c, zusätzlich:
100 g Rosinen
1 TL Demeter Rübensirup
1½ TL Honig
evtl. etwas Haferflocken

½ TL Zitronenschale, je 1 TL Anis, Fenchel, Koriander, etwas Zimt, 1 Pr. Piment, Sesam oder Nüsse, 1 Pr. Salz

Hirse-Obst-Backlinge

100 g	Hirse
250 ccm	Wasser
160 g	trocken ausgedrückter Quark (naß ca. 240 g)
3 EL	Öl und Öl zum Formen
40 g	Haferflocken, fein (je nach Feuchtigkeit etwas mehr oder weniger)
50–80 g	Trocken-Aprikosen oder Birnenschnitz
150 g	Datteln, geschnitten
80 g	Haselnüsse, gehackt
300 g	aromatische Äpfel
1	Zitrone, Saft (Schale s. u.)
	1 cm Ingwerwurzel, etwas Zitronenschale, Anis, Vanille, Fenchel, Koriander, etwas Zimt, Salz

Zubereitung: Hirse mit geschabtem Ingwer und Zitronenschale im Wasser 10 Minuten kochen, 30–40 Minuten nachquellen lassen, dabei salzen.

Trocken-Aprikosen klein schneiden, mit lauwarmem Wasser befeuchten, öfter wenden. Äpfel schälen, in feine Schnitzchen schneiden, in Zitronensaft wenden, mit Gewürzen vermischt etwas durchziehen lassen.

Alle Zutaten mit der Hand verkneten, gut abschmecken, mit geölten Handflächen ca. 20 Backlinge formen.

Backen bei 220–180° etwa 30–40 Minuten, bis sie gar sind (innen nicht mehr teigig). Sie werden nicht knusprig.

Was paßt dazu? Apfelsaft, verlängert mit Apfelschalentee (s. S. 290), Fruchtsoße (s. S. 129) oder leichte Vanillesoße (s. S. 120 u. in Bd. I S. 232).

Schnitten

Hinweise für die Zubereitung

Die Konsistenz ist etwas weicher als die der Backlinge. Eine versehentlich zu weich gewordene Backlingsmasse ergibt also immer noch gute Schnitten.

Aufstreichen der Masse: daumendick auf ein gefettetes, leicht mit Schrot, Kleie oder Grieß bestäubtes Blech, kleinere Portionen auf Jenaer-Glas-Deckel oder Pizzaform.

Verzieren: üppig mit Sonnenblumenkernen, Nüssen oder Sesam. – Einen Sahneguß, gewürzte Tomatenscheiben und Reibkäse gibt man erst gegen Ende der Backzeit darauf, nachdem der Boden schon eine Kruste gebildet hat.

Backen bei Mittelhitze. Schnitten aus rohen Zutaten müssen genug Zeit haben zum Garen; die aus gekochten Zutaten können kürzer bei stärkerer Hitze backen. Wichtig ist ausreichende Unterhitze.

Schneiden nach dem Backen: in Rechtecke, Dreiecke oder Rauten. Festgebackenes löst sich leicht, wenn man die Backform kurz auf eine kalte Unterlage stellt.

Wozu werden Schnitten gereicht? Zu Gemüsen, Soßen, saftigen Salaten.

Gerstenflocken- oder -schrotschnitten

200 g	Gerstenflocken oder 280 g Schrot
440 ccm	Sprudel
2 EL	Öl
85 g	Nüsse, Para-, Hasel- oder Walnüsse, gemahlen
250 g	Gemüse wie Sellerie, Petersilienwurzel, Lauch, Pastinaken, Möhren oder rote Paprika, Zwiebeln. Das Gericht ist auch ohne Gemüse möglich, dann braucht man ca. ⅕ der anderen Zutaten mehr.
	Guß und Belag:
80 g	Schwedenmilch } mit Kräutersalz
80 g	saure Sahne } mit Kräutersalz
180 g	geriebener Käse

je ½ TL Koriander, Thymian, Liebstöckel, 1 TL Majoran, ¼ TL Kümmel, 1 Msp. Piment, Kräutersalz

Zubereitung: Flocken/Schrot und Trocken-Gewürze 3–4 Std. im Sprudel einweichen, Öl und Nüsse darüber breiten. Dann das Gemüse fein raffeln, Lauch oder Zwiebeln fein schneiden, alle Zutaten mit der Hand fest verkneten, herzhaft abschmecken. Backblech fetten, leicht mit Kleie oder Mehl bestäuben, Teig mit Schaber gleichmäßig, ohne Risse, ½–1 cm dick darauf streichen.

Backen bei 250–200° untere Schiene; etwa nach 20 Minuten, wenn der Teig von unten gut gebacken ist, mit dem Guß bestreichen, Käse darüber streuen, fertig backen, etwa 20 Minuten, bis der Käse goldgelb – nicht braun – ist; beliebig in Dreiecke oder Rhomben schneiden, auf heißer Platte anrichten, evtl. mit Tomaten garnieren.

Statt Käse sind Sesam oder Nüsse hübsch auf dem Guß.

Ist der Teig ohne Gemüse zubereitet, kann man den Guß mit frischen Salbeiblättern belegen – vorher in flüssige Butter tauchen – oder mit Majoran bzw. Kümmel bestreuen, streifenweise ergibt es ein abwechslungsreiches Bild.

Beliebt sind auch rote Tomatenscheiben auf dem weißen Guß. Mit oder ohne Guß sind Sellerie- und Apfelscheiben ein pikanter Belag, Sellerie vorher in Butter andünsten und würzen, darüber Nüsse streuen, keinen Käse.

Was paßt dazu? Gemüse und Salate.

Maisschnitten aus ungekochtem Mais

Grundrezept für Eilige mit 3 Abwandlungen

200 g	Maisgrieß
620 ccm	Sprudel
140 g	Käse gerieben, z. B. Bergkäse
3–4 EL	Öl
60 g	Käse oder 100 g geschälten Sesam zum Überstreuen
ca. 50 g	Butterflöckchen oder dicke Sahne nach Belieben

1½ TL Curry, 1½ TL Basilikum, ¾ TL Koriander, 2 TL Dill, ¾ TL Paprika mild, 1–1½ TL Salz (je nach Salzgehalt im Käse)

Zubereitung: Alle Zutaten mischen, kräftig abschmecken (Mais saugt viel Gewürz auf!), gleichmäßig in 4 gut gefettete Jenaer-Glas-Deckel, ∅ 18 cm, oder eine große Pizzaform füllen (ca. 1½ cm dick).

Backen: In den kalten Backofen schieben, ab 200° 15–20 Minuten backen; Sesam, Käse, Butter oder Sahne darauf verteilen – hübsch ist es, dies wie Tortenstücke dreieckweise im Wechsel anzuordnen. Dann noch 10 Minuten überbacken.

1. Abwandlung, hübsch farbig und pikant

150 g	rote Paprikaschoten, frisch oder milchsauer eingelegt, bzw. 50 g gedörrte, eingeweicht
300 g	Gewürzgurken
1	Zwiebel mittelgroß
1	Zehe Knoblauch mit Salz verrieben, kann auch fehlen
2 EL	Maisgrieß, gut gehäuft

Alles klein schneiden, mit dem Grundteig vermischen und backen wie vorher.

2. Abwandlung, appetitanregend

300 g	Sauerkraut
150 g	Boskop oder ähnliche Äpfel
1 gr.	Zwiebel
2 EL	Maisgrieß gut gehäuft

Alles klein schneiden bzw. raffeln, mit dem Grundteig vermischen, überstreuen und backen wie vorher.

3. Abwandlung

den Teig 20 Minuten vorbacken

300 g Tomatenscheiben darauf verteilen, mit Kräutersalz Herbamare und 1 Pr. Cayenne oder ½ TL gemahlenen Senfkörnern würzen, mit Käse überstreuen und in 10 Minuten fertigbacken.

Was paßt dazu? Blattsalate, Sauerkraut- oder Tomatensalat, Spinatgemüse, Mangold.

Maisschnitten aus gekochtem Mais

160 g	Maisgrieß
640 ccm	Wasser oder Brühe
100 g	geriebener Käse, Demeter Bergkäse, 50 g zurücklassen
1 EL	Öl
40–60 g	Zwiebeln
80 g	Gewürzgurken, können auch fehlen, oder auch 1 kleine rote Paprika
2	Tomaten, etwas saure Sahne als Belag

3 TL Basilikum, 1½ TL Curry, 1 TL Rosmarin evtl. 1 Spur Knoblauch, 2 Msp. gemahlene Senfkörner, 1½ TL Kräutersalz

Zubereitung: Maisgrieß im Wasser 10 Minuten sachte kochen, luftig schlagen, würzen, 20 Minuten nachquellen lassen. Zwiebeln, Paprika und Gurken klein schneiden, Öl und 50 g Käse untermischen, abschmecken. 1 cm dick in eine gefettete Pizzaform (Jenaer-Glas-Deckel) streichen.

Backen: Bei 200° etwa 30 oder 20 Minuten vorbacken, dann mit saurer Sahne bestreichen, mit Tomatenscheiben belegen, restlichen Käse überstreuen, 20 Minuten überbacken.

Was paßt dazu? Grüner Salat, Tomaten-, Bohnensalat.

Roggen-Schnitten, herzhaft

160 g	Roggen oder 150 g Thermo-Roggen-Grütze
1–2 EL	Leinsamen
200 ccm	Wasser
200 ccm	Wasser
40 g	Haselnüsse, gemahlen
3 EL	saure Sahne oder 2 EL Öl
150 g	Schichtkäse oder leicht ausgedrückter Quark (naß 200 g) oder 90 g Doppelrahm-Frischkäse
80 g	Brennessel, ersatzweise Petersilie oder Lauch
40–70 g	Hafermehl (verriebene Flocken)
	Zum Bestreichen und Bestreuen:
2–3 EL	saure Sahne
40 g	Haselnüsse, grob gemahlen

Für das Kochwasser: 1 Lorbeerblatt, 1 TL Kümmel, 7 Wacholderbeeren, ¾ TL Fenchel, ½ TL Thymian, Salz

Für den Teig: evtl. Petersilie, Zwiebel, Spur Honig, 1–2 TL Kräutersalz

Vorbereitung: Roggen und Leinsamen zusammen mittelfein schroten, in 200 ccm Wasser 3–10 Std. einweichen (entfällt bei Thermo-Roggengrütze).

Zubereitung: 200 ccm Wasser mit dem eingeweichten Roggen und Gewürzen 3–5 Minuten köcheln, 40–60 Minuten nachquellen, salzen, etwas abkühlen; Gemüse fein hacken, alle Zutaten miteinander verkneten, die Konsistenz mit Hafermehl regulieren, kräftig abschmecken, den Teig 1 cm dick in eine gefettete Pizzaform oder Jenaer-Glas-Deckel streichen, leicht gewürzte Sahne und grob gemahlene Haselnüsse darüber breiten.

Backen bei 220° mit Deckel 30 Minuten, ohne noch 10–20 Minuten.

Dazu paßt farbenfrohe, saftige Frischkost, Salate oder Gemüse.

Roggen-Schnitten, süß

Abwandlung von Roggenschnitten herzhaft

120 g	Dörrobstmischung, besonders Zwetschen
2–3 EL	Korinthen
1–1½ EL	Demeter Rübensirup, evtl. Apfeldicksaft

Für das Kochwasser: Gewürze wie vorher, aber nur ½ TL Kümmel, etwas Salz
Für den Teig: 1 TL Anis, 1 TL Zitronenthymian, 1 TL Koriander, ohne Zwiebel, Petersilie und Brennessel.

Zubereitung: Dörrobst 12–24 Std. lauwarm in wenig Wasser einweichen, öfter wenden, klein schneiden, unter den Teig mischen, abschmecken, backen.

Dazu schmeckt eine kalt gerührte Fruchtsoße, Schwedenmilch mit Apfeldicksaft (S. 122, 124 und 129).

Hafer-Nuß-Schnitten

300 g	feine Haferflocken, am besten fein verrieben
600 ccm	Sprudel
200 g	Haselnüsse, leicht geröstet sind sie besonders aromatisch
4–6 EL	Öl
½ TL	Honig
4 EL	saure Sahne zum Bestreichen

1½–2 TL Ingwer, 1–1½ TL Salz

Zubereitung: Haferflocken 20–60 Minuten in Sprudel einweichen. Nüsse mittelgrob mahlen, mit den übrigen Zutaten verrühren, abschmecken. Pizzaform oder 4 Jenaer-Glas-Deckel, ⌀ 18 cm, fetten, den Teig 1 cm dick hineinstreichen, zudecken (Folie).

Backen bei 200° ca. 30 Minuten, mit Sahne bestreichen, 10–20 Minuten ohne Deckel überbacken.

Was paßt dazu? Saftige Frischkostsalate mit Rahmsoße, Gemüse wie Zuckerschoten, Karotten, Kohlrabi, Blumenkohl, Rosenkohl, Spargel.

Hirse-Schnitten

Der Grundteig ist für süße ebenso wie für herzhafte Schnitten geeignet. Mit der doppelten Menge Grundteig könnte man in einem Arbeitsgang ein herzhaftes und ein süßes Gericht vorbereiten.

Grundteig

200 g Hirse
500 ccm Wasser
220 g trocken ausgedrückter Quark (naß ca. 310 g)
5 EL Öl
1½ TL Ingwer, 1½ TL Koriander, Salz

Zubereitung: Hirse im Wasser 10 Minuten kochen, würzen, 1 Std. nachquellen lassen, abkühlen, Quark mit dem Öl unterkneten.

Herzhafte Schnitten

Zum Grundteig hinzufügen:
130 g ger. Käse, davon die Hälfte zurücklassen zum Bestreuen
70–80 g dicke, saure Sahne als Guß
60 g Sesam geschält zum Bestreuen
2 TL Curry, 2 TL Salbei, 1 TL Sekowa, ½ TL Kümmel,
1 TL Sellerieblätter, gerebbelt, Salz

Zubereitung: Grundteig mit ger. Käse und Gewürzen verkneten, abschmecken. Einen Jenaer-Glas-Deckel bzw. eine Pizza- oder Springform fetten, den Teig 1 cm dick hineinstreichen, Sahne und Käse darauf verteilen.

Backen bei 200 °C mit Deckel 20 Min. und weitere 10 Min. ohne Deckel bis der Käse goldgelb, aber nicht braun ist.

Was paßt dazu? Eine Frischkostplatte, Spinat, spinatartige Gemüse, Grünkohl, auch Fenchel- oder Kohlrabi-Möhren-Gemüse.

Süße Schnitten

Zum Grundteig hinzufügen:

70 g Haselnüsse: 20 g fein gem. für den Teig, 50 g grob gem. zum Bestreuen
40 g Korinthen oder Sultaninen
1 EL Demeter Rübensirup oder Ahornsirup, besonders fein
80 g dicken Sauerrahm mit 1 EL Ahornsirup als Guß

1½ TL Anis, ¼ TL geriebene Zitronen- oder Orangenschale in Honig eingelegt, ½ TL Koriander, je ⅓ TL Zimt, Vanille, Salz

Zubereitung: Korinthen zum Quellen lauwarm befeuchten, alle Zutaten mit dem Grundteig verkneten, gut abschmecken. Einen Jenaer-Glas-Deckel bzw. eine Pizza- oder Springform fetten, den Teig 1 cm dick hineinstreichen, Guß und Nüsse darauf verteilen.

Backen bei 220° mit Deckel 20 Minuten, bei 200° ohne Deckel noch 10 Minuten.

Was paßt dazu? Apfelmus, Kompott, gekochte oder kalt gerührte Fruchtsoßen.

Grieß-Schnitten, herzhaft

950 ccm	Wasser
250 g	Demeter-Grieß
50 g	Sahne
50 g	Butter
	a) Belag mit Käse für die Hälfte der Schnitten berechnet:
4–5 EL	saure Sahne, evtl. Schwedenmilch
50 g	geriebenen Käse
	b) Belag mit Kräuterquark für die andere Hälfte:
150 g	Quark, evtl. 200 g
8 EL	Schwedenmilch oder saure Sahne zum Cremigrühren
2 gr.	Zwiebeln, fein gehackt
	Für den Grieß: 2 TL Oregano, ½ TL Muskatnuß, 2–3 TL Sekowa, Salz
	Für den Kräuterquark: 3 TL Dill, 1 TL Curry, ¾ TL Kümmel, 1 TL gem. Senfkörner, gehackte, frische Kräuter wie Basilikum, Brennessel, Oregano oder Kräutersalz

Zubereitung: Grieß im Wasser kochen, würzen, nachquellen, zuletzt Sahne mit Butter zufügen; gut 1 cm dick auf ein gefettetes Blech oder einen Jenaer Glas-Deckel streichen. Mit guter Unterhitze nach 30 Min. Backzeit bei 250 ° Belag darauf verteilen, mit geringer Oberhitze fertig backen, bis der Käse goldbraun ist.

Was paßt dazu? Eine Salatplatte oder zarte, milde Gemüse.

Grieß-Schnitten, süß

400 ccm	Wasser
125 g	Demeter Grieß
350 ccm	Milch (später zufügen)
40 g	Sultaninen oder Datteln
4–6 St.	Trockenaprikosen
50 g	Butter
3–4 EL	Demeter Rübensirup
400 g	Quark
	<u>Zum Bestreichen:</u>
4–5 EL	saure Sahne mit Ahornsirup oder Honig gesüßt
50 g	Nüsse, grob gemahlen
	Schale von 1 Zitrone nat., 4 bittere Mandeln gem., Fenchel, Anis, etwas Muskatblüte, Zimt, Vanille, Salz

Zubereitung: Grieß im Wasser kochen, nach und nach die Milch zufügen, würzen ½ Std. nachquellen (Wasserbad), Butter, Sirup, zerkleinertes Trockenobst und Quark einrühren, nachwürzen, ausdampfen lassen. Jenaer-Glas-Deckel fetten, mit Vollkornbröseln bestreuen, Grieß gut 1 cm dick darauf streichen.

Backen bei 250–200° ca. 30 Minuten. Wenn die Unterseite gut gebacken ist, mit Sahne bestreichen, Nüsse darüber streuen, kurz überbacken.

Anrichten warm oder kalt, evtl. mit Fruchtsoße oder Kompott.

Reis-Schnitten, süß

auch als Backling geeignet

200 g	Reis (Demeter-Rundkorn)
500 ccm	Wasser
100 ccm	Milch für Backlinge – für Schnitten 200 ccm
180 g	trocken ausgedrückter Quark (naß ca. 270 g) oder 120 g Doppelrahm-Frischkäse
50 g	Butter
80–90 g	Buchweizenmehl oder ger. Vollkornzwieback
100 g	Korinthen oder Trockenbirnen
8 St.	Trockenaprikosen oder Zwetschen
1 EL	Demeter Rübensirup
1½ EL	Honig

<u>Für Backlinge:</u> geschälter Sesam zum Wälzen
<u>Für Schnitten:</u> Sahne oder Schwedenmilch, grob gehackte Nüsse oder Walnußhälften

¾ TL Ingwer, 1 TL Koriander, Schale einer geriebenen Zitrone, evtl. Zitronenthymian, 1 Msp. Piment, 1 TL Zimt, 1 TL Anis, 1 TL gemahlene bittere Mandeln, ¼ TL Salz

Zubereitung: Reis 3–10 Std. einweichen. Korinthen und klein geschnittene Aprikosen zum Quellen mit 4 EL warmem Wasser befeuchten, öfter wenden. Reis 20 Minuten sachte kochen, würzen, 2 Std. nachquellen. Wenn das Wasser aufgesaugt ist, die warme Milch zugeben. Alle Zutaten zu einer glatten Masse verkneten, abschmecken.

Backlinge: in Sesam wälzen, auf ein gefettetes Blech oder in Pizzaform setzen.
Backen bei 200° 30 Minuten mit Dampf (Wasserschälchen), damit die Reiskörner nicht trocken und hart werden, dann kurz ohne.

Schnitten: 1–1½ cm dick in gefettete Jenaer-Glas-Deckel streichen.
Backen bei 220° 30 Minuten, dann mit saurer Sahne oder Schwedenmilch bestreichen, mit grob gehackten Nüssen oder Walnüssen belegen, bei 200° kurz überbacken.

Hafer-Schnitten, süß

aus gekochten, passierten Körnern

240 g	Hafer, bereits gekocht und durch die 2-mm-Scheibe passiert (dafür 105 g rohen Hafer mit 240 ccm Wasser garen, s. Tabelle)
75 g	Demeter-Quark
1 EL	Öl
1 EL	süße Sahne
25 g	Hafermehl
50–60 g	Datteln, klein geschnitten, oder Sultaninen
4 St.	Aprikosen, klein geschnitten
1½ EL	Honig
100 g	Äpfel
	Zum Bestreichen:
3 EL	saure Sahne
50 g	grob gehackte Nüsse oder Sonnenblumenkerne zum Bestreuen

Für den Teig: abgeriebene Zitronenschale, 1 TL Ingwer oder Koriander, Salz

Für die Äpfel: Zitronensaft, Anis, Fenchel, Zimt, Vanille, 1–2 EL Demeter Rübensirup oder Sucanatzucker.

Zubereitung: Äpfel grob raffeln, mit Gewürzen ½ Std. durchziehen lassen. Dann mit den anderen Zutaten verrühren, abschmecken; gut 1 cm dick gleichmäßig auf gefettete Jenaer-Glas Deckel streichen. Saure Sahne und Nüsse darauf verteilen.

Backen bei 220–200° mit guter Unterhitze und Wasserschälchen ca. 30 Minuten.

Pfannkuchen

Hinweise für die Zubereitung der Pfannkuchen

Für die Pfannkuchen muß der Teig dickflüssig sein, so daß er mit einer Schöpfkelle ins heiße Fett gegossen und durch Schwenken gleichmäßig dünn in der ganzen Pfanne verteilt werden kann. Fertig gebacken sollte man sie möglichst nicht aufeinander legen, weil sie dann weich werden.

Plinsen erfordern einen etwas dickeren Teig, damit sie nicht in der Pfanne breit laufen, sondern handtellergroße Pfannküchlein ergeben.

Wer das Braten im Fett nicht verträgt, braucht nicht zu verzichten, für ihn backt man sie schonend im Backofen auf dem sparsam gefetteten Jenaer-Glas Deckel oder dem Backblech.

Weizenschrot-Pfannkuchen

240 g	Weizenfeinschrot
300 ccm	Sprudel oder Wasser
250–270 ccm	Buttermilch, ersatzweise Sprudel
4–5 EL	Öl; 5 EL falls nur Sprudel verwendet wird
50–80 g	Quark; 80 g falls nur Sprudel verwendet wird
	Butterschmalz zum Braten oder Backen

Liebstöckel, Petersilie, Dill, Koriander, Selleriesalz
oder ⅓ TL Kümmel, 1½ TL Dill, 1 geriebene Zwiebel, Kräutersalz
oder Ysop, Salbei, wenig Pfefferminze, Oregano, Kräutersalz

oder mit Obst als Beilage: Zitronenthymian, Apfelminze, Süßdoldensamen oder Vanille, Koriander, Zitronenschale, etwas Salz

Vorbereitung: Schrot mindestens 3 Std., besser 10 Std. in ca. 300 ccm Sprudel einweichen.

Zubereitung: Schrot mit Buttermilch, Quark, Öl und Gewürzen zu einem recht dickflüssigen Teig verrühren, abschmecken, backen; mit Hilfe eines passenden Deckels oder Pfannenhebers wenden oder mutig und geschickt zum Wenden in die Luft werfen.

Was paßt dazu? Siehe unter «Buchweizen-Pfannkuchen extra fein», S. 166.

Buchweizen-Pfannkuchen, extra fein

150 g	Buchweizenfeinschrot*
50 g	Weizen- besser Dinkelfeinschrot
160 ccm	Sprudel (nur 130 ccm, falls süß gewürzt wird)
100 ccm	Milch, evtl. etwas mehr oder 140 g Schwedenmilch
1 EL	Öl oder Butter
200 g	Schlagsahne, sehr steif
	Butterschmalz zum Braten und Backen

herzhaft: Rosmarin, etwas Salbei oder Muskat Zitronenthymian, Apfelminze, $\frac{1}{2}$ TL Salz

süß mit Obst als Beilage: 1 geh. TL Sucanatzucker oder 2 EL Ahornsirup, abgeriebene Zitronenschale, Zitronenthymian, $\frac{3}{4}$ TL Koriander, $\frac{1}{4}$ TL Salz

Vorbereitung: Schrot mindestens 3 Std., besser 10 Std. in Sprudel mit etwas Milch einweichen, kühlstellen.

Zubereitung: Restliche Milch, Öl, Gewürze und die steife Sahne mit dem Schrot locker zu einem cremigen, dickflüssigen Teig verrühren, abschmecken.

Pfannkuchen backen: bei 250 ° ca. 20 Minuten im Backofen, obere Schiene oder braten (schmackhafter) mit flüssigem Butterschmalz.

Apfelpfannkuchen: gewürzte Apfelstückchen auf den Teig legen, beiderseits braten.

Was paßt dazu? Salate aus Sauerkraut, Chicorée, Endivie, Löwenzahn, Zuckerhut – ihre Bitterstoffe regen die Fettverdauung an.

Gemüse: Spinat, Brennessel-Giersch, Blatt-Mangold, Möhren – Erbsen.

Dieser Teig eignet sich auch zum Backen von **Waffeln**.

Rosmarin

*Hellen Buchweizen verwenden, der dunkle bindet nicht.

Einfache Buchweizen-Pfannkuchen

160 g	Buchweizenfeinschrot*
80 g	Weizen-, besser Dinkelfeinschrot
300 ccm	Buttermilch oder Milch-Sprudelgemisch, evtl. etwas mehr
4 EL	Öl oder Butterschmalz
1 EL	Essig
60 g	Quark
	Butterschmalz zum Braten oder Backen

1½ TL Kräutersalz, ¾ TL Salbei, ¾ TL Muskatnuß
oder 1½ TL Kräutersalz, 1 TL Liebstöckel, 1 TL Thymian

Zubereitung: Schrot mindestens 3 Std. mit Buttermilch oder Milchgemisch einweichen; mit Quark, Öl und Gewürzen zu einem recht dickflüssigen Teig verarbeiten, abschmecken, Pfannkuchen backen.

Wenden mit Hilfe eines passenden Deckels oder Pfannenhebers oder mutig und geschickt in die Luft werfen.

Was paßt dazu? Siehe unter Buchweizen-Pfannkuchen extra fein.

Salbei

* Hellen Buchweizen verwenden, der dunkle bindet nicht.

Vollkorn-Gätzen mit Äpfeln oder Beeren

nach Art des Erzgebirgischen Beer-Gätzen (Beeren-Pfannkuchen) im Backofen oder in der Pfanne zu backen, für 2–3 Personen.

75 g	Buchweizenfeinschrot*
25 g	Weizen- oder Dinkelfeinschrot
60 ccm	Sprudel, bei saftigen Beeren 40–50 ccm
60 g	Schwedenmilch
1 EL	Ahornsirup
100 g	Schlagsahne mit 1 EL Honig gesüßt
500 g	Äpfel oder Heidelbeeren
2 EL	Korinthen, gehäuft
4 St.	Trockenaprikosen, klein geschnitten
1 EL	Sucanatzucker oder Apfeldicksaft

Für den Teig: etwas Zitronenschale, Koriander, Ingwer, Salz
Für die Äpfel: Anis, Fenchel, Vanille, Zimt, etwas Koriander, Zitronensaft

Zubereitung: Feinschrot mit Gewürzen mischen, mit Sprudel und Schwedenmilch verrühren, möglichst 3 Std. quellen lassen, dann Ahornsirup und die steife Sahne mit Honig unterziehen, dick in zwei gefettete Jenaer-Glas Deckel streichen. Inzwischen die Äpfel schälen, in Stückchen schneiden, mit Zitronensaft und Gewürzen ½–1 Std. durchziehen lassen. Korinthen und Aprikosen befeuchten, quellen lassen, dann mit den Äpfeln auf dem Teig verteilen, mit Butterflöckchen belegt sofort

Backen bei 250–200°, 20–30 Minuten.
Warm, aber auch kalt sehr schmackhaft und leicht bekömmlich.

*Hellen Buchweizen verwenden, er bindet, dunkler nicht.

Eierpfannkuchen mit Spinat oder Brennesseln

Ein Rezept mit ganz frischen Eiern von einwandfrei gehaltenen Freilaufhühnern.

250 g Weizenfeinschrot
2–3 Eier
500 ccm Milch, evtl. mit Wasser gemischt
½–¾ kg Spinat
Butterschmalz zum Braten oder Backen

je ½ TL Ingwer und Koriander, 2 Msp. Muskat, gehackte frische Petersilie, Boretsch, Salz

Zubereitung: Weizenschrot, Eigelb, Milch und Gewürze klümpchenfrei verrühren, möglichst einige Stunden quellen lassen. Eischnee unterziehen, abschmecken, den rohen Spinat grob geschnitten zufügen, kleine Pfannkuchen braten oder im Backofen backen.

Anrichten mit Blattsalat oder Wurzelrohkost.

Boretsch

Vollkornteige, Gemüsekuchen «Pizza», Süße Kuchen

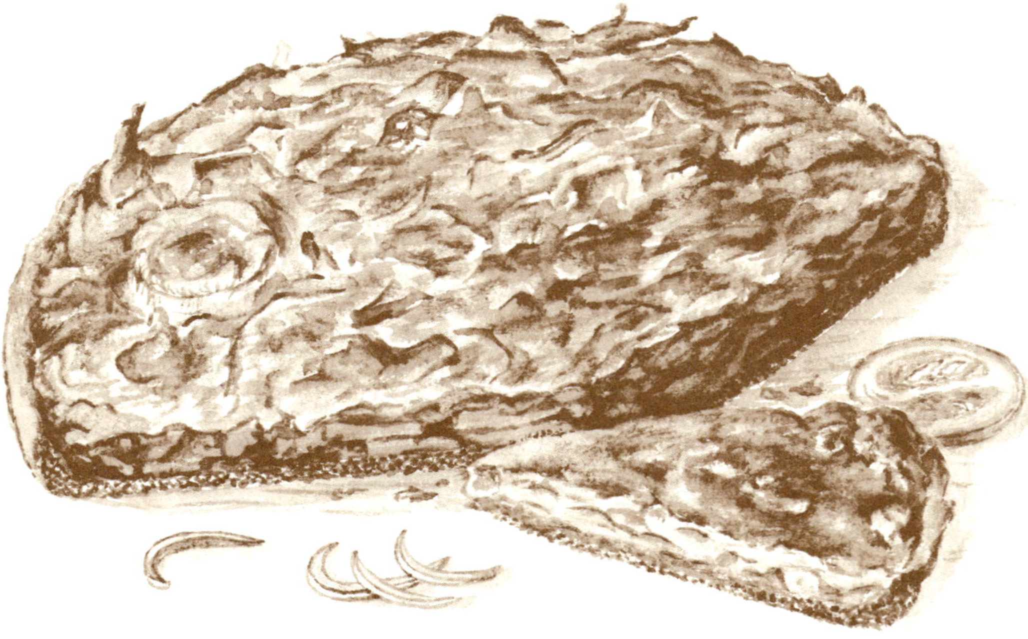

Vollkornteige

Aus den verschiedenen Vollkorn-Teigen lassen sich schmackhafte und dekorative Gerichte für jede Tageszeit und Festlichkeit zubereiten.

Manchmal sind zur Hauptmahlzeit auch süße Kuchen willkommen, beispielsweise nach einer Gemüsesuppe oder sonntags zum Picknick.

Herzhafte Gerichte: Gemüsekuchen, « Pizza », Gemüserolle und -taschen, Auflauf, Käsehörnchen und Kleingebäck.

Süße Gerichte: Obst-, Quark-, Mohnkuchen, Wickelkuchen mit Füllung, Auflauf, gefüllte Taschen und ähnliches Kleingebäck

Welchen Teig wählt man für die verschiedenen Gerichte?

Als Boden für herzhafte und süße Kuchen, Mürbeteig, Quarkmürbeteig, Quarkölteig oder den weichen, fettarmen Teig aus gekochtem und passiertem Getreide.

Vollständige Rezepte für herzhafte Gemüsekuchen, « Pizza » findet man S. 178–183, für süße Kuchen S. 184–189.

Als Umhüllung für herzhafte oder süße Füllungen, wie Gemüse-, Käse-, Obstfüllungen, dienen die gleichen Teige (seltener der weiche aus gekochtem passiertem Getreide). Außerdem verwendet man gern als Umhüllung Strudel- und Pastetenteig, beide knusprig und fettarm.

Vollständige Rezepte hierfür findet man Seite 204–224 im Kapitel « Vollkornteig als Umhüllung für Gemüse, Käse, Obst ».

Vollkornteige quellen langsamer als solche aus Weißmehl; deswegen müssen sie anfangs etwas feuchter sein, sonst bröckelt das Gebäck. Teigruhe im Kühlen mindestens eine Stunde – besser über Nacht – ist nicht nur Voraussetzung für problemlose Verarbeitung, sondern auch für gute Bekömmlichkeit.

Fette Teige sollten recht kühl, evtl. portionsweise, ausgerollt werden.

Zur Frage nach der Bekömmlichkeit für Empfindliche folgender Hinweis: Quarkmürbeteig ist durch seinen Quark/Molke-Gehalt leichter verdaulich als Mürbeteig; besonders leicht sind alle fettarmen Teige.

Sehr gut bekömmlich, locker und saftig ist auch der fettarme Teig aus gekochtem passiertem Getreide. Dieser Teig wird besonders auch denen empfohlen, die keine Schrotmühle, aber einen Wolf haben (man beachte den Hinweis auf S. 24 ff.), und in einem Arbeitsgang Weizen für mehrere Gerichte für die nächsten zwei Tage kochen und passieren wollen, z. B. Backling, Auflauf, Püree, Rouladenfüllung, Suppenklößchen oder süße Creme (Bd. I., S. 216).

Mürbeteig, herzhaft

Für Gemüserolle, -kuchen (Pizza), -taschen, -aufläufe, Käsehörnchen, Kugeln.
Für ein Teiggitter braucht man zusätzlich ¼ der Zutaten.
Für eine Teigdecke braucht man zusätzlich ⅓ der Zutaten.

Teig I	Form-∅ 24–28 cm	**Teig II** Form-∅ 28–30 cm
150 g	Weizenfeinschrot	190 g
50 g	Roggen- oder Weizenfeinschrot	60 g
100 g	Butterschmalz oder Butter, weich	120 g
8–9 EL	Buttermilch-Wasser-Gemisch	9–10 EL
	je ½ TL Koriander, Kümmel, Salbei, Curry, Kräutersalz	

Zubereitung: Schrot und Gewürze mischen, Butterschmalz mit warmer Hand darunter kneten sowie das Buttermilchgemisch, bis ein geschmeidiger, weicher Teig entsteht, abschmecken.

Teig 3–8 Std. kalt stellen, erst dann läßt er sich ausrollen. Für Kuchen kann man bei Zeitmangel auch schon den weichen Teig mit nasser Hand in die Backform drücken.

Backen: Für saftigen Belag wird der Teig ca. 10 Min. bei 180° vorgebacken, mit etwas Bröseln oder Nüssen bestreut, dann belegt.

Abwandlung: süß

Ahornsirup oder Apfeldicksaft statt Buttermilch verwenden.
200 g Haselnüsse fein gem. zufügen.
Je ⅓ TL Vanille, Zimt, Zitronenschale, etwas Koriander.

Abwandlung: fettarm

Teig I		**Teig II**
80 g	Butterschmalz oder Butter	95 g
9–10 EL	Buttermilchwasser	11–12 EL

Für alle Rezepte gilt: Verwendet man statt Butterschmalz Butter, so braucht man etwas weniger Flüssigkeit, aber entsprechend mehr Butter, weil Butterschmalz kein Wasser enthält, Butter aber 16–20 %.

Knetteig aus gekochtem, passiertem Getreide

für Gemüserolle (5–6 Pers.) oder 2 Gemüsekuchen (je 3 Pers.), Form-∅ 22 cm. Ein Rezept, das keine Schrotmühle, aber einen Wolf erfordert.

250 g	Weizen oder Dinkel
550 ccm	Wasser

Vorbereitung: Getreide lt. Tabelle garen, beim Nachquellen salzen, gut abtropfen, passieren (Wolf, Scheibe 2-mm-Lochung).

Zutaten für den Teig:

600 g	gekochtes, passiertes Getreide – wie oben angegeben
100 g	trocken ausgedrückter Quark
100 g	Kräuter-Frischkäse (ersatzweise trockener Quark mit 2 EL Öl)
50–70 g	geriebener Käse
2–4 EL	Öl
80–100 g	Demeter Grieß oder Hafermehl

je 3 TL Salbei (frisch 2 EL), Thymian, Basilikum, oder je 1 TL Curry, Kümmel, Ysop, 1–2 TL Salz

Zubereitung: Alle Zutaten gründlich verkneten, herzhaft abschmecken. Teigruhe bis zum Ausstreichen 1–3 Std.
Backen bei 200° 30–40 Min.

Weiterverarbeitung zu Gemüsekuchen S. 178–183, zu einer Gemüserolle S. 206–209.

Abwandlung: süß

Statt Käse fein geschnittene Datteln, 1–2 EL Ahornsirup, Apfeldicksaft oder Sucanatzucker verwenden.

Anis, Fenchel, Zimt, Vanille

Ysop

Strudelteig

für einen großen Strudel oder zwei kleine mit verschiedenen Füllungen:

250 g Weizenfeinschrot, sehr fein (Kleie vorher absieben!)
3–5 EL Öl
125 ccm Wasser
2 EL Apfelessig

<u>Für herzhafte Füllung:</u>
1 TL Kräutersalz, je ½ TL Thymian und Liebstöckel, fein verrieben, 2 Msp. Muskat

<u>Für süße Füllung:</u>
je ⅓ TL Koriander und Muskatnuß, sehr fein geriebene Zitronenschale, ¼ TL Salz

Zubereitung: Alle Zutaten zu einem recht geschmeidigen Teig verkneten, abschmecken. Auf einem Brett mit einer heißen irdenen Schüssel überdecken, mindestens 1 Stunde – besser über Nacht – ruhen lassen, dann nochmals durchwalken, ohne Zugabe von Schrot oder Mehl.

Ausrollen und füllen: herzhafte Füllung S. 208 f., süße Füllung S. 218.

2 große Rechtecke ½ cm dünn ausrollen, zuletzt auf einem glatten Tuch; beim Ausrollen sparsamst feines Mehl stäuben. Man kann den Teig noch über beiden Handrücken papierdünn ausziehen!

Den ausgerollten Teig mit flüssiger Butter bestreichen, mit Bröseln oder gemahlenen Nüssen bestreuen, die Füllung darauf verteilen, dabei rechts, links und gegenüber 2 cm frei lassen. Diese Ränder von rechts und links auf die Füllung klappen, damit sie nicht herausquellen kann. Durch Anheben des Tuches den Teig von vorne her einrollen. Der gegenüberliegende freie Rand bildet den Abschluß und kommt zuunterst auf das gefettete Backblech. Strudel mit Butter bestreichen.

Backen bei 250–175° ca. 30 Min., goldgelb und knusprig.
Heiß oder kalt anrichten.

Quark-Mürbeteig, herzhaft

für Kuchenböden, Käsehörnchen, -taschen oder würzige Kekse.

Teig für ein gehaltvolles und durch die im Quark enthaltene Milchsäure besonders gut bekömmliches Gebäck.

Man braucht für ein Teiggitter zusätzlich ¼ der Zutaten.
Man braucht für eine Teigdecke zusätzlich ⅓ der Zutaten.

Teig I	für Form Ø 24–26 cm	**Teig II**	für Form Ø 26–28 cm
80-100 g	Butterschmalz, weich	120-150 g	Butterschmalz, weich
140 g	Quark, nicht zu naß	200 g	Quark, nicht zu naß
125 g	Weizenfeinschrot (⅓ Buchweizen)	180 g	Weizenfeinschrot (⅓ Buchweizen)
1–2 EL	Buttermilch oder Sprudel	1–3 EL	Buttermilch oder Sprudel

herzhaft: je ¼ TL Curry, Salbei, Kräutersalz, ½ TL Kümmel

Zubereitung: Schrot und Gewürze mischen, Butter mit warmer Hand darunterkneten, dann Quark und Buttermilch, bis ein weicher, geschmeidiger Teig entsteht, abschmecken, 3–10 Std. kaltstellen, erst dann läßt er sich ausrollen.

Folgende Bearbeitung macht das Gebäck besonders locker:
Teig in kühlem Raum (evtl. auf Marmorplatte) zu einem dicken Rechteck ausrollen, von beiden Seiten übereinander schlagen, den Vorgang noch zweimal wiederholen, zugedeckt 1–2 Std. kaltstellen, dann für Kuchen oder Kleingebäck weiter verarbeiten.

Für Kuchen kann man bei Zeitmangel schon den weichen Teig mit nasser Hand in die Form drücken; für saftigen Belag den Teigboden bei 200° 10 Minuten vorbacken, dann mit etwas Bröseln oder Nüssen bestreuen.

Für Kleingebäck das Backblech nicht fetten, sondern nur mit kaltem Wasser abspülen, damit sich Dampf entwickelt.

Backen bei 200–180° nach Art des Gebäcks 20–40 Minuten.

Quark-Mürbeteig, süß

für Taschen mit süßer Füllung bzw. Boden mit süßem Belag:

Anis, Zitronen-/Orangenschale, Vanille, Koriander, evtl. Zimt, Muskatblüte, etwas Salz, 2 EL Sucanatzucker, 2 EL Apfeldicksaft

Übrige Zutaten und Zubereitung wie vorher.

Quarkölteig, fettarm

für 2 Kuchenböden, Springform ⌀ 22–24 cm.

180–200 g Quark, ziemlich trocken

2 gr. EL	Honig
1 gr. EL	Rübensirup, Demeter
4 EL	Öl oder weiche Butter/Butterschmalz
4–5 EL	Sprudel oder 6 EL Schwedenmilch
200 g	Weizenfeinschrot
	evtl. zum Verfeinern 100 g sehr steife Schlagsahne
	1 TL Anis, ¼ TL Muskatblüte, 1 TL Zitronenschale, ½ TL Vanille, ⅓ TL Salz

Zubereitung: Alle Zutaten der Reihe nach miteinander verkneten, abschmecken, möglichst 1–3 Std. kaltstellen. Springform fetten, mit Brösel oder Kleie ausstreuen, den Teig mit feuchter Hand hineindrücken.

Vorbacken 15–20 Minuten bei 220°, dann belegen und je nach Belag in 15 bis 30 Minuten fertigbacken.

Pastetenteig

für Pasteten und Hörnchen.

275 g	Weizenfeinschrot
6 EL	Öl
125 ccm	Wasser, evtl. etwas mehr
	etwas Salbei, Kümmel, Paprika edelsüß, Salz

Zubereitung: Alle Zutaten zu einem geschmeidigen Teig verkneten, abschmekken. Zugedeckt 1–5 Std. kühlstellen.

Weiterverarbeitung: Pasteten mit Gemüsemischung gefüllt S. 214: «Pie», Gemüsemischung im Pastetenteig in einer Auflaufform S. 215 und Hörnchen S. 213.

Mürbeteig, süß

für Obstkuchen, -törtchen, -Aufläufe

Man braucht für ein Teiggitter zusätzlich ¼ der Zutaten.
Man braucht für eine Teigdecke zusätzlich ⅓ der Zutaten.

Teig I	Form-⌀ 24–26 cm	**Teig II**	Form-⌀ 26–28 cm
200 g	Weizenfeinschrot, zarter mit ⅓ Hirse- oder Buchweizenfeinschrot	250 g	Weizenfeinschrot, zarter mit ⅓ Hirse- oder Buchweizenfeinschrot
100 g	Butterschmalz (120 g Butter)	120 g	Butterschmalz (145 g Butter)
8 EL	Buttermilch – Sprudel (7 EL)	9 EL	Buttermilch – Sprudel (8 EL)
1 geh. EL	Rübensirup oder Sucanat	1½ EL	Rübensirup oder Sucanat

je ½ TL Anis, Fenchel, Koriander, ½ TL Zitronenschale, evtl. etwas Zimt und Vanille, ¼ TL Salz

Zubereitung: Schrot und Gewürze mischen, das weiche Fett, Sirup unterkneten, dann Buttermilch mit Sprudel, so daß ein recht weicher, geschmeidiger Teig entsteht, abschmecken. 3–8 Std. kaltstellen, erst dann läßt er sich ausrollen.

Für Kuchen kann man bei Zeitmangel schon den weichen Teig mit nasser Hand in die Form drücken.

Abwandlung: fettarm

Teig I		**Teig II**	
80 g	Butterschmalz (95 g Butter)	95 g	Butterschmalz (110 g Butter)
8–10 EL	Buttermilch – Sprudel (8 EL)	11–12 EL	Buttermilch – Sprudel (10 EL)

Backen: für nassen Belag 15 Minuten vorbacken bei 200°. Plätzchen 15–20 Minuten backen bei 200–180°.

Sternanis

Gemüsekuchen, «Pizza»

Für den Boden sind Quarkmürbeteig S. 175 und Mürbeteig S. 172 geeignet. Belag, der beim Erhitzen viel Saft zieht, z. B. Gurken und Tomaten, wird zweckmäßig auf dem trockeneren Mürbeteigboden gebacken. Jedenfalls sollte der Teig dafür leicht vorgebacken werden, bei 200° gut 10 Minuten. Danach wird er mit Böseln bestreut, mit Gemüse belegt. Das meiste Gemüse wird vorgedünstet, dabei gewürzt und gut abgetropft, dick auf dem Boden verteilt, evtl. mit Teiggitter oder -decke versehen (gern beim Spinatbelag), und bei 250–200° fertig gebacken, je nach Belag in 15–40 Minuten.

Gitter bzw. Decken werden vor und evtl. nach dem Backen bestrichen mit saurer Sahne oder Buttermilch, die mit ein paar Tropfen Öl und etwas Salz verschlagen sind.

Ein Gemüsebelag ohne Decke oder Gitter erhält, nachdem das Gemüse fast gar ist, einen Guß, der nur noch kurz überbacken und mit geriebenem Käse gratiniert (überbacken) wird.

Guß für eine «Pizza»

Form-∅ 26 cm
150 g saure Sahne
300 g Schwedenmilch
Dill, etwas Kümmel, Curry, Kräutersalz
150 g Käse gerieben oder Nüsse grob gemahlen

Belag für Gemüsekuchen, «Pizza»

Jeweils ausreichend für einen Boden, ∅ 24–26 cm (Teig I).

Lauch – Möhren

600 g Lauch
100 g Möhren
2+1 EL Öl und wenig Wasser, jeweils zum Andünsten
2 TL Senfkörner, je ¼ TL Kümmel und Fenchel, 1 TL Dill, Sellerie- oder Kräutersalz

Zubereitung: Lauch in ca. 1 cm, Möhren in ca. 1½ mm dicke Scheiben schneiden; jedes extra andünsten, dabei würzen, abschmecken, abtropfen und abkühlen lassen.

Sauerkraut-Apfel oder Weißkraut-Apfel

600 g Sauer- bzw. Weißkraut
1½ EL Öl
150 g Äpfel, wie Boskop
2 Zwiebeln, fein geschnitten
Kümmel, Dill, Wacholderbeeren fein gehackt, Majoran, Salz

Zubereitung: Äpfel schälen, in Stückchen schneiden, in Zitronensaft wenden, Sauerkraut, wenn es naß ist, abtropfen lassen, alles roh mischen, abschmecken.

Weißkraut und Zwiebeln klein schneiden, mit Öl und wenig Wasser andünsten, würzen, abschmecken. Dieser Belag ist auch ohne Käse mit Butterflöckchen oder Sahneguß gut.

Zucchetti, Gurken oder Kürbis, jeweils mit Paprika und Tomaten

500 g Gemüsemischung: Zucchetti oder Gurken und rote oder gelbe Paprika
150 g Zwiebeln
200 g Tomaten
Basilikum, Dill, Estragon, etwas Majoran, wenig Ysop und Eberraute, Salz oder Kräutersalz (erst nach dem Backen)

oder

500 g Gemüsemischung: Kürbis und rote oder gelbe Paprika
150 g Zwiebeln, roh angedünstet oder trocken angeröstet
200 g Tomaten oder säuerliche Äpfel
Ingwer, Koriander, Curry, Rosenpaprika, 1 Pr. Piment, Salz

Zubereitung: Zwiebeln andünsten oder gedarrte verwenden (s. S. 19), hartschalige Zucchetti schälen. Das Gemüse in Scheiben schneiden, würzen, roh – mit den Zwiebeln vermischt – auf den Teig legen. Erst nach dem Backen gleichzeitig mit dem Guß salzen, sonst ziehen die Gurken bzw. Zucchetti zu viel Saft.

Mangoldstiele

600 g Mangoldstiele
3 Zwiebeln
200 g Tomaten
100 g saure Sahne

Majoran, Petersilie, etwas Ysop, Muskat, 1 Zehe Knoblauch, Kräutersalz

Zubereitung: Mangoldstiele 1 cm lang schneiden, Zwiebeln klein schneiden, beides in Öl und etwas Wasser dünsten, würzen; etwas abgekühlt mit saurer Sahne mischen, kräftig abschmecken, auf dem vorgebackenen Teig verteilen, mit Tomatenscheiben verziert fertigbacken. Die letzten 10 Minuten mit geriebenem Käse gratinieren (überbacken).
Oder man bedeckt das Gemüse vor dem Backen mit Teigdecke bzw. Teiggitter und bestreicht es mit Buttermilch bzw. saurer Sahne.

Wirsing – Lauch – Möhren

zusammen ca. 750 g

Kümmel, Senfkörner, Majoran, Fenchel, Kräutersalz

Zubereitung: Die Gemüse grob schneiden, Möhren zum Garnieren in Scheiben schneiden, beides getrennt andünsten, dabei würzen.

Lauch – Sellerie mit Möhren oder Äpfeln

zusammen ca. 750 g

Senfkörner, etwas Fenchel und Anis, Basilikum, etwas Salbei, wenig Kümmel, Liebstöckel, Salz

Zubereitung: Lauch in 1 cm breite Scheiben schneiden, Sellerie, Möhren und Äpfel in Stifte; Gemüse andünsten, dabei würzen, Äpfel roh zufügen. Hierfür paßt Sahneguß mit Käse, außerdem auch Sahneguß oder Butterflöckchen mit Sesam bzw. grob gehackten Nüssen überstreut.

Kohlrabi – Möhren

zusammen ca. 750 g

Koriander, Fenchel, Ingwer, Ysop, Dill, Salz,
frische Petersilie zum Anrichten

Zubereitung: Gemüse in Stifte schneiden, andünsten, würzen.
Hierfür paßt Sahneguß bzw. Butterflöckchen mit grob gehackten Nüssen.

Spinat

oder ähnliche Blattgemüse

gedünstete Zwiebel, Petersilie, Majoran, reichlich Boretsch,
etwas Ingwer oder Muskatnuß, Kräutersalz

ca. 800 g	Spinat
ca. 200 g	Quark
etwas	Sahne
50–100 g	Bressot

Zubereitung: Spinat kurz erhitzen, nur zusammenfallen lassen, abtropfen, hacken, würzen. Aus Quark, Sahne, Käse dicke Creme rühren, unterziehen, abschmecken, auf den vorgebackenen Boden streichen, mit Teigdecke oder -gitter belegen, bestreichen, kurz fertigbacken.

Zwiebel

Form-∅ 28 cm

2–3 EL	Brösel (auf den Teig unter den Belag streuen)
500 g	Zwiebeln, evtl. 600 g
150 g	säuerliche Äpfel
30 g	Butter
200 g	Quark, evtl. 250 g
200 g	saure Sahne oder 100 g süße Sahne steif geschlagen
175 g	geriebener Käse

Kümmel, Oregano, Schabziger-Klee, Basilikum, Majoran,
nach Belieben etwas Knoblauch, Salz

Zubereitung: Zwiebeln schneiden, in Butter glasig dünsten, mit den geschnittenen Äpfeln, Quark, Sahne und Gewürzen mischen; abschmecken und auf den vorgebackenen Boden mit Teigrand geben.

Spinat-Kuchen «Pizza»

Gut auch mit Mangold, Brennessel, Giersch, Huflattich, Comfrey.

Mürbeteig Rezept II, Seite 172.

750 g	Spinat
350 g	Schichtkäse oder leicht ausgedrückter Quark oder Knoblauch-Frischkäse
3 EL	Öl
70 g	Allgäuer oder Schweizer Käse
2–3 EL	süße Sahne
evtl.	Mandelsplitter oder 2 Tomaten
	Butter und Brösel

Oregano, Boretsch, Basilikum, Muskatnuß, reichlich Petersilie, Majoran, Zwiebel, Kräutersalz, evtl. Sekowa-Gemüsebrühe

Zubereitung: Das Gemüse fast ohne Wasser kurz dämpfen, abtropfen lassen (Tropfwasser für Suppe verwenden), fein hacken. Zwiebeln klein schneiden, in 1 EL Öl und 1 EL Wasser dünsten.

Schichtkäse bzw. ausgedrückten Quark mit Öl, Sahne und geriebenem Käse verrühren, mit Zwiebeln, Spinat und Gewürzen mischen, herzhaft abschmecken.

Dreiviertel des Teiges knapp ½ cm dick ausrollen, Boden und Rand einer großen, gefetteten Pizzaform oder drei Jenaer-Glas-Deckel, damit auslegen, mehrfach einstechen (Luftblasen!), 10 Minuten vorbacken bei 200°.

Leicht mit Bröseln bestreuen, den Gemüsebelag darüber streichen (Schabkarte benützen), den restlichen Teig dünn ausrollen, in Streifen schneiden, als Gitter über den Belag legen, mit geschmolzener Butter bestreichen.

Oder statt Gitter obenauf Brösel und Butterflöckchen streuen, den Rand mit Mandelsplittern oder Tomatenscheiben belegen.

Backen bei 200° etwa 20–30 Minuten.

Grünkohl-Kuchen, Wirsing-Kuchen

Abwandlung von Spinat-Kuchen

Wirsing 20–30 Minuten, Grünkohl ca. 40 Minuten mit Öl, Wasser und Gewürzen dünsten, abtropfen lassen, hacken oder durch den Wolf drehen.

Zum Dünsten: reichlich Senfkörner, etwas Fenchel, zuletzt Kamillen- oder Schlehenblüten
Zur Füllung: Majoran, Oregano, Basilikum, etwas Muskat, Salz

Zutaten und Zubereitung sonst wie bei Spinat-Kuchen.

Rote Bete-Kuchen mit «Schneehaube» oder «Tarte rosé»

Mürbeteig Rezept I, S. 172.

100 g	Zwiebeln
300 g	Rote Bete
2 EL	Öl und ½ Tasse Wasser
1 EL	Apfeldicksaft
1–2 TL	Molkosan
3–5	große säuerliche Äpfel, z. B. Boskop
	Guß:
120 g	Quark
40 g	Doppelrahmkäse
	nach Geschmack Meerrettich
	etwas Schwedenmilch zum Anrühren

½ TL Kümmel, ¼ TL Koriander, ¾ TL Anis, ½ Lorbeerblatt, 2 Pimentkörner, 4 Wacholderbeeren, Selleriesalz

Zubereitung: Zwiebeln schälen, klein schneiden, Rote Bete schälen, grob raffeln; beides in Öl wenden, mit ½ Tasse Wasser und Gewürzen dünsten; nach 20 bis 30 Minuten Apfeldicksaft und Molkosan nach Geschmack zufügen; die geschälten, in Stückchen geschnittenen Äpfel 5–10 Minuten mitdünsten, gut abschmecken. Das Gemüse auf einem Sieb abtropfen und abkühlen lassen (Saft auffangen).

Den Mürbeteig 3–5 mm dick ausrollen, Boden und Rand einer großen Pizzaform oder zwei Jenaer-Glas Deckel, ⌀ 18,5 cm, damit auslegen, mehrfach einstechen (Luftblasen!), etwa 10 Minuten vorbacken bei 180–200°, die Rote Bete gleichmäßig darauf verteilen, mit folgendem rosa oder schneeweißem Guß dick bestreichen:

Quark und Doppelrahmkäse, etwas Salz, Kümmel und ca. 3 EL Rote-Bete-Saft oder Schwedenmilch mit einer Gabel zu dicker Creme verkneten, nach Belieben mit Meerrettich würzen.

Backen bei 220° 20–30 Minuten, evtl. nur noch mit Oberhitze.

Was paßt dazu? Dieses saftige Gericht ist nach einer Suppe (Kümmel-, Lauch-, Brennesselsuppe) für sich allein ausreichend; aber ein Blattsalat (Feldsalat oder Chicorée) ist eine gute Ergänzung.

Süße Kuchen

Festliche Sahne-Torte mit Sauerkirschen

Auch mit Preiselbeeren oder anderem Beerenobst gut.

Mürbeteigboden II mit ⅓ Hirsefeinschrot backen (S. 177).

1 kg Sauerkirschen (mit Stein) mit Sucanat gedünstet

Belag:

½–¾ kg Quark
3–4 EL Honig
200 g Sahne sehr steif geschlagen
200 g Haselnüsse gemahlen
evtl. etwas Milch, um den Quark anzurühren oder etwas geriebener Zwieback – falls er zu feucht ist.

Saft und Schale einer Zitrone, 1 TL Vanille, 1 Msp. Salz

Zubereitung: Kirschen gut abtropfen lassen. Dicke Quark-Sahne-Creme mit Gewürzen und Nüssen herstellen, dann Kirschen entsprechend süßen, schichtweise mit dem Quark auf dem Kuchenboden verteilen, kaltstellen.

Roggenstreusel

aus gedarrtem Roggen zum Bestreuen von Kuchen sowie Dickmilch und Obst, Getreidebrei, Obstsuppe oder Auflauf.

Man kann sie auch als Vorrat im Schraubglas aufbewahren.

140 g Roggen darren, grießartig schroten
80 g Sucanatzucker oder Honig (= 2 gr. EL Honig)
30 g Butter
30 g Wasser (3 EL)
1 Prise Salz

Alle Zutaten verkneten, auf ein Blech krümeln.

Backen bei 120 °C 30 Minuten.

Festliche Kirsch-Brot-Torte

Kalt herzustellen in einer Springform, ∅ 26 cm, nach Belieben auch auf einem vorhandenen Mürbeteigboden (mit ⅓ Hirsefeinschrot) (S. 177) anrichten.

150 g	Vollkornbrot oder Pumpernickel, hart getrocknet gewogen
¾ kg	Sauerkirschen mit Stein, gesüßt (1-l-Glas) ersatzweise Süßkirschen, diese einige Stunden mit 3–4 EL Molkosan, anschließend mit Sucanatzucker durchziehen lassen
400 ccm	Saft der Kirschen
210 g	Mandeln – evtl. zur Hälfte Haselnüsse (geröstete)
8,5 g	N-Gel (Naturata Gel); später evtl. noch 6 g (s. u.)
250 g	Schichtkäse
3 EL	Honig, gut voll
400 g	Sahne, davon 120 g zum Garnieren zurückstellen.
	1 Msp. Nelke, 1 TL Koriander, ½ TL Zimt, 2 EL Kakao, Saft einer Zitrone, etwas Salz (evtl. 150 g geriebene Schokolade)

Zubereitung: Das harte Brot in der elektrischen Nußmühle reiben, Gewürze untermischen, mit 130 ccm Kirschsaft befeuchten, während einiger Stunden öfter wenden.

Mandeln abziehen, nach Möglichkeit mit den Nüssen im Backofen rösten, grob mahlen.

8,5 g N-Gel mit 70 ccm Kirschsaft anrühren, kurz aufkochen, etwas abkühlen; Schichtkäse und 2 gr. EL Honig löffelweise hineinrühren. Sahne sehr steif schlagen, zuletzt 1 gr. EL Honig mitschlagen, knapp ⅔ davon (280 g) unter den Schichtkäse ziehen, dann die Nüsse und Mandeln, das feucht-krümelige Brot und die Kirschen.

Springform mit einem gefetteten Pergament auslegen, die gut abgeschmeckte Mischung hineindrücken, einige Stunden kalt stellen. Wenn sie steif ist, auf eine Kuchenplatte stürzen.

Oder auf dem obenerwähnten Mürbeteig-Boden anrichten, diesen vorher zum besseren Haften rasch mit angedicktem Kirschsaft bestreichen: 6 g N-Gel mit 200 ccm Kirschsaft anrühren, kurz aufkochen, verstreichen und den Inhalt der Springform darauf stürzen. Das Pergament abheben, mit Schlagsahne, evtl. Nüssen oder Kirschen garnieren.

Flockentorte mit Sauerkirschen

oder aromatisch-saftigem Beerenobst wie Preiselbeeren

Mürbeteigboden mit ⅓ Hirsefeinschrot S. 177, Form-∅ 26 cm, backen.

900 g	Sauerkirschen mit Stein gedünstet (1½-l-Glas)
1–2 EL	Honig
8 g	Agar-Agar (2 stark gehäufte Teelöffel)
500 ccm	Saft der Kirschen
200 g	Gersten-Knusperflocken = 1 Paket
200 g	Haselnüsse, gemahlen
4	bittere Mandeln, gemahlen
150 g	Korinthen
300 g	Sahne sehr steif geschlagen mit
1–2 EL	Honig (erst zuletzt mitgeschlagen)
250 ccm	Flüssigkeit, wie Zitronenwasser, Ahornsirup, Molke oder Apfelsaft, evtl. mit Honig gesüßt
4–5 g	Agar-Agar
	Zum verwendeten Obst passend wahlweise: je 1 TL Anis, Fenchel, Vanille, 1 Pr. Nelke, 2 Msp. Muskatblüte

Zubereitung: Kirschen abtropfen lassen; soweit nötig Kirschen und Saft mit Honig süßen; Agar-Agar in 500 ccm Saft anrühren, auf 70–100 °C erhitzen, über die Kirschen gießen.

Flocken, Nüsse, Korinthen und Gewürze vermengen. 5 g Agar kalt anrühren, in der Flüssigkeit auf 70–100° erhitzen, über die Flocken gießen. Nach dem Abkühlen ⅔ der süßen Schlagsahne damit vermischen.

Den Rand der Springform mit beiderseits gefettetem Pergamentstreifen auskleiden, auf den gebackenen Boden setzen.

Abwechselnd Kirschen und Flockengemisch hineinschichten, obenauf die restliche Schlagsahne streichen, einige Stunden kalt stellen.

Garnieren mit gemahlenen Nüssen oder Kirschen.

Apfelkuchen mit Guß

Kuchenboden von S. 175, 176 oder 177 herstellen, Form-Ø 24–26 cm.

Belag:
3 EL Rosinen
450 g Äpfel
3 EL Sucanat oder ½ EL Rübensirup und 1 gr. EL Honig
3–4 EL Nüsse grob gemahlen, evtl. Brösel
Saft von ½ Zitrone

Guß:
70 g Quark
2 EL süße Sahne
3 EL Schwedenmilch und abgetropften Saft der Apfelstückchen
Gewürze für die Äpfel wie zum Teig, dazu etwas Vanille.

Zubereitung: Äpfel schälen, in Achtel oder Viertel schneiden, mit Zitronensaft und Gewürzen durchziehen lassen. Teig mit Rosinen und etwas Nüssen bestreuen, mit Äpfeln belegen, restliche Nüsse darüber streuen.

Backen bei 250–200° mit guter Unterhitze 25–30 Minuten.

Guß darauf verteilen und 10 Minuten im Backofen stocken lassen.

Streuselkuchen

Kuchenboden von S. 175 oder 177 herstellen, Form-Ø 24–26 cm, mit Milch bestreichen, mit Streusel belegen, bei 200° etwa 20–30 Minuten backen.

Streusel:
30–45 g Butter oder Butaris
2 gr. EL Honig
1 gr. EL Demeter Rübensirup oder 60 g Sucanatzucker
80 g Haferflocken fein oder 90 g Weizenfeinschrot
10 g Weizen- oder Thermo-Roggenfeinschrot
1½–3 EL Wasser, Milch oder Buttermilch
etwas abgeriebene Zitronenschale, etwas Zimt, 2 Pr. Salz

Zubereitung: Butter, Honig und Sirup schmelzen, alle anderen Zutaten damit verkneten, in Klümpchen auf den Teigboden krümeln, backen.

Quark-Obstkuchen

Kuchenboden von S. 175, 176 oder 177 herstellen, Form-Ø 24–26 cm.

Belag: (er bleibt saftig, auch wenn wenig Obst vorhanden ist).

250 ccm	Milch
1 EL	Rübensirup
50 g	Demeter Weizen-Grieß oder Mais-Grieß, bei saftigem Obst 60 g oder 70–80 g Hirsefeinschrot
80 g	Haselnüsse
60–80 g	Sultaninen oder klein geschnittene Datteln
220 g	Quark
100 g	Schlagsahne
1 gr. EL	Honig
300 g	Obst, wie Äpfel, Sauerkirschen oder Beerenobst

Zum Süßen des Obstes wahlweise:
Apfeldicksaft, Ahornsirup, Honig oder Sucanatzucker

Anis, Zitronenschale, Koriander, Vanille, etwas Salz,
zu Äpfeln: Zimt; zu Kirschen: eine Spur Nelke

Zubereitung: Obst würzen und süßen, ½–2 Std. durchziehen lassen.

Grieß oder Hirse mit etwas Milch anrühren, den Rest Milch mit Sirup erhitzen, das Angerührte darin zu steifem Brei kochen, würzen.

Teigboden 15 Minuten vorbacken, einen Teil der Sultaninen und Nüsse darauf streuen – restliche Sultaninen unter das Obst mischen –. Den Honig in die sehr steife Schlagsahne schlagen, mit dem Quark locker unter den abgekühlten Brei ziehen und auf den Boden streichen. Das Obst darauf verteilen, mit den restlichen Nüssen überstreuen. – Ist weniger Obst vorhanden, verwende man etwas mehr Rosinen und Nüsse.

Backen bei 250° etwa 20 Minuten.

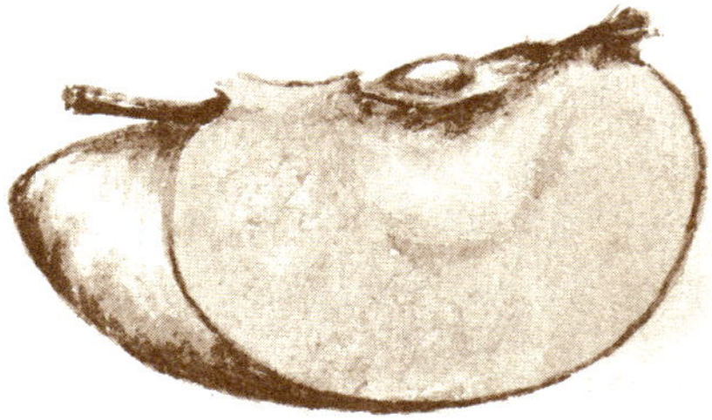

«Bienenstich»

Quarkölteig- oder Mürbeteigboden von S. 176 oder 177 backen, ∅ 24–26 cm.

Belag:

250 ccm	Milch
1 EL	Rübensirup oder Honig
50 g	Demeter Weizengrieß oder Maisgrieß
125 g	Quark, ziemlich trocken
½–1 EL	Honig
100 g	Schlagsahne, sehr steif (evtl. nur 50 g)
	etwas Zitronenschale, Koriander, Muskatblüte, Zimt, ¼ TL Salz

Zutaten zum Überstreuen: Krokant

40 g	Butter oder 30 g Butterschmalz
2 gr. EL	Honig, ca. 40 g und ½ EL Demeter Rübensirup
45 g	Haferflocken, fein
40 g	Haselnüsse
40 g	Mandeln – beide grob gehobelt
1 EL	Milch
1 EL	Zitronensaft oder ½ EL Molkosan bzw. 1 EL Brottrunk
2 EL	Sahne, ersatzweise Milch
	etwas Zitronenschale, je ¼ TL Muskatblüte, Zimt, Salz, etwas Ingwer, ½ TL Anis

Zubereitung: Aus Milch, Sirup und Grieß eine Creme kochen, würzen. Honig in die sehr steife Sahne schlagen, mit dem Quark unter die abgekühlte Creme ziehen und auf den fertig gebackenen Boden streichen.

Butter und Honig erhitzen, die übrigen Zutaten zugeben, zu Klümpchen verrühren. Diese bei 150° auf einem Backblech etwa 10 Minuten knusprig backen und über den noch weichen Breibelag streuen – schmeckt nach gebrannten Mandeln – oder **Krokant.**

Umhüllungen für Getreide, Gemüse, Käse, Obst

Gemüserolle

Garen im Mantel – warum?

Jeder Organismus ist von einer schützenden Haut umgeben, die ihn gegen schädigende Einflüsse abschirmt, ihm aber auch zur Wahrnehmung und Vermittlung feinster Umwelteinflüsse dient. Tiere entwickeln Schuppen, Schalen, ein Haar- oder Federkleid, Pflanzen überziehen ihre Blätter mit einem Fettfilm, ihre Früchte mit einer Haut oder Schale, ihre Zweige und Stämme mit einer Rinde.

Unter diesen schützenden Hüllen begegnet nun der im Erdelement erzeugte aufsteigende Saftstrom der Pflanze den kosmischen Einstrahlungen von Luft, Licht und Wärme. Dieses Zusammenwirken führt zur Bildung von Süße, Duft, Aromen und Ölen, den edelsten pflanzlichen Produkten.

So reifen im Blütenbereich die Samen in ihren vielgestaltigen Hüllen: Getreidekörner in einer Frucht-Samenschale, Bohnen und Erbsen in einer Hülse, Kerne im Fruchtfleisch von Beeren, von Gurke, Kürbis und Tomate oder im noch verstärkt geschützten Kern-Haus von Birne und Apfel; Nuß und Mandel liegen abgeschirmt in einer verholzten Schale.

Der Mensch greift nun diese Naturprozesse auf. Als Pfleger der Kulturlandschaft sind vor allem Bauern und Gärtner ständig besorgt, die Haut der Erde, ihre äußerste Hülle, lebendig und gesund zu erhalten.

Auch auf dem Gebiet der Ernährung sollten wir die Naturprozesse aufgreifen und fortsetzen, den Nahrungsmitteln geeignete Hüllen geben sowie ihre Wärme- und Reifeprozesse intensivieren und weiterführen. Um die gute Qualität der Nahrungsmittel zu bewahren, ist nicht nur das Material wichtig, in dem sie verpackt werden, sondern auch das Material der Gefäße, die zur Aufbewahrung oder zum Kochen, Backen und Braten dienen.

Hier können diese wichtigen Fragen nur angedeutet werden. Einige Beispiele aus der Küchenpraxis sollen zeigen, wie man Nahrungsmittel beim Garen sorgfältig mit geeigneten Hüllen umschließen kann.

So wird man beispielsweise als Umhüllung für ein bereits vorgekochtes Getreide ein Blatt- oder Fruchtgemüse wählen, um das Getreide darin gewissermaßen « nachreifen » zu lassen. Obst oder Gemüse in ihrer saftigen Fülle wird man dagegen gern mit einer knusprigen Hülle aus Vollkornteig umgeben und in der Wärme des Backofens zum vollen Aroma « ausreifen » lassen.

Man könnte fragen: Ist es sinnvoll, so viel Mühe auf die Zubereitung solcher Gerichte zu verwenden? Sicher wird man in der Praxis bald bemerken, daß sich im Zusammenhang mit der so geschaffenen Hülle eine neue Qualität entwickelt. Aber auch die hier von der menschlichen Hand gestalteten Formen sind nicht unwesentlich. Die Hand greift beispielsweise die einwickelnde Geste des Kohlblattes auf und führt sie weiter, bis ein Krautwickel entsteht. Ein andermal erscheint auf dem Eßtisch von knusprigem Teig Umhülltes: die kleinen Pyramiden von Gemüsepiroggen oder taschenartiges Gebäck, in dem sich dicke runde Apfelscheiben ahnen lassen – vielleicht auch sanft gerundete « Äpfel im Schlafrock ».

All diese Formen werden beim Essen wahrgenommen, wirken wohltuend auf die Sinne ein und sind dadurch in einer differenzierten, nicht unmittelbar erfahrbaren Weise ebenfalls nährend und aufbauend.

Gemüse umhüllt Getreide und Käse

Hinweise für die Zubereitung

Als Umhüllung für eine Getreide-, Käse- oder Nußfüllung wählt man gern die kräftigen Blätter von Wirsing, Chinakohl, Weißkraut oder die breiten saftig-grünen von Stielmangold, Comfrey, Zuckerhut – ausnahmsweise für Diätzwecke wohl auch die Blätter von Kopfsalat.

Besonders gut eignen sich ausgewachsene Früchte als Hülle, z. B. Gurke, Zucchetti, Kürbis. Ihre Schale umschließt das saftige Fruchtfleisch und innen ein lockeres Gewebe mit den Samen, das sich leicht herauslösen und durch eine Füllung ersetzen läßt.

Grüne, rote oder gelbe Paprika umschließen mit dünnerem, trockenerem Fruchtfleisch einen Hohlraum, aus dem man die scharf schmeckenden Samen herauslösen muß, um statt dessen reichlich Getreidefüllung hineinzugeben.

Auch ausgehöhlte Kohlrabi sind mit einer Getreide-Nußfüllung schmackhaft und dekorativ.

Tomaten bieten sich ebenfalls zum Aushöhlen und Füllen an, werden jedoch meist ohne Wärmebehandlung kalt als erfrischende farbige Beilage gereicht, als rotes « Schälchen » mit Getreidesalat oder pikantem Kräuterquark gefüllt.

Für die **Füllung** wird das Getreide mit feuchtem Quark oder Käse, Fett, Gewürzen und Kräutern vermengt. Auf dieser Grundlage können sich neue Geschmacksnuancen im warmen Dunst der Umhüllung entfalten. Hier besteht nun die Kunst des Würzens darin, die **Gewürzkomposition** der Füllung in Beziehung zu bringen zur Umhüllung, oder aber Kontraste zu schaffen. In wäßrig-kühle Hüllen wie Gurke und Kürbis gibt man gern eine Füllung mit « feurigen » Gewürzen wie z. B. Paprika, Ingwer, Koriander, Muskat. Ebenfalls aus dem Samenbereich wählt man als Fülle auch Nüsse und wärmende Getreide wie Hirse und Hafer. Um eine harmonische Verbindung von innen und außen herzustellen, können bei Kraut- und Mangoldwickeln feingehackte Stiele oder Blattrippen in die Füllung hineingegeben werden. Bei roten und gelben Paprikaschoten außer aromatischen Kräutern wie Thymian und Oregano sogar noch etwas Paprikapulver zugeben.

Wird solch ein Gericht behutsam in einem geschlossenen Römertopf, in der Auflaufform oder Kasserolle im Backofen gegart, so sollte man das nicht als «Totkochen» ansehen, sondern als einen fortgeführten Reifeprozeß der Pflanze. Gutes Ausreifen ist nicht nur für die Kohlehydrate wichtig und deren teilweise Umwandlung in Zucker, sondern ebenso für das Eiweiß. Dieses ist häufig nur ungenügend ausgereift, weil den Pflanzen zuviel Düngemittel gegeben werden, während ihnen struktur- und qualitätsgebende Kräfte – Licht und Wärme – weitgehend fehlen.
In der Küche kann man durch behutsam geleitete Wärmeprozesse ausgleichend wirken.

Kohlrouladen

Mangoldrouladen

10 Rouladen mittlerer Größe für 5 Personen. Entsprechende Rouladen lassen sich auch herstellen mit Comfrey, Huflattich, Zuckerhut oder Salat (leicht bitter).

Vorkochen eines Getreides für die Füllung, entweder

100 g	Thermo-Roggen-, Thermo-Weizen-, Thermo-Gersten-Grütze
	oder
120 g	Grünkerngrütze, Buchweizen bzw. Reis
	ergibt nach Tabelle gegart jeweils ca. 300 g gekochtes Getreide.
	Zutaten:
20–30	breite Mangoldblätter von Stielmangold (Stiele gesondert für Gemüse verwenden)
300 g	gekochtes Getreide wie oben angegeben
160 g	Quark (Molke leicht abdrücken) oder 100 g Schichtkäse
60 g	Kräuterkäse wie Boursin, Tartare, Bressot
3–4 EL	Öl
2	Zwiebeln
1	rote Paprika
etwas	Peperoni nach Wunsch als pikante Würzung
evtl.	Haferflocken fein, gedarrter Buchweizen oder Vollkornbrösel
	Zum Überbacken:
	Butterflöckchen
ca. 100 g	ger. Käse
2–3	Tomaten (können auch fehlen)
150 g	saure Sahne zum Bestreichen und für die Soße
	reichlich Basilikum, Oregano, Majoran, Dill und Petersilie, etwas Muskatnuß, evtl. 1 Zehe Knoblauch mit Salz verrieben, Sekowa, Kräutersalz

Zubereitung: Dicke Stiele ab- bzw. herausschneiden. Blätter schmiegsam machen: mit einer Teigrolle auf der Tischplatte rollen (etwas Saft geht verloren), oder portionsweise kurz in fast kochendes, leicht gesalzenes Wasser legen; Vorsicht, sie kleben leicht zusammen und reißen! Mit Schaumlöffel herausnehmen, ausbreiten, mit Kräutersalz bestreuen. Auf ein großes Blatt 1–2 kleinere legen, so daß eine breite Fläche entsteht.

Für die Füllung Zwiebeln und Paprika, evtl. Peperoni klein schneiden, kurz andünsten, mit den anderen Zutaten bündig verkneten, herzhaft abschmecken. 10 kleine «Brötchen» daraus formen, beim Stielansatz auf die Blätter legen, etwas einrollen, dann beide Seiten darüber schlagen und fertig einwickeln. Mit dem Verschluß nach unten in die gefettete Auflaufform legen, obenauf Butterflöckchen. Herzhafte Gemüsebrühe 1–2 cm hoch um die Rouladen gießen, Form zudecken.

Backen bei 200°, nach 20 Minuten mit gewürzter saurer Sahne bestreichen, je eine Tomatenscheibe darauf legen, mit geriebenem Käse bestreuen und noch 10 Minuten ohne Deckel bei 170° überbacken.

Restliche Sahne mit Brühe anrühren, um die Rouladen gießen, abschmecken.

Mangoldrouladen für Eilige

Gut auch mit Blättern von Zuckerhut oder Wirsing.

8 Rouladen mit Käse gefüllt.

24 breite Blätter von Stielmangold
(Stiele werden extra für ein Gemüse verwendet)
8 Scheiben Emmentaler oder Gouda zu je 15 g
2 Zwiebeln, evtl. 1 Zehe Knoblauch
100 g Sahne, süße oder saure, evtl. mit Milch gemischt
2 Tomaten
Butter zum Bestreichen

reichlich Basilikum, Oregano, Dill, Sekowa
oder Majoran, etwas Thymian, Bergbohnenkraut, Kräutersalz
oder Muskat, etwas Salbei, Koriander, Sekowa

Zubereitung: Dicke Stiele ab- bzw. herausschneiden, Blätter schmiegsam machen: mit einer Teigrolle auf der Tischplatte rollen oder portionsweise kurz in fast kochendes, leicht gesalzenes Wasser legen, mit Schaumlöffel vorsichtig herausnehmen – sie kleben leicht zusammen und reißen –, Blätter ausbreiten, mit Kräutersalz und Kräutern bestreuen. Pro Roulade je 3 Blätter so zusammenlegen, daß eine möglichst breite Fläche entsteht. Käsescheiben darauf legen, vom Stiel her einrollen, beide Seiten darüber schlagen und fertig einrollen.

Mit dem Verschluß nach unten in die gefettete Auflaufform legen oder in den Glaseinsatz eines Turmdünsters oder in einen Schmortopf zum «wasserarmen Garen».

Mit Butter bestreichen, die grob geschnittenen Zwiebeln und Knoblauch dazwischen stecken, gut gewürzte Gemüsebrühe 1 cm hoch um die Rouladen gießen. 20–40 Minuten zugedeckt dünsten.

Zum Anrichten saure Sahne mit etwas heißer Brühe anrühren, um die Rouladen gießen, abschmecken. Tomatenscheiben roh auf den Rouladen verteilen.

Was paßt dazu? Rote Bete-Suppe (Bd. I), Reisrand, Getreidegrütze.

Paprika mit Reisfüllung

Roter und gelber Paprika ist besonders schmackhaft und bekömmlich.

4	große, rote Paprika	100 g	Pastinaken, Wurzelpetersilie oder Sellerie
500 ccm	Wasser	4 EL	Öl und 3 EL Wasser
240 g	Vollreis (Demeter Rundkorn)	60 g	Käse, gerieben
5	Zwiebeln (1 mittlere, 4 kleine)	40 g	Bressot
150 g	Lauch	ca. 50 g	Sahne zum Abrunden
100 g	Möhren		

2 Nelken, Liebstöckel, Thymian, Majoran, ½ TL Ingwer, «Sekowa», Petersilie, Selleriesalz (erst zuletzt zugeben)

Zubereitung: Reis mit 1 Zwiebel und 2 Nelken im Wasser garen, s. Tabelle.

Das Gemüse klein schneiden, mit 3 EL Öl und Wasser dünsten, würzen, mit Reis und Käse mischen, herzhaft abschmecken. Die Paprikaschoten aushöhlen, mit Kräutersalz bestäuben, die Füllung hineindrücken, die abgeschnittenen Kappen wieder daraufsetzen; mit den kleinen Zwiebeln dazwischen in die gefettete Auflaufform stellen (oder Simmertopf, Turmdünster). Zum Dünsten 1 EL Öl und etwas Gemüsebrühe zugießen, zudecken.

Garzeit 20 Minuten bei 180°.

Mit Sahne abrunden und mit Petersiliensträußchen garnieren.

Gefüllter Kürbis

als ganze Frucht backen, für 5–6 Personen.

ca. 1½ kg	Kürbis, Ø 20–22 cm, festfleischige gelbe Sorte: wie Hokkaido
	Für die Füllung:
200 g	Vollkornbrot (hart getrocknet gewogen)
200 ccm	Apfelschalentee
200 ccm	Kanne-Brottrunk, ersatzweise Sauerkraut- oder Apfelsaft
250 g	Käse z.B. Greyerzer, Appenzeller, Edamer, Emmentaler
1	Zwiebel, mittelgroß
200 g	saure Sahne
ca. 30 g	flüssige Butter
	Für den Kürbis: je ½ TL Kräutersalz, «Sekowa», Basilikum
	Für die Füllung: reichlich Basilikum, Curry, Kräutersalz, etwas Salbei, 2 TL Sekowa, Ingwer, evtl. etwas Paprika edelsüß und einige Ebereschen (getrocknete vorher einweichen)

Zubereitung: Vollkornbrot reiben (elektrische Nußmühle); Apfelschalentee und 100 ccm Brottrunk mischen, Brösel damit befeuchten, so daß man nach ½ Std. Quellzeit eine lockere feuchtkrümelige Masse hat. Vom Kürbis oben einen flachen Deckel abschneiden, Kerne und weiche Fasern herausnehmen, das Innere mit Butter bestreichen, gleichmäßig mit Gewürzen ausstreuen. Käse und Zwielbel reiben, alle Zutaten mischen, kräftig abschmecken, in den Kürbis füllen, zudecken. In eine Pizzaform bzw. einen Jenaer-Glas-Deckel stellen, außen mit Butter bestreichen, in den kalten Backofen schieben, ein Wasserschälchen dazustellen.

Backen ab 250° 1 Std., dann ca. ½ Std. bei 200°, notfalls zuletzt mit Folie bedekken. Backzeit verkürzen: Kürbis aushöhlen, 20 Min. dämpfen, dann füllen.

Was paßt dazu? Vorher eine Rote-Bete-Suppe (s. Band I), dazu Chicoréesalat in Sahnesoße oder Feldsalat, Chinakohl-Apfelsalat in Senf-Mayonnaise, Zuckerhut- oder Endiviensalat, danach Bratäpfel (mit etwas verdünntem Apfeldicksaft gesüßt). diese kann man die letzten 30 Minuten zugedeckt neben dem Kürbis backen.

Abwandlungen der Füllung

Statt Brotfüllung kann man auch Getreidefüllung wählen: Thermo-Roggen- oder Grünkern-Grütze, groben Maisgrieß oder Hirse lt. Tabelle kochen. Bei Verwendung von Reis sollte man die wäßrige Komponente Kürbis-Reis ausgleichen durch feurigen Chilli mit Zwiebeln, dazu Tomaten, oder durch Äpfel mit Ingwer.

Kohlrouladen

5 große oder 10 kleine Rouladen für 5 Personen.

Vorkochen des Getreides für die Füllung, entweder

100 g	Thermo-Roggen-, Thermo-Gersten-, Thermo-Weizen-Grütze, Dinkel oder
120 g	Grünkerngrütze bzw. Buchweizen ergibt nach Tabelle gegart jeweils ca. 300 g gekochtes Getreide.

Zutaten:

1 kg	Kohl, mit großen unbeschädigten Blättern, wahlweise: Weißkraut, Wirsing, China- oder Spitzkohl
300 g	gekochtes Getreide wie oben angegeben
120 g	Quark, nicht zu feucht, oder 100 g Schichtkäse
45 g	Kräuterkäse wie Boursin, Heirler, Tartare, Bressot
3 EL	Öl
1–2	Zwiebeln
1	kleine, rote Paprika oder etwas Peperoni, wenn möglich
70 g	Gewürzgurken (Demeter, Eden, Gary), kleingeschnitten
1 EL	Haferflocken, Grünkernmehl oder Vollkornbrösel, nur verwenden, falls die Füllung zu weich ist
	Butter zum Bestreichen, nach Wunsch ger. Käse zum Überstreuen
100 g	saure Sahne zum Abrunden

Für die Füllung: je 1½ TL Majoran und Basilikum, je ½ TL Kümmel, Thymian, Bergbohnen/Pfefferkraut, evtl. Löffelkraut, 1 Msp. Paprika scharf, 1 Knoblauchzehe, Salz oder Kräutersalz, evtl. gemahlene Senfkörner oder Meerrettichsenf

Für das Kochwasser des Gemüses: 1 geh. TL Senfkörner, ½ TL Kümmel und Fenchel

Zubereitung: ½–1 Ltr. Wasser mit Gewürzen aufkochen, den Kohlkopf mit eingeschnittenem Strunk nach unten sachte darin kochen, bis sich nach und nach die Blätter ablösen lassen. Blätter anschließend im gleichen Topf oder in einem zweiten Topf in Gewürzbrühe fast gar ziehen lassen. Mit Schaumlöffel vorsichtig herausnehmen (evtl. noch harte Blattstiele herausschneiden). Ausbreiten, mit Kräutersalz und etwas Kümmel bestreuen. Auf 8 große, unbeschädigte Blätter je 1–2 kleinere legen, so daß eine breite Fläche entsteht. Nach Belieben mit gemahlenen Senfkörnern bestreuen oder mit etwas Meerrettichsenf bestreichen.

Für die Füllung Zwiebel, Knoblauch, Paprika und dicke Blattrippen klein schneiden, andünsten und mit den übrigen Zutaten gut verkneten, herzhaft abschmekken. Nun formt man aus der Füllung 8 Rollen, legt sie auf die Blätter und wickelt sie vom Blattansatz her etwas ein, schlägt beide Seiten darüber und wickelt fertig. Mit dem Verschluß nach unten kommen sie in die gefettete Form und werden mit Butter bestrichen. Gut abgeschmecktes Kohlwasser wird 1–2 cm hoch zugegossen.

Backen mit Deckel bei 220–175°, ca. 45 Minuten, bis die Blattrippen weich sind; nach Belieben mit Sauerrahm bestreichen und ohne Deckel mit Käse kurz überbacken.

Saure Sahne mit etwas heißer Brühe anrühren, um die Rouladen gießen, abschmecken.

Was paßt dazu? Vorher eine Kümmel- oder Möhrensuppe, dann Wurzelfrischkost, Gerstenpüree oder eine Getreidegrütze mit der Rouladensoße. Eventuell zum Garnieren kleine gedünstete Tomaten. Als Nachtisch gedünsteten Apfel mit Preiselbeeren (s. Bd. I S. 158).

Gefüllte Zucchetti

Gefüllte Gurken sind entsprechend herzustellen.

Vorkochen des Getreides für die Füllung, entweder

80–100 g	Thermo-Hafergrütze, Grünkerngrütze, Buchweizen oder Reis
	oder
60–80 g	Thermo-Roggen, Thermo-Gerstengrütze oder Hirse
	ergibt nach Tabelle gegart jeweils 200–250 g gekochtes Getreide.

Zutaten:

1 große	Zucchetti, ca. 1 kg
200–250 g	gekochtes Getreide wie oben angegeben
60–80 g	Schichtkäse oder leicht ausgedrückter Quark
45 g	Kräuterkäse wie Boursin, Tartare oder Bressot
2–3 EL	Öl
1	rote Paprika (kann auch fehlen)
etwas	Peperoni nach Wunsch als pikante Note
	Zum Überbacken:
30 g	Butterflöckchen
3–4	Tomaten oder Mandelsplitter
50 g	Käse gerieben
	etwas saure Sahne zum Abrunden
	frische Kräuter zum Garnieren (Dill, Petersilie u. a.)

reichlich Basilikum, Dill, Oregano, Majoran, Petersilie,
etwas Estragon, Ysop, Muskatnuß, Bergbohnen-/Pfefferkraut,
nach Wunsch eine Spur Knoblauch, Salz

Zubereitung: Zucchetti mit Schale einmal längs oder dreimal quer teilen, Kerne und faseriges Gewebe herauslösen und mit Gewürzen zu Brühe auskochen, diese füllt man 1 cm hoch in eine längliche Auflaufform.

Die so erhaltenen 2 «Mulden» bzw. 4 «Rohrstücke» werden innen zuerst mit Zitronensaft oder verdünntem Molkosan, dann mit Kräutersalz eingerieben, dann wird die Füllung hineingedrückt. Die Mulden können dachartig, also reichlicher gefüllt werden als die «Rohrstücke». Zucchetti in die Form legen, mit Butterflöckchen belegen, zudecken.

Backzeit 30–40 Minuten bei 200°, Gurken etwas kürzer. Nach Belieben mit Tomatenscheiben garnieren, evtl. noch 10 Minuten mit Käse überbacken.

Anrichten: Saure Sahne mit etwas heißer Brühe anrühren, um die Zucchetti gießen, abschmecken. Mit Petersilie oder Dill überstreuen.

Was paßt dazu? Roggengrütze geformt und gestürzt. Reisrand.
Dieses Gericht schmeckt auch gut mit Hirse-Nußfüllung vom Rezept «Kohlrabi mit Hirse-Nußfüllung» S. 202 (evtl. Nüsse vorher rösten).

Kohlrabi mit Hirse-Nußfüllung

Die Füllung ist auch für Gurken geeignet.

4–6	Kohlrabi, gleichmäßig groß und rund
1 EL	Öl
40 g	Butter zum Bestreichen
1–2 TL	«Sekowa» oder 5 EL Sesamsalz
85 g	Hirse
220 ccm	Wasser
80 g	Quark
75+50 g	saure Sahne
80 g	Hasel-, Wal-, Para- oder Kokosnüsse

½ TL Senfkörner, 1 TL Koriander, 1 TL Dill, ⅓ TL Muskatblüte, 2 Msp. Muskatnuß, 1 Msp. Curry, 1 TL Zitronenthymian, ein wenig Honig oder Apfeldicksaft, Kräutersalz

Zubereitung: Kohlrabi schälen, einen kleinen Deckel abschneiden, aushöhlen, beides mit wenig Wasser, Senfkörnern und Öl fast gar dünsten, abtropfen, mit geschmolzener Butter auspinseln und mit etwas Kräutersalz bestreuen.

Hirse 10 Minuten im Wasser kochen, salzen, 40 Minuten nachquellen. Quark, Sahne, gemahlene Nüsse, Hirse und Gewürze verkneten, abschmecken. Kohlrabi damit füllen, in eine gefettete Auflaufform oder in den Turmdünster setzen, mit Butter bestreichen; ca. ¼ Ltr. Kochwasser mit « Sekowa » würzen, um die Kohlrabi gießen, Form zudecken.

Backen bei 200°, bis sie gar sind (ca. 20 Minuten). Saure Sahne mit etwas heißer Brühe anrühren, um die Kohlrabi gießen, abschmecken.

Anrichten mit Petersilie.

Was paßt dazu? Salatplatte, Gerstenpüree, Grütze, Hirse oder nur Brot (abends).

Vollkornteig umhüllt Gemüse, Käse, Obst und Nüsse

Hinweise für die Zubereitung

Als Umhüllung wird hier das Getreide verwendet, aber in weiterverarbeiteter Form als Teig.

Das Gemüse wird allerdings schon beim Dünsten mit einer Hülle – nämlich einem zarten Ölfilm – umgeben. Diese Fetthülle läßt sich durch trockene Hitze beim Braten bis zur Krustenbildung steigern, wie z. B. beim Panieren. Dabei wird aber die Haut zum «dicken Fell» und somit schwer verdaulich.

Günstig ist dagegen das Backen in einer Umhüllung aus Vollkornteig, sei es im dickflüssigen Pfannkuchenteig (Ausbackteig) oder in einem gekneteten Ausrollteig, der erst duch die Hand des Menschen verschiedenartige Formen erhält: gefüllt und geformt erstarrt er im Backprozeß zur knusprigen Tasche, zum Mantel, Schlafrock, Wickel, Hörnchen oder zur Rolle – so viele Bezeichnungen haben die Kochkünstler für diese leckeren Hüllen erfunden, denen Gemüse, Käse, Obst oder Nüsse ihr köstliches Aroma vermitteln.

Ganz anders – weich und rund – umhüllt dagegen ein Kloßteig einen süßen Inhalt, wie etwa bei Zwetschen- oder Aprikosenknödeln.

In solcher Art zubereitet können diese Speisen als Hauptgericht oder Beilage dienen. Eingehülltes Gemüse paßt z. B. zu einem Gerstenpüree oder einem leichten Getreide wie Hirse, Buchweizen, Reis, Polenta oder einer Getreidegrütze, insbesondere Thermogrütze mit Soße.

Weiterhin passen dazu alle Salate: Blattsalate, Tomatensalat, auch Wurzelrohkost oder Salat aus gekochten Möhren bzw. Rote Bete.

Obst in einer Teighülle gebacken wird gern als Hauptgericht, bzw. als sättigende Nachspeise nach einer Gemüsesuppe gegeben, manchmal auch als Zwischenmahlzeit zu Kaffee oder für Kinder zu Thermo-Gerstengetränk.

Die verschiedenen Arten der Zubereitung sind:

In Ausrollteig wickeln und backen, entweder in Mürbeteig S. 172, Quarkmürbeteig S. 175, Strudelteig S. 174 oder Teig aus gekochtem, passiertem Getreide S. 173.

In Ausrollteig, Pastetenteig backen: in der Auflaufform nach Art des englischen Pie oder in Pfitzaufförmchen (schmeckt auch gut mit Mürbeteig).

In Pfannkuchenteig tauchen und backen. Teig s. S. 164-167 (Ausbackteig). Dies schmeckt im Backofen gebacken ebenso gut wie in der Pfanne gebraten.

Panieren und braten: Gemüse wendet man am besten in einem Milch-Sahne-Gemisch oder in Buttermilch und drückt dann beide Seiten in «Paniermehl». Dafür wählt man ein leicht verdauliches Vollkornprodukt wie Hafer-, Buchweizen-, Thermo-Mehl, geriebenen Vollkornzwieback- oder -brot (im Rezept kurz als Brösel bezeichnet) oder auch Sesam.

In Kloßteig hüllen und kochen und Klöße oder Knödel formen, z. B. Zwetschen- und Aprikosenklöße (unter Kapitel «Klöße» S. 88-89).

Mengenangaben für die Füllungen:

Umhüllt werden Gemüse, Früchte und Käse. Man braucht:

für ein Hauptgericht pro Person 100–180 g (geputzt gewogen),

für eine Beilage pro Person 50–70 g (geputzt gewogen).

Vorbereiten der Füllungen:

Gemüse und Früchte müssen in Stifte oder Scheiben geschnitten mit Gewürzen gut durchziehen; härtere werden angedünstet, zartere klein geschnitten, roh eingefüllt und langsam gebacken. Vor dem Einfüllen gut abschmecken.

In Ausrollteig wickeln und backen

Gemüserolle

Gefüllt mit Gemüsemischung, ganzer Lauchstange, ganzer Möhre oder Chicorée. Knetteig aus gekochtem und passiertem Getreide (S. 173 oder Teige S. 172–176).

2–6 EL	Vollkornbrösel zum Bestreuen
400 g	Gemüsemischung
	oder 2–3 dicke, stumpfe Möhren
	oder 1 dicke Lauchstange (unteres Ende)
1 EL	Öl und etwas Wasser
	Butter zum Bestreichen

Gewürze zum Gemüse passend z. B.:

je 3 TL Thymian, Majoran, Basilikum, 2 TL Salbei, 1 TL Curry, 1 TL Kümmel, 1 TL Ysop, Salz

Zubereitung: Gemüse kleinschneiden, andünsten, abtropfen lassen, Spinat oder ähnliches Gemüse passieren, nach Belieben zum Anreichern und Binden etwas Vollkornbrösel, Flocken, Käse oder Sahne darunter mischen.

Oder man dünstet eine dicke, stumpfe Möhre im Ganzen 15 Minuten mit Gewürzen, umwickelt sie mit rohen, grünen Lauchblättern und umhüllt sie mit Teig. Man kann auch für eine Rolle die Möhre allein, für die andere die Lauchstange allein mit Teig einwickeln, gut ist gedünsteter Chicorée mit einer Scheibe Käse umhüllt in Mürbeteig gebacken, dicken Chicorée vorher halbieren.

Für die Rolle starkes Pergamentpapier auf den Tisch legen, Grieß darauf streuen, den Teig zu zwei dicken Rechtecken breitstreichen, etwas Brösel auf den Teig unter die Füllung streuen, Füllung darauf legen, rechts und links 2 cm Teig über die Füllung klappen. Durch Anheben des Papiers von einer Längsseite her einrollen, so daß man zwei kleine «Brote» erhält. Eine schmale Kastenform mit Pergament auslegen, fetten, die Brote hineinlegen, mit Butter bestreichen.

Backen bei 250° 40–60 Minuten, bis sich oben eine Kruste bildet; aus der Form heben, frei auf dem Backblech rundum überkrusten lassen, mit Butter bestreichen.

Zum Anrichten: Auf vorgewärmter Platte in dicke Scheiben schneiden, wobei die rote Möhre besonders hübsch wirkt. Mit Petersiliensträußchen garnieren.

*Dieses Rezept erfordert einen Wolf, Schrotmühle nicht erforderlich.

Festliche Buchweizenrolle gefüllt

Grüne Füllung: wahlweise Spinat, Brennessel – Giersch, Mangold, Lauch, Grünkohl.
Weiße Füllung: Quark – Käse

Schmackhaft auch mit Sauerkraut und Äpfeln. Für 6 Personen.

Teig für die Rolle:

240 g Buchweizenfeinschrot (-mehl)
100 g Weizenfeinschrot
2 EL Demeter-Quark (60 g)
4 EL flüssige Butter (Butterschmalz) oder Öl
1 EL Demeter-Apfelessig (macht geschmeidig)
350–400 ccm Buttermilch oder Schwedenmilch
½ TL Muskatnuß, 1 TL Oregano, ½ TL Curry, 1 TL Salz, evtl. 1 EL gehackte Zwiebel, (fettlos geröstet)

Grüne Füllung, z. B.

400 g Brennessel-Giersch (2 : 1)
2 EL Öl und wenig Wasser
100 g Zwiebeln, fein geschnitten, trocken geröstet
80 g ger. Käse, z. B. Demeter Bergkäse
2 EL Hafermehl
Sahne oder Milch nach Bedarf
3 EL gehackte Petersilie, 1–2 TL Oregano, ½ TL Ingwer, Kräutersalz, evtl. 1 Pr. Cayenne

Weiße Füllung:

200 g Zwiebeln, fein geschnitten, trocken geröstet
350 g trocken ausgedrückter Quark
120 g Schwedenmilch, evtl. mehr
50 g Sahne
120 g geriebener Käse
je 1½ TL Basilikum, Majoran, Sellerieblätter, ½ TL Liebstöckel, ½ TL Curry, eine Spur Knoblauch, Salz

Zubereitung: Einen dicken Teig herstellen, gut abschmecken, 3–4 Std. zum Ausquellen ruhen lassen.

Für beide Füllungen Zwiebeln ohne Fett und Wasser dunkelgelb rösten.

Grüne Füllung: Gemüse kurz dünsten, ausdrücken, feinhacken, mit den übrigen Zutaten zu einer herzhaften, streichfähigen Masse verarbeiten.

Weiße Füllung: Zutaten zu einer pikanten, streichfähigen Creme verarbeiten.
Backblech mit Backpapier natur (z. B. «Echo») belegen, den Teig gleichmäßig 3 mm dick aufstreichen, vorbacken, belegen, einrollen.

Vorbacken bei 225° 8–10 Min.; so trocken, daß er sich gerade noch rollen läßt. Ein Tuch darüber decken, darauf ein Tablett, das Ganze wenden und so den Teig auf das Tuch stürzen. Rasch die linke und rechte Hälfte des Teiges mit je einer Füllung bestreichen, von jeder Füllung einen Rest zum Garnieren zurückbehalten, am gegenüberliegenden Rand für den Verschluß 2 cm freilassen. Durch Anheben des Tuches einrollen. Wieder auf das Backblech gelegt, wird die grüne Hälfte der Rolle mit weißer, die weiße Hälfte mit grüner Masse bestrichen und letztere mit weißen Mandelsplittern oder Sonnenblumenkernen bestreut.

Überbacken bei 225° 20–30 Min. bis der Käse-Quark auf der grünen Rolle goldgelb ist.

Was paßt dazu? Möhren oder Rote Bete-Salat, Frischkost, grüner oder Chicorée-

Strudel mit Grünkohlfüllung

Gut auch mit Spinat, Brennessel, Mangold, Lauch, Wirsing

Strudelteig nach Rezept S. 174, für 4–5 Personen

Füllung:

600 g Grünkohl
120 g Nüsse, grob gehackt (Hasel- und Paranüsse)
80–100 g Quark, leicht ausgedrückt
2 EL Öl
2 EL dicke Sahne
1½ TL Apfeldicksaft
3–4 EL Brösel, unter die Füllung zu streuen
ca. 60 g Butter zum Bestreichen

1½ TL Ingwer, 1 TL Oregano, ⅓ TL Muskat, Salz

Zubereitung und Weiterverarbeitung wie im Rezept « Strudelteig » angegeben.

Backen bei 220–200° ca. 30 Minuten, goldgelb und knusprig.

Heiß anrichten mit knackiger Frischkost oder mit Möhrenscheiben garniert.

Mürbeteigrolle mit Mangold und Käse gefüllt

für 3–4 Personen. Mürbeteig nach Rezept I, S. 172.

Füllung:

400 g Mangoldblätter, ohne Stiele gewogen
(Stiele für ein extra Gericht verwenden)
120 g Käse (z. B. Allgäuer, Greyerzer) 8 Scheiben
10 g Vollkornzwieback-Brösel
20–30 g Butter zum Bestreichen

frische Kräuter, soweit vorhanden, sonst getrocknet:
Majoran, Basilikum, Petersilie, etwas Muskat, ½ TL Senfmehl
(frisch gemahlene Senfkörner), Kräutersalz

Zubereitung: Mangoldblätter geschmeidig machen: portionsweise kurz in fast kochendes, leicht gesalzenes Wasser legen, mit dem Schaumlöffel herausnehmen, vorsichtig, sie kleben leicht zusammen und reißen! Gut abtropfen lassen.

Mürbeteig auf einem leicht bemehlten Tuch zu einem Rechteck ausrollen, 2–3 mm dünn, mit Zwiebackbröseln bestreuen, jedoch an beiden Seiten und dem gegenüberliegenden Rand 2 cm breit frei lassen.

Die Blätter darauf ausbreiten, zwei bis drei aufeinander – Ränder freilassen –, mit etwas Kräutersalz, wenig Senfmehl und gehackten Kräutern bestreuen, mit Käse belegen. Die freien Teigränder rechts und links über den Käse schlagen, durch Anheben des Tuches von vorne her den Teig zusammenrollen.

Backen auf gefettetem Blech bei 200° 20–30 Minuten, mit geschmolzener Butter oder saurer Sahne bestreichen. Heiß anrichten, mit einer Tomatensoße oder frischem Salat servieren.

Abwandlung der Füllung:

Gedünstete Comfrey-, Huflattich-, Wirsing-, Zuckerhut-, Weiß-, Rot- oder Grünkohlblätter.

Diese Rolle ist besonders geeignet zur Verwertung von gekochten Gemüseresten, die nicht sperrig oder zu naß sind.

Gemüsetaschen

Ausrollteig nach Wahl: Quarkölteig S. 176, Quark-Mürbeteig S. 175, Mürbeteig S. 172 oder Strudelteig S. 174.

Füllungen: Pro Tasche braucht man ca. 20 g Gemüse.

Weißkraut (kl. Kopf) im ganzen mit Gewürzen dämpfen, in 1 cm dicke Scheiben schneiden

Senfkörner, Kümmel gemahlen, wenig Pfefferminz und Fenchel, Basilikum, evtl. etwas Koriander oder Curry, Salz

Lauch längs durchschneiden, dann in passende Stücke schneiden oder quer in Scheiben schneiden, dünsten mit

Senf- und Fenchelkörner, Dill, Liebstöckel, zuletzt Blüten wie Kamille, Schlehe, Ringelblume, Kräutersalz oder Selleriesalz.

Sellerie ganz oder in Scheiben dünsten mit

Anis, Fenchel, Basilikum, Muskatblüte oder Dillspitzen, Selleriesalz

Pastinaken, dicke! In Scheiben schneiden, 3 Minuten dünsten mit

Liebstöckel, etwas Kümmel, Fenchel oder Anis, Selleriesalz

Gemüsereste wie Rotkohl mit Äpfeln, Grünkohl, Mangold, Spinat lassen sich auch als Füllung verwerten, gut abtropfen, evtl. andicken mit etwas Brösel, Hafermehl oder Käse; nachwürzen.

Zubereitung: Gemüse muß in Scheiben oder Stifte geschnitten, gedünstet, gut abgetropft und herzhaft gewürzt sein. Den vorbereiteten Teig 2 mm dünn ausrollen:

a) Rechtecke 10 × 20 cm ausradeln. Auf eine Hälfte des Rechtecks in die Mitte etwas geriebenen Zwieback (Vollkorn) streuen, darauf eine Gemüsefüllung geben. Die obere Hälfte des Rechtecks darüberklappen, Ränder fest zusammendrücken, bestreichen mit Buttermilch, in der etwas Öl und Salz verrührt ist, mit Sahne oder Schwedenmilch.

b) Scheiben, ∅ 12 cm, ausstechen; eine Hälfte mit Bröseln und Gemüse belegen (Ränder freilassen), die andere Hälfte darüberklappen, Ränder festdrücken. Den so entstandenen Halbmond bestreichen s. o.

c) nur ein großes Rechteck ausrollen, zuletzt dünn auf einem glatten Tuch. Brösel und Gemüse so auf der linken Teighälfte verteilen, daß um jedes Häufchen ca. 1,5 cm Teig frei bleibt. Die rechte Teighälfte mit dem Tuch anheben, über die belegte Hälfte decken. Um die Häufchen kreisrund, ∅ 10–12 cm, ausstechen oder Quadrate ausradeln, Ränder fest zusammendrücken, bestreichen.

Backen bei 220–200° auf gefettetem Blech 20–30 Min.

Gemüsetaschen und Piroggen

Zeichnung S. 270.

1½fache Menge Quark-Mürbeteig I, (S. 175) ergibt ca. 12 Taschen 10 × 10 cm.

Zubereitung der Taschen: Den vorbereiteten Teig 2 mm dünn ausrollen. Rechtecke 10 × 20 cm ausradeln, mit Gemüse füllen wie vorher.

Zubereitung der Piroggen: aus einem Quadrat ca. 15 × 15 cm. Brösel und Füllung in die Mitte geben, die vier Ecken pyramidenförmig darüber zusammenfassen, Ränder gut zusammendrücken, bestreichen.

Oder Scheiben, ∅ 12 cm, ausstechen, weiter wie vorher unter b), zu Halbmonden formen.

Backblech mit Wasser bespritzen, Taschen oder Piroggen darauf legen und bestreichen.

Backen bei 220–175° in 20 Minuten goldgelb.

Pasteten mit Gemüsefüllung Rezept S. 214

Maultaschen mit Gemüsefüllung

wie Spinat, Brennessel, Mangold, Lauch, Wirsing, Grünkohl

Zeichnung für gebackene Taschen S. 262 u. 270.

	Zum Teig für 24–30 Taschen
380 g	Weizenfeinschrot, sehr fein
5–6 EL	Öl
190 g	Wasser (21 EL) } oder 24 EL Molke bzw. Demeter Apfelessig
3 EL	Molkosan }
	2 TL Kräutersalz, je ¾ TL Thymian und Liebstöckel, sehr fein verrieben, ⅓ TL Muskat
	Zur Füllung
400 g	Gemüse
etwas	Öl oder Butterschmalz zum Dünsten
120 g	Quark, leicht ausgedrückt
60 g	Bressot, Boursin oder Tatare
3 EL	Crème fraîche
	Brösel, unter die Füllung zu streuen
	Gewürze zum Gemüse passend s. Tabelle hinteres Vorsatzpapier
	Zum Kochen der Taschen
ca. 2 l	Gemüsebrühe oder Salzwasser (breiten Topf verwenden)
	Zum Anrichten auf einer Platte
60 g	Butter
4	Zwiebeln oder
1 Bd.	Petersilie und
60 g	Emmentaler, gerieben

Zubereitung: Gemüse zerkleinern, dünsten, abtropfen lassen, evtl. andicken und anreichern mit Bröseln, Nüssen oder geriebenem Käse. Einen kräftig gewürzten, recht geschmeidigen Teig herstellen. Teigruhe: auf einem Brett mit einer heißen, irdenen Schüssel überdeckt mindestens 1 Std., besser über Nacht. Danach Teig nochmals durchwalken ohne Zugabe von Schrot, 1–2 mm dünn ausrollen, belegen und ausstechen wie unter c) S. 210 bei Gemüsetaschen angegeben. Nebeneinander in die kochende Brühe legen; 25–30 Min. mit halb geöffnetem Deckel sachte kochen.

Anrichten: entweder in der Gemüsebrühe mit Butter und Petersilie oder auf einer vorgewärmten Platte. Ausgelassene Butter, gedünstete Zwiebelringe, Petersilie oder Käse darüber verteilen, Salatplatte dazu reichen.

Maultaschen mit Wildgemüse-Füllung

Zutaten und Zubereitung wie bei Maultaschen mit Gemüsefüllung S. 212, aber statt Gemüse «Wildgemüse», evtl. weniger; roh hacken, mit etwas mehr ausgedrücktem Quark sowie Öl, Brösel bzw. Flocken mischen. Oder das Wildgemüse durch kurzes Erhitzen zusammenfallen lassen, abtropfen und fein hacken.

Für die Wildgemüsemischung wahlweise: Brennessel, Giersch (Geisfuß), Melde, Huflattichblätter, Comfrey, Gänseblümchen, Taubnessel, Frauenmantel, Wiesenkerbel und Kümmel, Ochsenzunge, Scharbockskraut, Reiherschnabel, Sauerampfer, Schafgarbe, Breit- und Spitzwegerich, wenig Gundelrebe (herb) und Löwenzahn (leicht bitter). Evtl. Zwiebel, Bären- oder Schnittlauch zufügen, Quendel (wilder Thymian), Oregano, Gartenkerbel oder Liebstöckel.

Gänseblümchen

Pasteten mit Gemüsemischung gefüllt

Zeichnung S. 211.

In 4 irdenen Pastetenförmchen (Pfitzaufförmchen) zu backen.

Pastetenteig S. 176.

etwas Vollkornzwieback gerieben
etwas Butter oder Buttermilch zum Bestreichen
etwas Käse zum Garnieren

400–500 g Gemüsemischung, pro Förmchen 100 g, wahlweise:
Möhren – Erbsen, evtl. Blumenkohl; Bohnen – Möhren;
Bohnen – rohe Tomaten – Zwiebeln;
Mangoldstiele – rohe Tomaten – Zwiebeln;
Lauch – Möhren – Sellerie; Lauch – Möhren – Wirsing;
Kohlrabi – Möhren; Sauerkraut – Äpfel – Zwiebeln;
Rotkohl – Äpfel – Zwiebeln.

Zum Dünsten Öl und Wasser.

Zum Abrunden Butter, evtl. geriebene Nüsse, oder geriebener Emmentaler, etwas Brösel.

Gewürze dazu s. Gewürztabelle.

Zubereitung: Teig 3–4 mm dünn ausrollen, 6 cm breite, konisch geformte Kreisausschnitte schneiden, den gefetteten Förmchenrand damit auslegen, Teigboden einlegen, mit geriebenem Vollkornzwieback bestreuen.

Gemüse kleinschneiden, dünsten, gut würzen, abtropfen lassen, mit Butter abrunden; mit wenig Bröseln, gemahlenen Nüssen oder ger. Käse vermischt einfüllen. Teigränder mit Messerspitze vorsichtig lösen, etwa ½ cm über die Füllung klappen, einen Teigdeckel darauf drücken, mit Milch oder Butter bestreichen. Evtl. mit geriebenem Käse garnieren.

Backen: Förmchen aufs Backblech stellen, auf Mittelschiene bei 220–200° ca. 30 Minuten goldgelb und knusprig backen.

Anrichten: auf eine vorgewärmte Platte stürzen, mit Petersiliensträußchen garnieren.

Dieser Teig ist besonders fettarm und knusprig; aber auch Mürbeteig ist für Pasteten geeignet.

Pie, Gemüsemischung in Pasteten- oder Mürbeteig

Nach Art des englischen Pie in 2 kleinen Auflaufformen, Hauptgericht für 4 Personen. Pastetenteig Rezept S. 176, 1½fache Menge.

600 g Gemüsemischung, z. B. Möhren, Sellerie, Lauch, Wirsing oder nur Wirsing bzw. Grünkohl
2 EL Öl und 3 EL Wasser zum Dünsten
ca. 2 EL Vollkornbrösel oder Hafermehl
etwas süße und etwas saure Sahne
4 EL Nüsse, grob gehackt oder
4 EL Käse in Würfeln und etwas Kräuterkäse

Buttermilch zum Bestreichen
evtl. Käse zum Bestreuen

Gewürze zum Gemüse passend, s. Tabelle

Zubereitung: Gemüse mit Öl, Wasser und Gewürzen andünsten, abtropfen lassen, mit etwas Vollkornbröseln oder Hafermehl binden. Nach Bedarf anreichern mit grob gehackten Nüssen, Käsewürfelchen oder Sahne.

Den Teig 2 mm dünn ausrollen – am besten auf einem leicht bemehlten Tuch – 2 Auflaufformen fetten (14 × 21 cm), nur den Rand mit Teigstreifen auslegen, das Gemüse einfüllen, nach Belieben etwas saure Sahne mit Kräuterkäse verrührt darübergießen, eine Teigdecke auflegen, die Ränder fest zusammendrücken, 2 kleine Löcher als Dampfabzug ausschneiden; Teigdecke mit Buttermilch bestreichen, evtl. mit geriebenem Käse bestreuen.

Backen: in den kalten Ofen schieben, ab 220° etwa 20 Minuten backen.

Dieses Gericht ist besonders mit grünem Salat oder einer Soße als Abendessen zu empfehlen.

Buchweizenrolle mit Fruchtmus oder Quarkfüllung

Teig:

120 g	Buchweizenfeinschrot oder -mehl
50 g	Weizenfeinschrot
1 EL	Demeter-Apfelessig
2 EL	Apfeldicksaft oder Ahornsirup
175–200 g	Buttermilch oder Schwedenmilch
30 g	Demeter-Quark
2 EL	flüssige Butter oder Öl

Fruchtmusfüllung: wahlweise z. B. Birne – Eberesche, Apfel – Quitte; Aprikosen; Apfel – Preiselbeer; Zwetschen; Beerenmischung, Birne – Apfel – Holunder, kräftig gewürzt.

Quarkfüllung (für die ganze Teigmenge ausreichend berechnet):

250 g	Schichtkäse oder leicht ausgedrückter Quark mit 2 EL flüssiger Butter	alles zusammen verrühren
2 geh. EL	Schlagsahne mit Honig gesüßt	
2 geh. EL	Vollkornzwieback gerieben	
2 geh. EL	Ahornsirup oder Apfel-Birnendicksaft	
1 geh. EL	Korinthen	
80 g	Trockenbirnen, befeuchtet, gequollen, klein geschnitten	
4–5 St.	Trockenaprikosen	
3–6 EL	Milch	

Für den Teig: Zitronenschale, ¾ TL Koriander, ½ TL Anis, ⅓ TL Salz

Für die Füllung: Anis, evtl, Zimt, Vanille

Zubereitung: Die angegebenen Zutaten zu einem dicken Teig verrühren, luftig schlagen. 3–4 Std. ruhen und quellen lassen, abschmecken, die Feuchtigkeit evtl. mit 1–3 EL Wasser regulieren. Der Teig reicht für zwei Rollen. Am besten legt man 2 Stücke gut gefettetes starkes Pergamentpapier auf das Backblech. Größe etwa 18 x 22 cm, streicht den Teig mit einer Schabkarte gleichmäßig ca. 2–3 mm dick darauf und bäckt ihn bei 220° C etwa 10 Minuten, bis er fast knusprig ist, sich aber noch rollen läßt. Jetzt bedeckt man ihn rasch mit einem Tuch, darüber ein Kuchenblech oder Tablett, wendet das Ganze und stürzt ihn so auf das Tuch, hebt das Papier ab, bestreicht den Teig mit der jeweiligen Füllung und rollt jedes Teigstück durch Anheben des Tuches von einer Längsseite her zusammen, pinselt beide mit Butter und Schwedenmilch und bäckt sie bei gleicher Temperatur in 15–20 Minuten goldgelb und knusprig. Warm oder kalt anrichten.

Käsehörnchen, Käsetaschen

Zeichnung für Taschen S. 262 u. 270.
Quark-Mürbeteig I S. 175, doppelte Menge, reicht für 16 Hörnchen.

Füllung für Hörnchen

45 g ausgedrückter Quark, ca. 1 EL
1 EL Öl
45 g Doppelrahmkäse
45 g Kräuterkäse, z. B. Bressot oder Boursin
Kümmel, Basilikum, Curry, Dill, Salbei, Paprika mild, evtl. 1 kl. Msp. Cayenne, Salz (geriebene Zwiebel und Knoblauch, falls Kräuterkäse fehlt).

Der Käse kann ersetzt werden durch ausgedrückten Quark mit Öl, Butter oder Sahne und mehr Gewürzen.

Zubereitung: Den vorbereiteten Teig 2–3 mm dünn ausrollen. Quadrate 10 × 10 cm schneiden, diese diagonal in 2 Dreiecke. Mit Füllung bestreichen, so daß Ränder und gegenüberliegende Mittelspitze frei bleiben. Von der Breitseite her einrollen, so daß die freie Spitze obenauf kommt, dabei seitlich etwas zudrücken, damit die Füllung nicht herausquillt, zu Hörnchen formen; Spitze zeigt nach innen.

Auf das mit Wasser bespritzte Blech legen; bestreichen mit Buttermilch, in der einige Tropfen Öl verschlagen sind.

Backen bei 200–180° in 20–30 Minuten , hellbraun und knusprig.

Die Hörnchen sind auch gut aus Mürbeteig oder fettarm und knusprig aus Pastetenteig.

Hübsch sind auch Taschen, kleine Quadrate, 8 × 8 cm. Die Füllung wird in die Mitte gelegt und die vier Ecken darüber zusammengedrückt.

Das Gebäck kann auch am Vortag hergestellt werden, denn es läßt sich gut mit Dampf aufbacken. Anfangs Schälchen mit Wasser in den Backofen stellen.

Strudel mit Mohn-, Apfel- oder Quarkfüllung

Strudelteig von S. 174 aus 250 g Feinschrot herstellen.

Die Füllungen reichen für 2 kleine Strudel aus 250 g oder als Belag für einen Teigboden S. 176 oder 177, Form-Ø 24 cm.

	Mohnfüllung:
225 g	Mohn überbrühen, trocknen, mahlen,
2 gr. EL	Honig
2 EL	Apfeldicksaft
2–3 EL	Zitronensaft
50–70 g	Rosinen
50 g	geröstete Haselnüsse, grob gemahlen
50 g	Mandeln, grob gemahlen
50 g	Vollkornzwieback, grob gerieben
250 g	heiße Milch
100 g	ziemlich trockener Quark
	1–2 TL Vanille, etwas Zitronenschale, ¼ TL Salz

Zubereitung: Die heiße Milch über den geriebenen Zwieback und die Rosinen gießen, zerdrücken, mit allen Zutaten vermischen, abschmecken, etwas quellen lassen.

Oder: statt Zwieback in Milch einen Grießbrei kochen aus:

150 ccm	Milch
30 g	Voll-Grieß mit Gewürzen, wie oben
70 g	steife Schlagsahne mit Honig (unter den kalten Brei ziehen!)

weiter wie bei Strudelteig S. 174 angegeben.

	Apfelfüllung:
500 g	Äpfel, geschält und geraffelt
50 g	Trocken-Aprikosen, klein geschnitten (befeuchten!)
130 g	Haselnüsse, grob gemahlen
160 g	Datteln, klein geschnitten, oder Rosinen
	Zitronensaft, Anis, Fenchel, etwas Koriander, Zimt, Vanille

Zubereitung: Äpfel mit Zitronensaft, Gewürzen, gequollenen Aprikosen, Datteln und Nüssen mischen, ½ Std. durchziehen lassen, belegen.

Quarkfüllung: (auch als Belag für Kuchen geeignet)

1,2 kg	trockenen Quark
etwas	Zwiebackbrösel zum Binden
200 g	Datteln, klein geschnitten – evtl. etwas weniger
130 g	Haselnüsse, grob gemahlen
3	Aprikosen, klein geschnitten, leicht gequollen
	Anis, Vanille, etwas Koriander, etwas Salz, dünn abgeriebene Schale einer Zitrone

Zubereitung: alle Zutaten mischen, abschmecken. Den ausgerollten Teig nur zu ¾ belegen, sonst platzt er.

Apfeltaschen oder Kürbistaschen

Zeichnung S. 262 u. 270.

Quarkmürbeteig I von S. 175 oder Mürbeteig von S. 177, je 1½fache Menge für 12 Taschen.

ca. 3 EL Brösel (Vollkornbrot oder Zwieback) auf den Teig zu streuen
5 Äpfel mittelgroß oder ca. 600 g Kürbis

<u>zum Füllen der Äpfel:</u>
ca. 4 EL Nüsse, gemahlen
ca. 3 EL Rosinen, Datteln oder Honig
<u>oder</u>
4 EL Preiselbeeren mit Honig gesüßt

<u>für die Äpfel:</u> ½ Zitrone (Saft), Anis, Koriander, Vanille, Zimt
<u>für den Kürbis:</u> Zitronensaft, Anis, Koriander, Ingwer, 1 Pr. Piment

Zubereitung: Äpfel schälen – zartschalige nicht –, Kernhaus ausstechen, 0,5 cm dicke Scheiben schneiden, in leicht verdünntem Zitronensaft wenden, mit Gewürzen bestreut mindestens ½ Std. durchziehen lassen. Nüsse mit Rosinen, Datteln oder Honig zusammenkneten.

Den Teig 2 mm dünn ausrollen, am besten zuletzt auf einem Tuch, dabei sparsam helles Mehl stäuben, die Hälfte soll mit Apfelscheiben belegt, die andere darüber geklappt werden; unter jede Scheibe etwas Zwiebackbrösel streuen zum Aufsaugen des Saftes, um jede Scheibe herum gut 1 cm Teig freilassen zum Zusammenkleben. Das Loch vom Kernhaus füllen, die obere Teighälfte mit dem Tuch über die Apfelscheiben decken, um die Apfelscheiben herum ausradeln, Teigränder fest zusammendrücken.

Man kann auch einzelne Rechtecke ausradeln, die Apfelscheiben auf die eine Hälfte legen und die andere darüberklappen. Statt Apfelscheiben können geraspelte Äpfel (ebenso Kürbis) mit Rosinen und Nüssen vermischt auf den mit Zwiebackbrösel bestreuten Teig gegeben und beliebig geformte Taschen ausgeradelt werden, wie Dreiecke oder Halbmonde.

Das Backblech mit Wasser bespritzen statt zu fetten, Taschen darauf legen, mit gesüßter Buttermilch (Dicksaft, Honig) oder mit Sahne bestreichen.

Backen bei 220–200° hellbraun und knusprig, ca. 20 Minuten.

Die Taschen lassen sich anderntags gut aufbacken, ein Schälchen mit heißem Wasser im Backofen dient zur Dampfentfaltung, nach 10 Minuten herausnehmen!

Apfel im Schlafrock

Aus mürben Äpfeln wie Boskop.

Rezept Mürbeteig süß II, S. 177, oder Quark-Mürbeteig süß II, S. 175.

4	mittelgroße Äpfel
2 EL	Apfeldicksaft
	Für die Füllung:
2 EL	Preiselbeeren mit Honig gesüßt oder
2–5 EL	Haselnüsse gemahlen
¼ EL	Honig, Rosinen oder Datteln
2 EL	Brösel von Vollkornzwieback oder gem. Nüsse
	Buttermilch zum Bestreichen

Zubereitung: Hartschalige Äpfel schälen, Kernhaus herausstechen, mit leicht verdünntem Apfeldicksaft bestreichen.

Eine Füllung hineindrücken, wahlweise: Preiselbeeren mit Honig gesüßt oder gemahlene Nüsse mit Rosinen bzw. Dattelstückchen oder gemahlene Nüsse mit Honig.

Den Teig 4 mm dick ausrollen, für jeden Apfel ein passendes Viereck ausschneiden oder zwei runde Böden; auf je einen Boden in die Mitte Brösel oder fein gemahlene Nüsse streuen, einen gefüllten Apfel darauf legen, mit einem zweiten Boden zudecken, zusammendrücken und in den Händen glatt und rund rollen; mit Buttermilch bestreichen.

Backen bei 200–180° etwa 15–25 Minuten. Nach Belieben gleich nach dem Backen mit Honigwasser bestreichen.

Anrichten warm oder kalt.

Zwetschen- und Aprikosenkugeln
Abwandlung von Apfel im Schlafrock

Frische oder getrocknete Früchte in Teig gebacken.

Rezept Mürbeteig süß II, S. 177 oder Quark-Mürbeteig süß II, S. 175.

16 frische, reife Früchte entsteinen, mit Datteln oder Rosinen füllen
Trockenfrüchte zum Quellen 24 Std. lauwarm befeuchten, dabei öfter wenden, dann füllen;
in Teig hüllen, glatt rollen, mit Buttermilch/Schwedenmilch bestreichen.

Backen bei 200–180° etwa 30 Minuten goldbraun und knusprig.

In Pfannkuchenteig ausbacken*

Weißkohl in Pfannkuchenteig

Weißkohl, ein kleiner fester Kopf
Wasser
1 EL Öl
Pfannkuchenteig nach Rezept S. 165 oder 167
2 TL Senfkörner, ½ TL Kümmel oder Fenchel, 2 Blatt Pfefferminz, Salz

Zubereitung: Wasser mit den Gewürzen und Öl in breitem Topf aufsetzen, Kohlkopf halbieren, halb gar kochen, abtropfen, in 0,5 cm dicke Scheiben schneiden (mit etwas Strunk daran), salzen.

Pfannkuchenteig herstellen, Kohlscheiben darin wenden, **braten,** zuerst zugedeckt oder in gefetteter Pizzaform bzw. Deckel aus Jenaer Glas **backen** bei 250–200° 20–30 Minuten, evtl. wenden.

Lauch/Porree in Pfannkuchenteig
Staudensellerie, Sellerie oder Pastinakenscheiben ebenso

Lauch
etwas Öl und wenig Wasser
Pfannkuchenteig nach Rezept S. 165 und 167
1 TL Senfkörner, ½ TL gemahlener Fenchel, Selleriesalz

Zubereitung: Lockere Blattenden abschneiden, klein schneiden, in Teig wenden, backen oder braten. – Den festen Teil mehrmals längs durchschneiden, in Wasser, Öl und Gewürzen andünsten, in Portionsstücke schneiden, salzen, in gut abgeschmecktem Pfannkuchenteig wenden, in der Pfanne **braten** – zuerst zugedeckt – oder in gefetteter Pizzaform im Backofen **backen** bei 250–200°, 20–30 Minuten.

Sellerie und Pastinaken in 0,5 cm dicke Scheiben schneiden und ebenso zubereiten.

Spinat in Pfannkuchenteig
Brennesselblätter ebenso

Spinatblätter/Brennesselblätter ganz oder grob geschnitten, roh in den Teig (s. S. 165–167 und 169) legen, kleine Spinat-Pfannkuchen (Plinsen) in der Pfanne **braten** oder im Deckel aus Jenaer Glas im Backofen **backen.**

Pfannkuchen mit Gemüse- oder Obstfüllung

Herzhaft gewürzte Pfannkuchen backen nach Rezept S. 165–167.

Gemüse, beispielsweise Spinat, Mangold oder Möhren mit Erbsen, dünsten, abtropfen lassen bzw. leicht binden mit etwas Buchweizen- oder Hafermehl, abschmecken. Jeweils eine Hälfte des Pfannkuchens damit belegen, die andere darüberschlagen oder tütenförmig zusammenrollen.

Süß gewürzte Pfannkuchen entsprechend anrichten, jedoch mit Fruchtmus gefüllt; besonders köstlich mit Preiselbeerquark.

Lauch in Pfannkuchenteig

* Pfannen mit Teflonbeschichtung sind abzulehnen. Empfehlenswerte Pfannen: « Garant-Guß ».

Panieren von Gemüse

Zucchini paniert

Zucchini
Milch-Sahne-Gemisch
« Paniermehl », z. B. Thermo-Roggenmehl
Butterschmalz zum Backen oder Braten

Gewürzmischung aus Dill, Basilikum, etwas Estragon, Kräutersalz

Zubereitung: Zucchini mit Schale in 0,5 cm dicke Scheiben schneiden, in Milch-Sahne-Gemisch wenden, beidseitig mit Gewürzen bestreut etwas durchziehen lassen, in « Paniermehl » drücken, auf gefettetem Blech backen oder in der Pfanne braten.

Sellerie und Pastinaken paniert

Sellerie (Sellerie geschält, Pastinaken geschrappt),
etwas Öl und Wasser zum Andünsten
Milch-Sahne-Gemisch
« Paniermehl »
Butterschmalz zum Backen oder Braten

Sellerie- oder Kräutersalz

Zubereitung: Das Gemüse in 0,5 cm dicke Scheiben schneiden, in Öl und Wasser dünsten, würzen, in Milchgemisch wenden, in « Paniermehl » drücken und backen bzw. braten; oder in 2–3 mm dünne Scheiben schneiden, salzen, roh panieren und backen oder braten.

Kürbis paniert, herzhaft

am besten Hokkaido – feste gelfleischige Sorte.

Kürbis
dicke Sahne
«Paniermehl», z. B. Thermo-Gersten-, -Hafer- oder Buchweizenmehl
Butterschmalz zum Backen oder Braten

Zitronensaft (ersatzweise leicht verdünntes Molkosan), Koriander, Ingwer, Muskatblüte, Anis, 1 Pr. Nelke oder etwas Salbei, Salz

Zubereitung: Kürbis in 5 mm dicke Scheiben schneiden, 5–10 Min. dämpfen, mit Zitronensaft bestreichen, würzen, aufeinandergelegt nochmals durchziehen lassen, in Sahne wenden, in «Paniermehl» drücken, backen oder braten.

Was paßt dazu? Verschiedene Salate.

Kürbis paniert, süß – am besten Hokkaido

Kürbis
Milch-Sahne-Gemisch
« Paniermehl », Hafermehl oder fein geriebenen süßen Vollkornzwieback
1 EL Zitronensaft
2 EL Ahornsirup
2 EL gemahlene Haselnüsse
Butterschmalz zum Backen oder Braten

Zubereitung: Kürbis in 0,5 cm dicke Scheiben schneiden, die Unterseite fest in « Paniermehl » drücken, auf einen gefetteten Jenaer-Glas-Deckel bzw. in eine Pizzaform legen; die Oberseite dicht mit einer Gabel einstechen, Ingwerwurzel darüber reiben, erst mit Zitronensaft, dann mit Ahornsirup beträufeln, mit gemahlenen Haselnüssen bestreuen.

Backen bei 220° je nach Härte 20–40 Minuten.

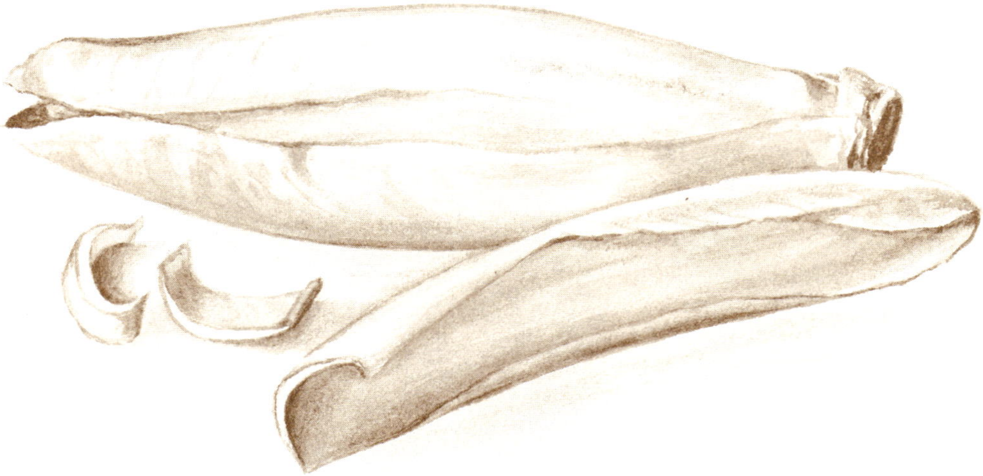

Auflauf

Auflauf – Überraschungen unter der Kruste

Nicht umsonst ist der Auflauf bei groß und klein beliebt, bietet er doch immer neue geschmackliche Abwechslungen! Vorhandene Zutaten – evtl. auch Reste – regen zu den verschiedensten Zusammenstellungen an: Gemüse « quer durch den Garten », Obst der Jahreszeit und entsprechende Gewürze. Auch Quark, Käse, Nüsse oder Mohn können einem Auflauf das Gepräge geben.

Diese Zutaten werden durch Lockerungs- und Bindemittel mit dem Hauptbestandteil Getreide im Backprozeß zu einem aromatischen Gericht verbunden. Zugedeckt gart das Ganze zuerst in feuchter Wärme, zuletzt aber – ohne Deckel – der trockenen Hitze ausgesetzt, bildet sich die pikante Kruste. Für Empfindliche ist sie schwer verträglich, evtl. müssen sie darauf verzichten. Im Innern des Auflaufs steigt aber die Temperatur nicht über 100°, so daß die Nährstoffe geschont werden.

Besonders ansprechend ist es, den Teig portionsweise in **Pfitzauf-Förmchen*** zu backen und anschließend zu stürzen. Für Schonkost bedeckt man sie mit Glasdeckeln von Einmachgläsern und gart sie im Wasserbad.

Hinweise für die Zubereitung

Zutaten wie Getreide und Gemüse werden für den Auflauf meist vorgekocht.

Unter Umständen kann man auch darauf verzichten, jedoch nur bei Getreide mit kurzer Garzeit (wie Grünkern-, Thermo-Grütze, Buchweizen, evtl. auch Hirse), dann muß man es aber einige Stunden vorher einweichen und kräftig würzen, da die Gewürze erst beim Backen richtig eindringen! Besonders Obst sollte vorher mit Gewürzen gut durchziehen. Leichtere Zutaten schwimmen obenauf, dadurch sind Geschmack und Konsistenz bei diesem Verfahren nicht gut zu beurteilen.

Die lockere Konsistenz eines Auflaufs wird größtenteils bewirkt durch eine krümelig-grützartige Struktur des gekochten Getreides, durch grob gehackte Nüsse, Sonnenblumenkerne, gedarrte ganze Buchweizenkörner, grobe Vollkornbrösel, ziemlich trockenen Quark, außerdem durch gedünstetes noch leicht knackiges Gemüse oder locker geschichtetes Obst (auch mit Stein).

Die beliebte Kruste wird besonders pikant durch aufgelegte Butterflöckchen, geriebenen Käse, grob gehackte Mandeln, Nüsse oder Kokosraspel.

Durch sauberes Einfüllen sollte man eingebrannte Ränder vermeiden, da die Form gleich zum Anrichten dient.

* Feuerfeste Förmchen, ∅ 9 cm, Höhe 6 cm, zu beziehen von Haushaltsgeschäften in Baden-Württemberg.

Ein weiterer **praktischer Vorzug** dieses Gerichtes ist, daß es lange fertig zubereitet stehen und fast bis zuletzt ohne Aufsicht backen kann.

Backen: besonders einen Auflauf aus rohen Zutaten sollte man schon in den kalten Ofen schieben und langsam backen; solchen mit dicken, ganzen Körnern (Weizen, Roggen, Gerste) unbedingt mit Deckel, die oberen Körner werden sonst trocken und hart. Am besten jeden Auflauf die ersten 30 Minuten mit Deckel backen, dann 10–15 Minuten ohne Deckel leicht überkrusten lassen.

Pfitzauf

Pikanter Mangold-Käse-Auflauf

auch mit Brennessel/Giersch, Comfrey, Wirsing oder Grünkohl, Lauch

500 g	Mangold
100 g	Butter oder Butterschmalz, cremig weich
1½ TL	Honig
320 g	Quark, nicht zu feucht
4 EL	Sahne
180 g	Weizenfeinschrot
200 g	Käse gerieben (davon 50 g zum Überstreuen zurücklassen)
100 g	Lauch, ersatzweise Zwiebeln
½–1 Bd.	frische Kräuter

½ Bd. Petersilie, 1 Bd. Basilikum (bzw. 2 TL getrocknet), 1 Stengel Liebstöckel (bzw. 1 TL getrocknet), 2 TL Dill, 1 TL Oregano, 1–2 TL Kräutersalz oder 1 geh. TL Ingwer, 1 TL Muskatblüte, Kräutersalz

Für Kohl noch 1 TL Senfkörner, ½ TL Fenchel oder Kümmel

Zubereitung: Mangold und frische Kräuter nach dem Waschen im Tuch trocknen, später hacken, Lauch ebenfalls. Die übrigen Zutaten einschließlich Gewürze zu einem sehr trockenen Teig verarbeiten, weil das Gemüse beim Backen ausreichend Feuchtigkeit abgibt. Zum Quellen und Aufschließen 1–3 Std. ruhen lassen.

Gemüse, frische Kräuter und Lauch fein gehackt unter den Teig kneten, herzhaft abschmecken. Etwa 3 cm hoch in gefettete Auflaufform streichen, mit Deckel in den kalten Backofen schieben, auf 200° schalten, nach 30 Minuten Deckel abnehmen, mit restlichem Käse bestreut noch 10 Minuten überbacken.

Was paßt dazu? Saftige Frischkost, Salat von gekochten Möhren, Rote Bete- oder Tomatensalat; evtl. Tomatensoße und grüner Salat.

Mangold-Nuß-Auflauf

Zutaten wie vorher, aber statt Käse

200 g	Haselnüsse, evtl. mit Mandeln gemischt
30 g	Butterflöckchen

Frische Kräuter, ersatzweise getrocknete:
je 1 Bd. Basilikum und Boretsch; etwas Oregano, Ysop, Apfelminze, 1 TL Muskatblüte, 1–2 TL Ingwer, 1 Zwiebel gerieben, Kräutersalz

Zubereitung: Nüsse und abgezogene Mandeln rösten, mittelgrob mahlen. Weiter wie vorher; mit Butterflöckchen und Nüssen belegt backen.

Käse-Auflauf, pikant und sättigend

Wahlweise mit Gerstengrütze, Vollreis oder feiner Rollgerste.

Vorkochen des Getreides lt. Tabelle mit Gewürzen. Entweder

210 g Gerstengrütze bzw. feine Rollgerste
oder
250 g Vollreis

Zutaten:

700 g gekochtes Getreide (wie oben angegeben)
130 g Quark, nicht zu naß
3 EL Öl
100 g Käse, wie Allgäuer, Greyerzer, Emmentaler
100 g Käse, wie Roquefort, Ramée, Gorgonzola
50 g Zwiebeln
200 g Gewürzgurken oder rote Paprika, milchsauer
100 g saure Sahne mit Schwedenmilch gemischt

Zum Kochen des Getreides: 1 Lorbeerblatt, 2 cm Ingwerwurzel zerschnitten, 7 Wacholderbeeren, ½ TL Koriander, zuletzt Salz

Für den Teig: 2 TL Dill, je ¼ TL Salbei und Kümmel, 1–1½ TL Curry, evtl. 1 Spur Knoblauch, Kräutersalz Herbamare

Zubereitung: Zwiebeln fein schneiden, milchsaure Gurken oder Paprika und Roquefort-Käse in Würfel schneiden, Allgäuer Käse reiben, davon etwas zum Überstreuen zurücklassen.

Alle Zutaten mit dem kräftig gewürzten Getreide mischen, herzhaft abschmekken; in die gefettete Auflaufform füllen, mit gewürztem Sahnegemisch bestreichen, Käse darüberstreuen.

Backen bei 220–200°, mit Deckel 30 Min., ohne Deckel weitere 15 Minuten.

Was paßt zu dem fett- und eiweißreichen Auflauf? Milchsaure Salate, Rettich-, Chicorée-, Zuckerhut-, Endiviensalat (Bitterstoffe), sowie milchsaure Gemüse in Dill- oder Petersiliensoße erwärmt (nicht gekocht), auch Lauch-, Mangold- und Paprika-Zucchetti-Gemüse.

Gersten-Auflauf mit roten Paprikaschoten

Vorbereitung: lt. Tabelle.

90 g	Rollgerste, grob	oder	125 g	Gerste (Sprießkorn)
500 ccm	Wasser		430 ccm	Wasser

Zum Kochen des Getreides: 2 cm Ingwerwurzel geschabt,
1 TL Koriander gemahlen,
nach dem Kochen 1 TL Kräutersalz Herbamare

Zutaten:

ca. 540 g gekochte Rollgerste oder Gerste (wie oben angegeben)
240 g Quark, nicht zu naß
3–4 EL Öl
3 große, rote Paprikaschoten, ca. 300 g
240 g Zwiebeln
100 g Äpfel, wie Boskop
60 g Kapern, evtl. selbst eingelegte Kapuzinerkresse (S. 19)
120 g Käse zum Reiben

Für den Teig: 1½ TL Basilikum, 1–1½ TL Curry, 1 Msp. Knoblauch, Kräutersalz

Zubereitung: Paprika, Zwiebeln, Äpfel in Stifte schneiden, Kapern feinhacken, Quark und Öl mit Gewürzen cremig rühren, alles mit der Gerste mischen, herzhaft abschmecken, in eine gefettete Auflaufform füllen, mit geriebenem Käse überstreuen.

Backen bei 200°; mit Deckel 30 Minuten, ohne Deckel weitere 10–20 Minuten.

Was paßt dazu? Grüne Salate in Rahmsoße, Weißkraut, Käsesoße.

Reisauflauf mit Käse in Pfitzaufförmchen*

200 g Demeter-Reis (Rundkorn)
200 g Quark, nicht zu naß
4 EL Öl oder weiche Butter
120 g Käse gerieben, 40 g zurücklassen zum Bestreuen
60 g Hafermehl, soweit erforderlich
Sesam geschält zum Ausstreuen

Zum Guß
60 g Kräuterkäse
80 g Schwedenmilch
80 g saure Sahne
2–4 TL Dill bzw. Kerbel oder Petersilie, 2 TL Basilikum, ¾ TL Koriander, ⅛ TL Kurkuma oder 1 TL Curry, Kräutersalz

Zubereitung: Reis locker kochen lt. Tabelle, danach salzen. Quark und Fett cremig rühren, mit 80 g Käse unter den abgekühlten Reis mischen. Je nach Feuchtigkeit Hafermehl zufügen, kräftig würzen, in eine gefettete, ausgestreute Form – hier Pfitzaufförmchen – füllen.

Kräuterkäse, Sahne, Schwedenmilch verschlagen, würzen, darübergießen, öfter einstechen, damit der Guß eindringen kann; 40 g Käse überstreuen.

Backen bei 220–200°; 20 Minuten mit, weitere 10 Minuten ohne Deckel, Pfitzaufförmchen nur bei 200°.

Reisauflauf mit Paprika und Tomaten

Zutaten wie vorher, außer den Gewürzen, jedoch zusätzlich

1 gr. Zwiebel
2 rote Paprikaschoten, außerdem evtl.
½ scharfe, rote Paprika «Cayenne»
1 EL Öl und 1 EL Wasser
3 Tomaten zum Belegen
60 g Käse zum Überstreuen

Zum Anrichten Schnittlauch bzw. Petersilie

1½ TL Curry, 1 TL Ingwer, evtl. 1 Pr. Cayenne, 1–2 TL Basilikum, nach Belieben etwas Knoblauch, Kräutersalz

* Feuerfeste, irdene Förmchen ∅ 9 cm, Höhe 6 cm.

Zubereitung: Zwiebel und Paprika kleinschneiden, in Öl und Wasser dünsten, unter die Reismasse mischen, würzen, in gefettete Pfitzaufförmchen füllen, Guß darübergießen, mit Tomatenscheiben belegen, mit Käse bestreuen, backen, stürzen und so anrichten, daß die Tomatenscheiben obenauf sind.

Grüner Hirse-Auflauf mit Sahne und Mandeln

ohne Quark und Käse

150 g	Hirse
420 ccm	Wasser
60+50 g	Butter und Butterflöckchen
500 g	Gemüse, wie Brennessel, Giersch, Comfrey, Spinat oder Wirsing
4	Zwiebeln, mittelgroß
1–2 Bd.	Petersilie, evtl. außerdem frischer Boretsch
150 g	Sahne, sehr steif geschlagen
125 g	Mandeln abgezogen, am besten geröstet und gemahlen – statt Mandeln kann auch Käse verwendet werden

¾ TL Ingwer, ½ TL Koriander, ¾ TL Liebstöckel, 1–2 TL Sekowa, Kräutersalz

Zubereitung: Hirse ins kochende Wasser schütten, 10 Min. köcheln, mit Gewürzen ½–1 Std. nachquellen lassen. Zuletzt Butter und Sekowa in 5 EL Gemüsewasser anrühren und mit 2 Gabeln locker untermischen.

Inzwischen das Gemüse mit klein geschnittenen Zwiebeln in ganz wenig Wasser dünsten, abtropfen lassen, klein hacken. Mit gehackten Kräutern, etwas Kräutersalz, etwa 60 g Mandeln, Hirse und Schlagsahne mischen, herzhaft abschmekken, in der gefetteten Form mit den restlichen Mandeln bestreuen und mit Butterflöckchen belegen. Zugedeckt in den kalten Backofen schieben.

Backen: ab 200° 20 Min. mit, dann weitere 15 Min. ohne Deckel.

Getreide-Auflauf mit Gemüse und Sahne

Abwandlung von Grüner Hirse-Auflauf

Statt Hirse kann auch Reis oder eine Thermo-Grütze verwendet werden, statt des angeführten Blattgemüses klein geschnittenes Wurzelgemüse oder Möhren mit Erbsen.

Hirse-Auflauf

Auch als Schonkost geeignet.*

540 ccm	Wasser
215 g	Hirse
150 g	Schichtkäse (für Schonkost leicht ausgedrückter Quark)
1 EL	Öl
4–5 EL	Nüsse, (für Schonkost abgezogene Mandeln) grob gehackt
40 g	Nüsse, grob gehackt, zum Überstreuen
30–40 g	Butterflöckchen

2 Lorbeerblätter, 8 Wacholderbeeren, nach dem Kochen
3 TL Sekowa, 1 TL Ingwer, Salz

Zubereitung: Wasser mit Gewürzen zum Kochen bringen, Hirse einrühren, 10 Minuten köcheln, 30 Min. nachquellen, dabei würzen, ausdampfen lassen. Schichtkäse mit Öl anrühren, luftig in die Hirse schlagen, Nüsse zufügen, herzhaft abschmecken. Den Teig in eine gefettete Form legen, obenauf mehrfach einkerben, mit Butterflöckchen und grob gehackten Nüssen/Mandeln belegen.

Backen bei 220–200°, 30–40 Minuten mit Wasserschälchen im Ofen.

Maisgrieß-Auflauf*

Abwandlung von Hirse-Auflauf

Statt Hirse 190 g Maisgrieß, zusätzlich würzen mit:

⅓ TL Curry und 1 geriebene Zwiebel;

recht luftig schlagen. Mit 80 g geriebenem Käse überstreuen.

Was paßt dazu? Rote Bete-, Tomaten-Paprika-, Lauch-Gemüse, Salate.

* Für Schonkost im Wasserbad garen: im Turmdünster mit Tuch bedecken, in Pfitzaufförmchen mit Glasdeckel. Zum Stürzen ungeeignet.

Rote Bete-Sellerie-Auflauf

400 g	kleine Rote Bete
400 g	Sellerie
1	Zwiebel, mittelgroß
1	Apfel, Boskop
40 g	Nüsse nach Belieben
	½ TL Anis, ¼ TL Koriander, ½ TL Ingwer, ¼ TL Fenchel, 1 Pr. Nelke, ¼ TL Muskatnuß, ½ TL Zitronenthymian (kein anderer), ½–1 TL Selleriesalz
	<u>Soße, wahlweise:</u>
½ Ltr.	Nuß-, Meerrettich- oder Ingwersoße oder einfach gut gewürzten Quark-Sahne-Guß, siehe unter Soßen S. 116, 120 und 128.

Zubereitung: Rote Bete ungeschält mit etwas Kümmel kochen oder dämpfen, Sellerie ebenso oder geschält in ca. 3 mm dicke Scheiben schneiden, mit etwas Öl, wenig Wasser und Fenchel andünsten. Rote Bete abziehen, in Scheiben schneiden, Zwiebel und Apfel ebenfalls, alles mit den Gewürzen in eine gefettete Auflaufform schichten, obenauf weiße Selleriescheiben. Die Soße darübergießen.

Backen bei 200°, 20 Min. mit Deckel, dann gehackte Nüsse überstreuen, noch 10 Min. ohne Deckel überkrusten.

Was paßt dazu? Hirse oder Reis « locker » gekocht oder zur Abendmahlzeit einfach Brot und Fladenbrot.

Getreide-Auflauf mit Gemüse

Ganze Körner oder Grütze aus beliebigem Getreide, Hirse, Hafer, Grünkern, Roggen ist besonders schmackhaft als Thermo-Roggengrütze.

Vorbereiten, garen und würzen nach Tabellen.

400 g gekochtes und gewürztes Getreide (roh ca. 125–170 g)
450 g Gemüsemischung, z. B.
Lauch, Sellerie, Möhre, Pastinake
oder Möhre, grüne Bohne, Zwiebel,
oder Möhre, Apfel, Wirsing,
oder Möhre, Kohlrabi,
oder Zucchini, Zwiebel, Tomate
2 EL Öl und 4 EL Wasser
140 g trocken ausgedrückter Quark (naß ca. 210 g)
2 EL Öl
30–50 g gedarrte Buchweizenkörner nach Bedarf
 jeweils passend zum Getreide und Gemüse, s. Würz-Tabellen.

Guß mit Käse
80 g saure Sahne
80 g Schwedenmilch
80 g Kräuterkäse
40–50 g Käse zum Reiben
evtl. Salz

oder

Guß ohne Käse
150 g saure Sahne
80 g Schwedenmilch
wahlweise
100 g Nüsse, Mandelsplitter, Sonnenblumenkerne oder Sesam, Salz

Zubereitung: Gemüse kleinschneiden, mit Gewürzen in Öl und Wasser knapp gar dünsten, abtropfen lassen, Quark mit Öl anrühren. Getreide, Gemüse und Quark mischen, falls zu feucht, gedarrten Buchweizen (ersatzweise Vollkornbrösel) zugeben, nachwürzen. In eine gefettete Auflaufform füllen.

Aus Sahne, Schwedenmilch und Kräuterkäse einen Guß bereiten und über den Auflauf gießen, mehrfach einstechen, damit er einzieht. Geriebenen Käse darüberstreuen.

Oder ohne Käse: Sahneguß bereiten und mit Nüssen überstreuen.

Backen bei 250–200°; mit Deckel 30 Minuten, dann ohne Deckel, bis der Käse goldgelb ist.

Getreide-Auflauf mit Kräutern
Abwandlung von Getreide-Auflauf mit Gemüse

600 g gekochtes Getreide, gut gewürzt
400 g Quark
5 EL Öl
150 g gedarrten Buchweizen

Statt Gemüse reichlich frische oder getrocknete Kräuter:
Petersilie, Basilikum, Majoran, Dill, etwas Bohnenkraut und Thymian,
1 Msp. Cayenne, Kräutersalz

Zubereitung und Guß wie vorher. Frische Kräuter hacken, sofort mit Getreide und Quark vermischen.

Was paßt dazu? Grüne Salate; der Auflauf ist aber auch für sich allein saftig genug.

Hafer-Sellerie-Auflauf

Für 4–5 Personen, auch gut mit Pastinaken und Wurzelpetersilie*.

600 g	gekochter Hafer (ungekocht ca. 250 g, kochen und würzen lt. Tabelle)
350 g	Sellerie, geschält gewogen
200 g	Äpfel
1	Zitrone (Saft)
2 EL	Öl und 4 EL Wasser
150 g	Quark, nicht zu naß
2 EL	Öl
40 g	Kräuterkäse, z. B. Bressot
50 g	Schwedenmilch
150 g	süße Sahne
120 g	Hasel- oder Walnüsse, davon 40 g zum Überstreuen

1½ TL Zitronenthymian, 2–3 TL Ingwer, ½ TL Fenchel, ½ TL Liebstöckel, 1 TL Selleriesalz, 1 TL Koriander, etwas Honig; für Pastinake etwas Curry oder Kurkuma

Zubereitung: Sellerie in Stifte schneiden, in leicht verdünntem Zitronensaft wenden, in Öl und Wasser knapp gar dünsten. Äpfel, wenn nötig, schälen, in Stücke schneiden, in Zitronensaft wenden.

Quark, Öl, Kräuterkäse cremig rühren, Nüsse grob hacken. Alle Zutaten mischen, gut abschmecken, in gefettete Auflaufform füllen, mit Nüssen überstreuen oder mit Walnußhälften belegen.

Backen bei 220–200°, 30 Minuten mit Deckel, weitere 10 Minuten ohne Deckel.

Was paßt dazu? Grüne Salate in Rahmsoße

* 300 g Pastinaken und 50 g Wurzelpetersilie

Möhren-Auflauf mit Sahne
ohne Quark und Käse

für 2–3 Personen

500 g Möhren
50 g Butter zum Andünsten und Belegen
40 g Schrot, mittelgrob, Gerste oder anderes
50 g Sahne
50 g Gemüsebrühe
40–50 g Haselnüsse, grob gemahlen oder gehobelt

etwas Fenchel und Kümmel, ¾ TL Dill, Petersilienstiele fein geschnitten, 2 Msp. Muskatnuß, Kräutersalz

Zubereitung: Möhren grob raffeln, evtl., leicht andünsten, würzen, Brühe, Schrot und Sahne damit vermischen, gut abschmecken, in eine gefettete Auflaufform füllen, mit Butterflöckchen belegen, zudecken.

In den kalten Ofen schieben, ab 200° 30 Minuten backen, dann Nüsse darüberstreuen und noch 10 Minuten ohne Deckel überbacken.

Gersten-Spinat-Auflauf

500 g gekochte, passierte Gerste (z. B. von Gerstenwasser S. 286)
500 g Spinat (evtl. bis zu 800 g)
350 g Schichtkäse
3 EL Öl oder 5–6 EL Sahne
50 g Mandeln, abgezogen

Für die Gerste: ⅓ TL Koriander, ½ TL Muskatnuß, Salz
Für den Spinat: ⅓ TL Ingwer, ½ TL Basilikum, Petersilienstiele, Kräutersalz, nach Wunsch eine Spur Knoblauch

Zubereitung: Spinat roh hacken oder ungehackt kurz im Kochtopf zusammenfallen lassen, dann hacken und würzen. Gerste gut abschmecken. Schichtkäse mit Öl oder Sahne und Kräutersalz anrühren. Alles in Schichten oder gemischt in eine gefettete Auflaufform geben, mit Mandelscheibchen bestreuen.

Backen bei 220°, 20 Min. mit, weitere 10 Min. ohne Deckel.

Thermo-Roggen-Auflauf

mit Brennesseln, Mangold oder Wirsing

Auch Buchweizen oder Grünkern sind geeignet.

125 g	Thermo-Roggengrütze
340 ccm	Wasser
500 g	Brennessel, Blätter, auch saftige Stiele
120 g	Quark, nicht zu naß
120 g	Doppelrahm-Frischkäse oder Boursin/Bressot
4 EL	Öl oder weiche Butter
1–2 EL	« Sekowa »
1–2 EL	Gemüsewasser
80–100 g	Mandeln, Hasel- oder Paranüsse oder Hartkäse
30–40 g	Butterflöckchen zum Belegen

Für die Grützе: 5 Wacholderbeeren, ¾ TL Kümmel gemahlen, ½ TL Thymian, Kräutersalz

Für Brennessel oder Mangold: Boretsch, Petersilie, Oregano, Liebstöckel, nach Belieben Zwiebel, 1 Spur Knoblauch, ¼ TL Muskat, Kräutersalz

Für den Wirsing: Senfkörner, etwas Kümmel, Pfefferminze und Kamille, Kräutersalz

Zubereitung: Grütze mit Wasser und Gewürzen 5 Min. kochen, 45 Min. nachquellen lassen.

Brennessel mit wenig Wasser kurz erhitzen, nur zusammenfallen lassen (Wirsing etwas länger). Abtropfen lassen, hacken oder durch den Wolf drehen, würzen. Quark, Öl, Rahmkäse, « Sekowa » mit Gemüsewasser cremig rühren, die Hälfte der grob gehackten Mandeln oder Nüsse zufügen, alles mischen, herzhaft abschmecken, in die gefettete Form füllen, mit Butterflöckchen belegen, die restlichen Mandeln oder Nüsse darüberstreuen.

Backen bei 220°, mit Deckel 20 Min., weitere 10 Min. ohne Deckel.

Was paßt dazu? Rote Bete-, Möhren- oder Tomaten-Suppe, knackiger Salat, grob geschnittener Chicorée mit Apfelstücken in Rahmsoße oder bunter Salat.

Thermo-Roggen-Auflauf mit Grünkohl
Abwandlung von Thermo-Roggen-Auflauf mit Brennesseln

Blätter abstreifen, Stamm abziehen; Rippen, Mark und Blätter mit gut ¼ l Wasser und Gewürzen 30–40 Minuten dünsten.

Für das Kochwasser: Senfkörner, gemahlener Fenchel und Kümmel, etwas Kamille
Für den Auflauf: 1 TL frisch geriebener Ingwer, 1–2 TL Oregano, Zwiebel, etwas Muskat

Zubereitung: Den gekochten Grünkohl abtropfen lassen, durch den Wolf drehen, mit den vorher genannten Zutaten mischen, kräftig abschmecken, mit Butterflöckchen und Nüssen belegt 20–30 Minuten backen.

Kürbis-Auflauf mit Thermo-Roggen

400 g	gekochte Thermo-Roggengrütze (ungekocht 135 g, kochen und würzen lt. Tabelle)
1–2 EL	Sekowa
100 g	Zwiebeln, nach Wunsch auch 150 g
1 EL	Öl und 1 EL Wasser
450 g	Kürbis, gelbe festfleischige Sorte wie Hokkaido (geputzt gewogen)
200 g	Gewürzgurken
125 g	Quark
100 g	Doppelrahm-Frischkäse
4 EL	Öl
70 g	saure Sahne oder Butterflöckchen
50 g	Käse, ger. oder Kürbiskerne
	Ingwer, Curry, Paprika, Dill, Basilikum, Salz

Zubereitung: Zwiebeln fein, Kürbis in Stifte schneiden, mit Öl und Wasser andünsten, würzen.

Thermo-Roggen wenn nötig mit Sekowa nachwürzen, mit Kürbis und kleingeschnittenen Gurken mischen; Quark, Öl, Doppelrahmkäse mit etwas Gemüsebrühe cremig rühren, unterziehen und abschmecken. In die gefettete Auflaufform füllen, saure Sahne oder Butterflöckchen darüber verteilen, mit Kürbiskernen oder Käse bestreuen.

Backen bei 220°, mit Deckel 30 Min. und ohne Deckel weitere 10 Min.

Kürbis-Auflauf mit Vollkornbrot

160 g	Vollkornbrot, hart getrocknet gewogen
240 ccm	Apfelschalentee mit Brottrunk gemischt, ersatzweise Gemüsebrühe
1	große Zwiebel
160 g	Käse gerieben
¾–1 kg	Kürbis, gelbe festfleischige Sorte wie Hokkaido (geputzt gewogen)
3	große Boskop-Äpfel
200 g	saure Sahne
100 g	Schwedenmilch

1 EL Sekowa, 2 TL Basilikum, etwas Piment, 1 TL Dill, ½ TL Salbei, gut 1 TL Ingwer, 1 TL Curry, 1 TL Koriander, Kräutersalz

Zubereitung: Vollkornbrot mit der elektrischen Nußmühle reiben, mit Brottrunk oder Apfelschalentee befeuchten, so daß man nach ½ Std. eine lockere, feucht-krümelige Masse hat. Käse reiben, Zwiebel feinhacken, mit « Sekowa », Curry und dem geriebenen Brot vermischen.

Kürbis und Äpfel in Stifte schneiden, mit den übrigen Gewürzen etwa ½ Std. durchziehen lassen, dann mit den Bröseln mischen und abschmecken. In eine gefettete Auflaufform schichten, zuoberst Brösel.

Sahne mit Schwedenmilch verschlagen, würzen und darüber gießen, mehrfach einstechen, damit der Guß einzieht.

Backen bei 220–200° mit Deckel ca. 20 Min., weitere 10 Min. ohne Deckel, bis der Kürbis gar, aber nicht zu weich ist.

Anrichten: mit frischem Dill oder Schnittlauch bestreut.

Was paßt dazu? Rote Bete- oder Möhrensuppe, Chicorée- oder Feldsalat in Rahmsoße oder bunter Salat.

Zucchini-Auflauf mit Vollkornbrot

Statt Zucchini ist auch Spinat, Grünkohl, Wirsing, Lauch möglich.

560 g	Zucchini mit zarter Schale
2	Zwiebeln mittelgroß
2 EL	Öl mit 4 EL Wasser
100 g	saure Sahne
3–4 EL	Schwedenmilch
50 g	Quark
60 g	Grünkernfeinschrot
350 g	Vollkornbrösel – hart getrocknet gewogen –
etwas	Gemüsebrühe oder heißes Wasser, ca. 100 ccm
100 g	Butter
60–80 g	Mandeln, abgezogen, geröstet, grob gehackt

2 TL Dill, 1 TL Estragon, 1 TL Rosmarin, 4 TL Sekowa,
2–3 TL gehackte, frische Petersilie, 2 TL Kräutersalz

Zubereitung: Zwiebeln und Zucchini in große Würfel schneiden, in Öl und Wasser zugedeckt kurz andünsten, gleichzeitig die Hälfte der Gewürze und Mandeln zugeben – außerdem eine cremige Soße aus Quark, Sahne, Schwedenmilch, Grünkernschrot und restlichen Gewürzen bereiten, kräftig abschmecken! In eine gefettete Auflaufform füllen. Brösel mit so viel heißer Brühe befeuchten, daß sie noch krümelig bleiben, dann in geschmolzener Butter wenden, mit den restlichen Mandeln mischen und über die Zucchini verteilen. Die zugedeckte Form in den kalten Backofen schieben.

Backen ab 200° 20–30 Minuten, zuletzt kurz ohne Deckel.

Was paßt dazu? Blattsalate, Tomatensalat.

Zucchini-Auflauf mit Maisgrieß

Auch gut mit Vollreis, Thermo-Roggen- oder Grünkerngrütze (lt. Tabelle kochen).

160 g	Maisgrieß, am besten « spezial grob »
480 ccm	Wasser
560 g	Zucchini mit zarter Schale
2	Zwiebeln, mittelgroß
1–2	schmale, scharfe, rote Paprika
2 EL	Öl und 4 EL Wasser
200 g	Quark
150 g	saure Sahne
120 g	Käse, Edamer gerieben oder Bressot, Boursin
30 g	Butter

Zum Mais: 1½ TL Basilikum, 1 TL Dill, 1 TL Koriander, 1 mittelgroße Zwiebel, 2 TL Sekowa, Salz

Zum Gemüse: gehackte frische oder getrocknete Kräuter wie Oregano, Majoran, Dill, Basilikum, Petersilie; Kräutersalz

Zubereitung: Maisgrieß und Wasser 10–20 Minuten unter Rühren köcheln, würzen, 30 Minuten nachquellen, Zwiebeln und Paprika klein schneiden, Zucchini in große Würfel; alles in Öl wenden, Wasser zugeben, kurz andünsten, dabei würzen. Quark mit Sahne cremig rühren, Käse zufügen, unter die etwas abgekühlten Zucchini mischen, kräftig abschmecken. Mit dem Mais schichtweise in eine gefettete Auflaufform füllen (unten und oben Mais); mit Butterflöckchen belegen, zugedeckt in den kalten Ofen schieben.

Backen ab 200°, 20–30 Minuten, zuletzt kurz ohne Deckel.

Was paßt dazu? Blatt-, Tomaten-, Radieschensalat.

Sauerkraut-Auflauf mit Buchweizen

Gut auch mit Hafer oder Demeter-Rundkornreis.

180 g	Buchweizen
360 ccm	Wasser
200 g	Quark
4 EL	Öl
1	große Zwiebel
450 g	Sauerkraut
4	große Äpfel, mürbe und säuerlich

Für den Buchweizen: 1½ TL Rosmarin, 1 TL Basilikum, ¼ TL Thymian, Kräutersalz
Für das Sauerkraut: 5 zerquetschte Wacholderbeeren, ¾ TL Kümmel, 1 TL Dill, ½ TL Ingwer, ½ zerquetschte Knoblauchzehe

Guß mild

100 g	Schwedenmilch
150 g	saure Sahne

Dill, Kümmel, Basilikum, Kräutersalz

Guß pikant

100 g	Schwedenmilch
100 g	saure Sahne
60–80 g	Kräuterkäse (Bressot, Boursin, Tartare)

Dill, Basilikum, Kümmel, Kräutersalz, 1 Pr. Cayenne

Zubereitung: Buchweizen mit Gewürzen im Wasser garen. Quark mit Öl cremig rühren, Zwiebel hacken, beides mit dem Buchweizen mischen, würzen.

Äpfel schälen, in Stifte schneiden, mit dem klein geschnittenen Sauerkraut zusammen würzen.

Alles schichtweise oder gemischt in eine gefettete Auflaufform füllen. Guß (mild oder pikant) anrühren und über den Auflauf gießen, mehrfach mit einer Gabel einstechen, damit der Guß eindringt.

Backen bei 220–200°; mit Deckel 20 Min. und ohne Deckel weitere 10 Min.

Was paßt dazu? Rote Bete-, Sellerie- oder Kümmel-Suppe (s. Band I).

Der Auflauf ist ein abgerundetes Gericht, kann aber durch Salat ergänzt werden: Chicorée, Endivie, Feldsalat oder Salat aus gekochten Roten Beten.

Rote-Bete-Auflauf mit Buchweizen
Abwandlung von Sauerkraut-Auflauf

Wie vorher, aber statt Sauerkraut:

500 g gekochte, gut gewürzte Rote Bete
3 große Äpfel, mürbe, säuerliche

Ingwer, Koriander, Anis, Dill,
etwas Kümmel, etwas Zwiebel, Salz

Was paßt dazu? Meerrettich-Sahne-Quark oder Meerrettichsoße (S. 120) und Salate.

Wacholder

Pfannkuchen-Schichtauflauf

mit Sauerkraut oder anderem Gemüse

Pfannkuchen aus Weizen- oder Buchweizenschrot backen oder braten s. S. 167, abwechselnd mit Gemüse in eine runde Form schichten. Als Gemüse eignen sich Blattgemüse wie Mangold, Brennessel, Spinat, Wirsing, Grünkohl sowie Möhren-Erbsen und Gemüse-Allerlei, besonders aber Sauerkraut.

480 g	Sauerkraut
1½ EL	Öl
250 g	Äpfel, z. B. Boskop
¼ l	Milch und etwas Wasser
1–2 TL	« Sekowa »
20 g	Butterflöckchen

gemahlener Kümmel, gehackte Wacholderbeeren, Dill, etwas Anis und Muskatblüte, evtl. Salz

Zubereitung: Sauerkraut und Äpfel mundgerecht schneiden, würzen, in Öl leicht erwärmen; abwechselnd mit Pfannkuchen in eine gefettete Auflaufform schichten, mit Pfannkuchen abschließen.

« Sekowa » mit wenig kaltem Milchwasser anrühren, soviel darüber gießen, daß die Milchbrühe etwa 2 cm über dem Boden der Form steht; kleine Butterflöckchen darauf verteilen.

Im Backofen bei 200–180° ca. ½ Std. « aufziehen » lassen, zuletzt kurz ohne Deckel.

Zu beachten ist, daß die Gemüsefüllung nicht zu naß sein darf, evtl. vor dem Einschichten in einem Sieb abtropfen lassen (die Brühe für Soße oder Suppe verwenden). – Spinat vorher nur kurz zusammenfallen lassen, fast ohne Wasser. Gewürze siehe in der Tabelle unter den betreffenden Gemüsen.

Zwei Schnellgerichte in der Deckelpfanne

Frischgemüse mit Sahneguß

für 2–3 Personen

200 g	gekochtes Getreide, Reste
250 g	Gemüse mit kurzer Garzeit, wahlweise Pastinake, Lauch, Sellerie, Petersilienwurzel, Möhre oder Zucchini und Zwiebel
1–2 EL	Öl und 2 EL Wasser
	Guß:
80 g	Quark
40 g	Kräuterkäse wie Bressot, Tartare, Boursin
50 g	saure Sahne, evtl. etwas Gemüsebrühe
40 g	geriebenen Käse
2	Tomaten nach Belieben

Zum Gemüse passend, z. B. etwas Thymian und Bergbohnenkraut, Dill, Estragon, Majoran, Liebstöckel, etwas Kümmel, Petersilie, Kräutersalz.
Bei Verwendung von Reis oder Mais Curry statt Majoran

Zubereitung: Gemüse zerkleinern, in der Deckelpfanne mit Öl und Wasser dünsten; gut ausgequollenes, gewürztes Getreide zufügen, zugedeckt erhitzen.

Guß anrühren und darübergießen, Tomatenscheiben darauflegen, mit geriebenem Käse überstreuen, zugedeckt bei schwacher Hitze 10 Minuten weiterschmoren lassen. Mit Petersilie oder Schnittlauch bestreut anrichten.

Sauerkraut mit Sahneguß

Getreidereste in der gefetteten Deckelpfanne verteilen, Sauerkraut, geschnittene Äpfel und Gewürze (Anis, Kümmel, Dill) sowie 2 EL Öl hinzufügen, nach Bedarf auch etwas Brühe, zugedeckt erhitzen. Nach 10 Minuten einen Guß aus leicht gewürzter saurer Sahne, evtl. auch etwas geriebenen Käse über das Gericht geben, zugedeckt stocken lassen. Eventuell mit Tomatenscheiben belegen.

Was paßt dazu? Salate, auch milchsaure.

Getränk: je ⅓ «Kanne Brottrunk», ⅓ Rote-Bete-Saft, ⅓ heißes Wasser, etwas Honig

Brotauflauf mit Kirschen

für 4–5 Personen, auch gut mit Rhabarber, Äpfeln, Johannisbeeren

6	Vollkornbrötchen, altbacken, Weizen/Roggen besonders schmackhaft
450 ccm	Milch
100 g	Butter
250 g	Quark, nicht zu naß
5 EL	Honig
50 g	Korinthen
100 g	Mandeln, abgezogen und geröstet
50 g	Haselnüsse
½–1 kg	Kirschen, möglichst zur Hälfte süße schwarze, zur Hälfte saure
2 EL	Zitronensaft oder Molkosan nach Bedarf
2 EL	Dicksaft nach Bedarf
20–30 g	Butterflöckchen

1 TL Ingwer, 1 Pr. Nelken, ½ TL Muskatblüte, ¾ TL Anis, ¾ TL Koriander, etwas Vanille und Zitronenschale, Salz

Zubereitung: Milch auf etwa 50° erwärmen, über die Brötchen gießen, beschweren, wenden, fein zerkrümeln; die Butter cremig rühren, zuerst Honig zufügen, dann Quark, Gewürze, Brot, grob gemahlene Mandeln und Nüsse. Die Kirschen möglichst mit Stein (verbessert das Aroma) einige Stunden mit Dicksaft durchziehen lassen. Hat man nur Süßkirschen, so läßt man sie mit Zitronensaft bzw. Molkosan durchziehen, zuletzt mit Birnendicksaft, so daß sie sauer-süß schmecken.

Brotmasse und Kirschen mischen*, abschmecken, in zwei mittelgroße, gefettete Auflaufformen füllen, mit Butterflöckchen belegen.

Backen bei 220–200°, ca. 40 Minuten, erst mit, zuletzt ohne Deckel.

Anrichten mit Vanillesoße oder Frischmilch. Schmeckt auch kalt sehr gut.

Apfel-Brotauflauf

Abwandlung von Brotauflauf mit Kirschen
Zubereitung ebenso mit aromatischen Äpfeln

Zitronensaft, Zimt, Vanille, Anis, Koriander

*Ist der Teig sehr weich, die Kirschen sehr saftig, fügt man etwas Vollkornbrösel hinzu.

Brotauflauf mit Trockenobst

auch gut mit frischen Äpfeln, Zwetschen, Birnen

300 g	Vollkornbrot, hart getrocknet gewogen
200 g	Trockenobst: Birnen, Aprikosen, Äpfel, Zwetschen gemischt
60 g	Datteln bzw. Rosinen
60–80 g	Mandeln oder Walnüsse, grob gemahlen
60–80 g	Haselnüsse, grob gemahlen
60–80 g	Butter oder 65 g Butterschmalz, cremig weich
200 g	Quark, nicht zu naß
2–3 EL	Honig
1–2 EL	Demeter-Rübensirup
ca. 30 g	Butterflöckchen
	Anis, Koriander, etwas Zimt, 1 Pr. Nelken, etwas Muskatblüte, Ingwer, etwas Zitronenschale, wenig Salz

Vorbereitung: 100 g Vollkornbrot durch die Nußmühle drehen, restliche 200 g in Brocken ca. 12 Stunden einweichen in gut 600 ccm lauwarmem Wasser, dabei beschweren, öfter wenden; Trockenobst extra einweichen in gut 300 ccm lauwarmem Wasser, öfter wenden; Nüsse und abgezogene Mandeln zur Aromabildung rösten.

Zubereitung: Das eingeweichte Vollkornbrot fest ausdrücken, (Wasser für Suppe verwenden), Dörrobst abtropfen lassen; die trockenen Datteln und das eingeweichte Dörrobst klein schneiden, Nüsse und Mandeln grob mahlen; die Butter cremig rühren, Honig, dann Quark und alle anderen Zutaten damit verkneten, abschmecken, in zwei gefettete Auflaufformen füllen und zudecken.

Backen bei 220–200° ca. 40 Min., zuletzt ohne Deckel überkrusten.

Anrichten mit Vanillesoße, Frischmilch, Schwedenmilch oder Obstsaft, auch Saft vom Dörrobst. Schmeckt kalt besonders gut.

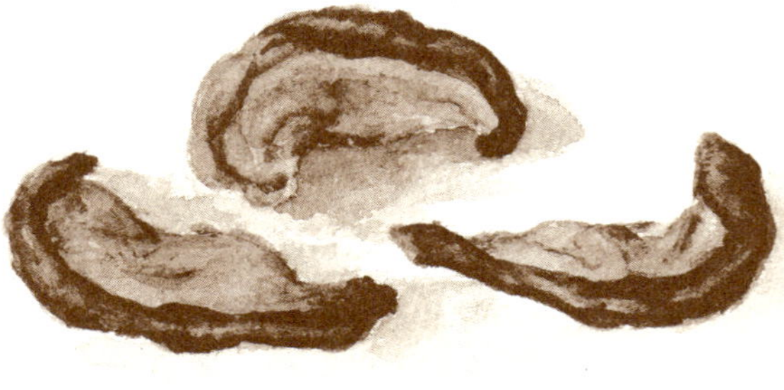

Getreide-Obst-Auflauf*

mit gekochten, ganzen Körnern oder Grütze

60–80 g	Trocken-Aprikosen
80–100 g	Datteln bzw. Feigen oder recht süße Birnenschnitz
400 g	Äpfel (z. B. Boskop)
2–3 EL	Malzextrakt oder 1–2 EL Honig
400 g	gekochtes Getreide, gewürzt, gut weich und gut abgetropft
225 g	Quark (trocken 150 g)
3 EL	Öl oder 50 g Schlagsahne, sehr steif
100 g	Haselnüsse, grob gemahlen
50–100 g	Brösel von Vollkornzwieback
ca. 30 g	Butterflöckchen zum Belegen

1 Zitrone (Saft und Schale), je 1 TL Anis, Fenchel, Vanille, je ½ TL Koriander, Ingwer, Zimt, 1 Pr. Nelke, Salz

Zubereitung: Aprikosen und Birnenschnitz klein schneiden, in wenig lauwarmem Wasser einweichen, öfter wenden. Äpfel schälen, in Stückchen schneiden, in leicht verdünntem Zitronensaft wenden, mit Gewürzen und Malzextrakt mindestens ½ Std. durchziehen lassen.

Quark trocken ausdrücken, mit Öl oder Schlagsahne cremig rühren, unter das Getreide ziehen, danach auch alle anderen Zutaten; die Feuchtigkeit durch Nüsse und Brösel regulieren, gut würzen.

In eine gefettete Auflaufform füllen, mit Butterflöckchen belegen.

Backen bei 250–175°, ganze Körner unbedingt 40 Min. mit Deckel und weitere 10 Min. ohne Deckel.

Dazu paßt Milch- oder Obstsaft, verlängert mit Apfelschalentee.

* Gut auch mit 300 g Trockenobst-Mischung (12 Stunden einweichen!)

Hirse-Auflauf mit Äpfeln

oder mit anderem Obst*

380 ccm Wasser
130 g Hirse
500 g Äpfel, mürbe, aromatische Sorte
40 g Trocken-Aprikosen
150 g Datteln oder Rosinen
50 g Haselnüsse, grob gehackt
150 g Quark, nicht zu naß
3 EL Öl oder Butter
25 g Butterflöckchen
20 g Mandelsplitter

Für die Hirse: 1 TL Koriander, 1 TL Ingwer, ½ TL Fenchel, 2 Nelken, 2 Pimentkörner, Schale von ½ Zitrone, etwas Salz
Für die Äpfel: Saft einer Zitrone, 1 EL Birnendicksaft, 1 EL Demeter Rübensirup, ¾ TL Anis, 1 TL Fenchel, ½ TL Zimt, 1 TL Vanille, ½ TL Koriander

Zubereitung: Hirse lt. Tabelle im Wasser garen, würzen. Aprikosen kleinschneiden, lauwarm befeuchten. Äpfel schälen, in 2 mm dicke Scheibchen schneiden, in leicht verdünntem Zitronensaft wenden, mit Gewürzen, klein geschnittenen Datteln und Aprikosen mindestens ½ Std. durchziehen lassen. Quark mit Öl cremig rühren, mit Hirse, Äpfeln und Nüssen mischen, abschmecken. In eine gefettete Auflaufform füllen, mit Butterflöckchen und Mandelsplittern belegen.

Backen bei 220°, 40 Min. mit Deckel und weitere 10 Min. ohne Deckel.

Dazu paßt: Apfel- oder Aprikosensaft, mit Apfelschalentee verlängert.

* Saures Obst einige Stunden mit Honig durchziehen, dann abtropfen lassen; bei sehr saftigem Obst den Quark trocken ausdrücken, Saft und Molke zur Soße verwenden.

Quark-Apfel-Auflauf

Mürbeteig II, süß (S. 177), halbe Menge

Füllung:

300 g Quark oder Schichtkäse, nicht zu naß
50 g Korinthen oder Datteln, klein geschnitten
300 g Äpfel, z. B. Boskop (geputzt gewogen)
1½ EL Rüben- oder besser 2 EL Ahornsirup
25 g Vollgrieß oder 30 g Vollkornzwieback-Brösel, süß
30 g Haselnüsse, grob gemahlen
50 g Schlagsahne, sehr steif
2–3 EL Honig

1 Zitrone (Saft und Schale), 3 Trocken-Aprikosen, Anis, Vanille, Koriander, Ingwer, etwas Zimt, wenig Salz

Zubereitung: Äpfel schälen*, in Stückchen schneiden, mit Zitronensaft, Sirup, Gewürzen, Korinthen ½–2 Std. durchziehen lassen. Quark mischen mit dünn abgeriebener Zitronenschale, gequollenen, fein geschnittenen Aprikosen, Gewürzen (auch etwas Salz). Sahne sehr steif schlagen, zuletzt Honig hineinschlagen; alles mischen, abschmecken.

⅔ Teig ausrollen, eine gefettete Auflaufform damit auslegen, den Boden mit Bröseln bestreuen, die Füllung daraufstreichen, den Teigrand darüber biegen, einen Teigdeckel ausrollen, auflegen und festdrücken, dreimal einstechen, daß der Dampf entweichen kann, mit Schweden- oder Buttermilch bestreichen. In den kalten Backofen schieben, ohne Deckel.

Backen: 30 Min., sobald eine Temperatur von 200° erreicht ist, evtl. noch 10 Min. bei 150°, bis er braun und knusprig ist.

Was paßt dazu? Gekochte Fruchtsoße (S. 123 f. und S. 129), Apfelschalentee abgeschmeckt mit Apfeldicksaft oder Aprikosennektar.

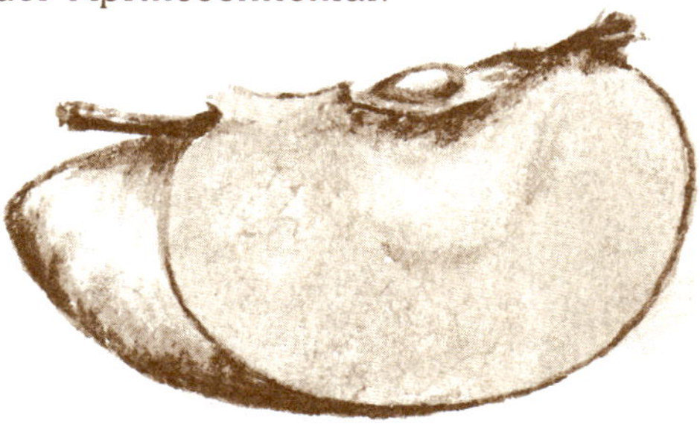

* Schalen und Kernhaus für Tee verwenden (s. S. 290).

Zwetschen-Auflauf mit Reis oder Rollgerste

130 g	Rundkornreis	oder	90 g	Rollgerste, grob
350 ccm	Wasser		360 ccm	Wasser

400 g	Zwetschen
2	Äpfel
4 EL	Sucanatzucker oder 2 EL Rübensirup
150 g	Schichtkäse oder leicht ausgedrückter Quark
3–4 EL	Öl oder weiche Butter
80 g	Datteln
100 g	Haselnüsse grob gemahlen, davon 40 g zum Überstreuen
30–50 g	Brösel von Vollkornzwieback
ca. ½ l	Frischmilch, Schwedenmilch oder Saft als Soße

Zum Kochen des Getreides: je ½ Stange Zimt und Vanille, 2 Pimentkörner, 1 Sternanis, ⅓ TL Salz erst am Ende der Kochzeit

Zum Teig: je ⅓ TL Anis, Fenchel, Vanille, je ¼ TL Koriander, Zimt, ½ Zitrone (Saft und Schale), 1 Pr. Nelke, ½ EL Rübensirup

Vorbereitung: Reis bzw. Rollgerste einweichen und mit Gewürzen garen (s. Tabelle). Ungenügend ausgereifte Zwetschen kann man auf dem Backrost ausgebreitet bei niedrigster Temperatur ca. 2–3 Stunden «nachreifen» lassen. Die Backofentür durch einen oben eingeklemmten Holzlöffelstiel leicht offen halten.

Zubereitung: Äpfel schälen, in 1 cm große Würfel schneiden, mit Zitronensaft, Gewürzen, Zwetschen, kleingeschnittenen Datteln, evtl. etwas Sucanatzucker, 1–2 Std. durchziehen lassen.

Schichtkäse mit dem Fett verrühren, unter den Reis/Rollgerste ziehen, mit Nüssen und Obst mischen, die Feuchtigkeit mit Bröseln regulieren, abschmecken. In gefettete Form füllen, mit Butterflöckchen belegen und mit Nüssen bestreuen.

Backen bei 200–250° 45 Min. mit und weitere 15 Min. ohne Deckel.

Anrichten mit Frischmilch, Schwedenmilch oder Saft.

Zimtstange und -blüten

Apfel-Chalotte

Mürbeteig süß I, Rezept S. 177, zweifache Menge.

Füllung:

70 g	Trocken-Aprikosen
600–700 g	Äpfel, mürbe, sauer-süß
1–3 EL	Honig oder Demeter-Malzextrakt
180 g	Datteln, klein geschnitten
100 g	Haselnüsse, grob gehackt
ca. 3 EL	Brösel von Vollkornzwieback
	Milch oder Buttermilch mit etwas Öl zum Bestreichen

1½ TL Anis, 1 TL Fenchel, ¾ TL Koriander, 1½ TL Vanille, ½ TL Zimt, 1 TL Ingwer, Saft einer Zitrone

Zubereitung: Aprikosen kleinschneiden, einige Stunden lauwarm befeuchten, Äpfel schälen, in kleine Stücke schneiden, in leicht verdünntem Zitronensaft wenden, mit Gewürzen, Honig, Datteln und Aprikosen vermischt mindestens ½ Std. durchziehen lassen, Nüsse zufügen, abschmecken.

⅔ des Mürbeteiges etwa 1 cm dick kreisrund ausrollen, Boden und Rand einer gefetteten Springform damit auslegen, Boden mit Zwiebackbröseln bestreuen zum Aufsaugen des Saftes. Die Füllung ohne Saft darauf verteilen, den Teigrand rundum über die Füllung schlagen. Aus dem übrigen Teig einen passenden Deckel ausrollen, darauflegen, am Rand festdrücken, bestreichen, 3 × einstechen.

Backen bei 200–175° ohne Deckel bei gelinder Oberhitze, bis der Auflauf goldbraun und knusprig ist, ca. 45 Minuten.

Was paßt dazu? Frischmilch, Vanillesoße S. 121, gekochte Fruchtsoße S. 122 oder Apfel- bzw. Aprikosensaft, verlängert mit Apfelschalentee.

Hirse-Nuß-Auflauf

110 g Hirse
300 ccm Wasser
60 ccm Milch
1–2 EL Demeter-Rübensirup
210 g Weinbeeren oder Sultaninen
2 EL Birnendicksaft } oder 4 EL Apfeldicksaft
1–2 EL Zitronensaft }
310 g Quark, nicht zu naß
3 EL Öl
3 EL Sahne
125 g Nüsse, evtl. zur Hälfte Walnüsse
25 g Butterflöckchen sowie
20 g Mandelsplitter zum Belegen

je 1 gestr. TL Fenchel, Anis, Koriander, Vanille, Schale von ½ Zitrone, ⅓ TL Muskatblüte, etwas Salz

Zubereitung: Hirse lt. Tabelle im Wasser garen, würzen; alle Zutaten nacheinander unterrühren, die Sahne am besten steif schlagen, die Nüsse grob hacken, abschmecken. In eine gefettete Auflaufform füllen, mit Butterflöckchen und Mandelsplittern belegen.

Backen bei 220–200° etwa 30 Min. mit und weitere 20 Min. ohne Deckel mit gelinder Oberhitze.

Statt Hirse kann man ein anderes Getreide wie Thermo-Grütze, Buchweizen, Dinkel oder Hafer verwenden. Nach Tabelle kochen; gekocht ca. 400 g.

Was paßt dazu? Obstsaft, verdünntes Elixier oder Kompott.

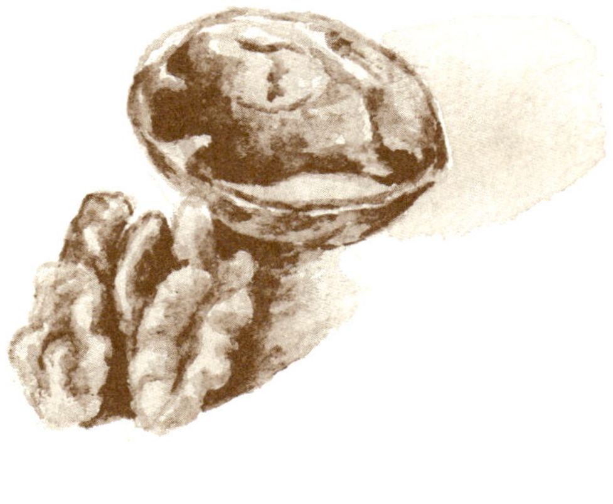

Kürbis-Reis-Auflauf mit Äpfeln und Walnüssen, Hokkaido-Kürbis

Besonders pikant in flacher Form (Pizzaform); für 4–6 Personen.

160 g	Vollreis
400 g	Kürbis, ohne Schale und Weichteile gewogen
400 g	Äpfel, säuerliche
8–9 EL	Apfeldicksaft
110 g	Haselnüsse
150 g	Datteln
200 g	Quark, nicht zu feucht, oder 100 g Frischrahmkäse
140 g	Schlagsahne, sehr steif
3–8 EL	Milch
ca. 50 g	Butterflöckchen
100 g	Walnußhälften

Zum Reis: 3 Nelken, 1 TL Ingwer, ¾ TL Koriander, Salz

Zu Kürbis und Äpfeln: Zimt, Ingwer, Muskatblüte, etwas Vanille, Zitronenschale, dünn abgerieben und in Honig gelegt

Zubereitung: Reis mit Nelken « locker » und weich kochen (lt. Tabelle), gut abtropfen lassen und würzen.

Kürbis und Äpfel in feine Streifen schneiden, mit Apfeldicksaft vermischt 10 Min. durchziehen, dann auf einem Sieb abtropfen lassen; Gewürze daruntermischen, anschließend die grobgemahlenen Haselnüsse und kleingeschnittenen Datteln; alles flach in gefettete Jenaer-Glas Deckel streichen.

Quark mit Milch, abgetropftem Apfeldicksaft und Schlagsahne cremig rühren, unter den Reis ziehen, abschmecken, über den Kürbis streichen. Mit Butterflöckchen und Walnußhälften belegen, sie sehen hübsch aus und geben ein besonders pikantes Aroma.

Backen mit Wasserschälchen im Ofen bei 220–200° 30–40 Minuten.

Anrichten warm oder kalt, evtl. Frischmilch oder Apfelsaft dazu reichen.

Abwandlung, statt Reis wahlweise:

160 g Thermo-Hafergrütze oder 120 g grober Maisgrieß oder 130 g Hirse nach Tabelle garen, herzhaft würzen mit Curry, Ingwer, Dill, Salz, wenig Dicksaft ohne Datteln, mit angedünsteten Selleriestückchen, Lauch und Äpfeln (ca. 600 g).

Flocken-Auflauf mit Rhabarber

oder anderem Obst

für 3–4 Personen

100 g	Flocken, halb Weizen, halb Gerste
200 ccm	Sprudel
150 g	trocken ausgedrückter Quark (naß ca. 220 g)
1–2 EL	Honig oder 2 geh. EL Sucanatzucker
1 EL	Demeter-Rübensirup
2 EL	Öl
120 g	Hasel- oder Walnüsse, grob gehackt
100 g	Korinthen oder kleingeschnittene Datteln
10 St.	Trockenaprikosen, klein geschnitten und vorgequollen
100 g	Schlagsahne (kann fehlen)
500 g	Rhabarber, am besten rotstieliger
	Belag: Butterflöckchen, Nüsse oder Sonnenblumenkerne

Für den Teig: 1½ TL Koriander, ½ TL Zitronenschale, ¾ TL Muskatblüte, ½ TL Zimt, ¾ TL Salz
Für das Obst (Rhabarber): 1 EL Sirup, 2 EL Sucanat oder Honig, 1 EL Ahornsirup oder Apfeldicksaft, 1½ TL Anis, 1 TL Fenchel, 1 TL Zimt, ½ TL Ingwer, 1 TL Vanille

Zubereitung: Flocken mit Sprudel 1–2 Std. einweichen. Obst vorbereiten: Rhabarber ungeschält längs und quer kleinschneiden, würzen, süßen, mindestens 1 Std. durchziehen lassen. Dann alle Zutaten unterkneten, zuletzt Obst und Schlagsahne; abschmecken, einfüllen, belegen.

Backen bei 220–180°; 30 Min. mit und weitere 10–20 Min. ohne Deckel.

Was paßt dazu? Obstsaft, kalt gerührte Fruchtsoße, Schwedenmilch, Apfeldicksaft, Milch oder Vanillesoße.

Reis

Schnellgericht in der Deckelpfanne

mit Äpfeln oder Trockenobst und Sahneguß

für 2–3 Personen

200 g	gekochter Reis
300 g	Äpfel oder 200 g Trockenobst, klein geschnitten
2–3 EL	Rosinen oder Datteln, klein geschnitten
2–3 EL	gehackte Nüsse
	Guß:
60 g	Quark
6 EL	Sahne
6–10 EL	Schwedenmilch
1–2 EL	Apfeldicksaft

<u>Für das Getreide:</u> Koriander, Ingwer, etwas Muskatblüte, Salz
<u>Für das Obst:</u> Zitronensaft, Zimt, Vanille, Anis, Fenchel, ½ EL Rübensirup, 1 gr. EL Honig

Zubereitung: Trockenobst in 4–6 EL lauwarmem Wasser aufquellen oder frische Äpfel achteln, würzen. Inzwischen Getreide in der Pfanne erhitzen, Obst dazugeben, zugedeckt erwärmen, Guß darüber verteilen, 10 Min. durchziehen lassen.

Delikates für besondere Gelegenheiten: Kaltes Buffet, Getreidesalate, knusprige Beilagen, Getränke

Kaltes Buffet

Sei es für ein Familienfest, einen Bazar, ein Sommerfest oder, in vereinfachter Form, für ein Picknick, immer geben Getreidesalate zusammen mit Selbstgebackenem aus Vollkorn, knusprige Beilagen, Quarkgerichte sowie Getränke dem kalten Buffet sein besonderes Gepräge. – Alles ist frühzeitig fertig und die Hausfrau frei für die Gäste!

Die Vielfalt der Farben, eine phantasievolle Dekoration lösen sogleich bei den Gästen eine fröhlich-heitere Stimmung aus und erwartungsvolles Kosten, interessiertes Raten folgen. Über allem der würzige Duft der selbstgebackenen Vollkornbrötchen, Käse-Hörnchen, Zöpfe, Brezeln, des Kümmel-, Käse- und Salbeigebäcks, nicht zu vergessen das knusprige, magenfreundliche Fladenbrot s. Bd. I; daneben «Festlicher Brotaufstrich», hübsche Kugeln in sieben Farbtönungen (s. Bd. I, S. 263). Aufschnitt erübrigt sich, zumal es neben leichtem Frischkäse noch verschiedenfarbige Quarkzubereitungen als Brotaufstrich geben kann. Auch an die «Süßen» ist gedacht mit einem Getreide-Obstsalat oder einer «Gersten-Quark-Sahne-Creme mit Preiselbeeren» (Bd. I, S. 216).

Als Getränk darf das erfrischende «Gerstenwasser» (Barley-Water), s. S. 286, nicht fehlen, das sich wie die roten Erfrischungsgetränke großer Beliebtheit erfreut; im Winter jedoch wäre ein heißer, alkoholfreier Punsch vorzuziehen.

Zum Garnieren eignen sich Blätter von Kopfsalat, krause Petersilie, zierliche Blättchen von Schafgarbe oder Möhren, Radieschen, rote milch-saure Paprikastreifen, Tomaten, Gewürzgurken, Oliven, Walnußhälften, Kürbiskerne oder weiße Mandeln.

Ein Ährenstrauß schmückt das Ganze.

Quarkaufstriche:

Meerrettichquark mit Schlagrahm, Apfeldicksaft und einer Spur Zitronensaft,

Kräuterquark: Quark mit geraffelten Gewürzgurken, Dill, Estragon, Basilikum, Schabziger-Klee, einer fein geriebenen Zwiebel und Schnittlauch abgeschmeckt.

Möhrenquark: Quark mit Schlagrahm, fein geriebene Möhren, ein wenig Wurzelpetersilie, Zwiebel oder Sellerie. Dieser wird entweder mit einer Spur Salbei, Kümmel oder gemahlenen Senfkörnern herzhaft oder mit einem Spritzer Apfel/Ahorn-Dicksaft lieblich abgeschmeckt.

Tomaten- oder Paprikacreme aus Doppelrahmkäse mit Tomatenmark oder den pikanten, schmalen, roten Paprikaschoten und Zwiebeln, feingehackt.

Quark mit Demeter-Senf, feingehacktem milchsaurem «Allerlei» bzw. Gurken, Dill, Schnittlauch abgeschmeckt.

Getreidesalate

Hinweise für die Zubereitung:

Man verwendet leicht verdauliche Getreidearten, gekocht, gut ausgequollen – ganze Körner am besten «locker», grobe Grütze «krümelig» gekocht – und mit Kräutersalz abgeschmeckt. Für gute Bekömmlichkeit sorgt auch das pikante, milchsaure Gemüse, das die Hälfte – oder mit Äpfeln zusammen – etwa ⅔ des fertigen Salates ausmacht. Freilich kann man auch einfach gedünstetes Gemüse verwenden und es mit Demeter-Apfelessig, Molkosan oder am besten mit «Brottrunk» säuern: Der gesundheitliche Wert des milchsauren Gemüses kann gar nicht hoch genug eingeschätzt werden. Die gesamte Zellatmung wird angeregt und damit auch Stoffumsatz und Wärmeprozesse, die Darmflora gesundet. Nicht umsonst gelten milchsaure Produkte als Vorbeugungs- und Heilmittel für die schwersten Zivilisationskrankheiten. Dazu gehört auch der milchsaure «Demeter»- und der Brottrunk, den man nicht nur zum Säuern von Salaten, sondern auch von Getränken verwenden kann.

Eine gut abgeschmeckte Soße gibt schließlich das Tüpfelchen aufs i. Sie soll alle Zutaten harmonisch verbinden.

Bohnen-Grünkernsalat

Ca. 10 Portionen à 80–100 g

500 g	milchsaure Bohnen, möglichst Brechbohnen
400 g	gekochter und gewürzter Grünkern (ungekocht ca. 145 g)
1	Zwiebel (geschnitten, 2–3 EL)
200 g	Gewürzgurken oder
160 g	Greyerzer Käse oder ein ähnlicher, kann auch fehlen
100 g	saure Sahne, verschlagen mit
150 g	Schwedenmilch
	oder statt beidem 4–6 EL Öl

Bohnenkraut, etwas Bergbohnen/Pfefferkraut, Basilikum, Estragon, reichlich Dill und frische Petersilie, Kräutersalz, ein wenig Eberraute, Ysop oder Schafgarbenblättchen

Zubereitung: Bohnen abtropfen, in 1–1½ cm lange Stücke schneiden, Gurken stifteln, Zwiebel sehr fein schneiden, mit Gewürzen, Gurken und gesalzener, saurer Sahne mischen.
Oder ohne Sahne mit gewürfeltem Käse und Öl mischen, dabei können evtl. die Gurken fehlen.

Mindestens ½ Std. durchziehen lassen, pikant abschmecken, evtl. mit etwas gemahlenen Senfkörnern oder Paprika nachwürzen.

Anrichten mit roten Paprikastreifen oder Tomatenspalten oder nur mit Petersiliensträußchen neben Rote-Bete-Getreidesalat.

Rote-Bete-Getreidesalat

Ca. 10 Portionen à 80–100 g

250 g	gekochter Buchweizen (ungekocht ca. 100 g)*, Reis oder Dinkelgrütze
250 g	Äpfel, möglichst Boskop
400 g	milchsaure Rote Bete (ohne Saft gewogen)
80 g	milchsaure Sellerie (ohne Saft gewogen)
60 g	milchsaure Senfgurken – können auch fehlen
50 g	Haselnüsse, grob gemahlen oder in Scheibchen
etwas	Meerrettich, frisch oder aus dem Glas (Demeter)
4 EL	Öl
2 EL	saure Sahne nach Belieben
	Apfeldicksaft nach Geschmack
	zum Abschmecken Kanne-Brottrunk, Apfel- oder Sauerkrautsaft
	½ TL Anis, je ¼ TL Kümmel, Dill, Koriander, 1 Pr. Muskatblüte und Piment, Salz oder Selleriesalz, evtl. feingehackte Zwiebel, 1 Spur Knoblauch

Zubereitung: Apfel je nach Sorte schälen oder nicht, alles in Scheibchen oder Stifte schneiden, Gewürze, Nüsse, Meerrettich und Öl untermischen, wenn nötig mit Sauerkrautsaft oder Apfelsaft abschmecken; mindestens ½ Std. durchziehen lassen; nach Belieben etwas saure Sahne zufügen, sie gibt einen vollen Geschmack, verändert aber die Farbe unschön!

Anrichten mit Nüssen überstreut auf einer Platte zwischen grünem und weißem Getreidesalat (Bohnen, Sauerkraut).

Wacholder

* oder gekochter Grünkern, Hafer oder Gerste

Rosenkohl-Getreidesalat

Ca. 10 Portionen à 80–100 g

500 g	gekochtes, gewürztes Getreide z. B. Hirse (ungekocht ca. 140 g) Reis (ca. 190 g), Hafer (ca. 190 g) oder Dinkel (ca. 180 g)
500 g	Rosenkohl
150 g	Gemüsemischung: Möhren, Lauch, Sellerie, ½ Zwiebel
3 EL	Öl und etwas Wasser zum Dünsten
4	Äpfel
100 g	Cashewkerne
3 EL	Zitronensaft
2 ×	Salatsoße Nr. 5, Nuß- oder Mandelmayonnaise

1 EL Senfkörner, etwas gemahlenen Fenchel, Koriander, Kräutersalz, 1 Spur Pfefferminze

Zubereitung: Cashewkerne in Zitronenwasser einweichen. Rosenkohl mit etwas Öl, wenig Wasser und Gewürzen dünsten, große Röschen zerteilen; Gemüsemischung sehr fein schneiden, mit Öl, wenig Wasser und Gewürzen dünsten, beides abkühlen.

Nußmayonnaise bereiten, Äpfel in Würfelchen schneiden; alles mischen, mindestens ½ Std. durchziehen lassen, abschmecken.

Anrichten: mit Cashewkernen garniert.

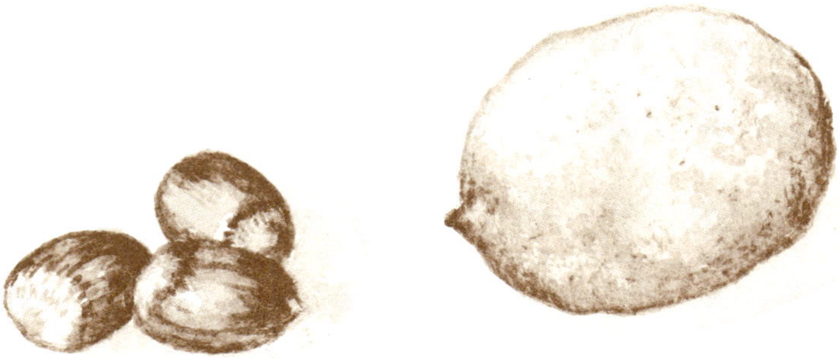

Getreidesalat mit milchsaurem Allerlei

Ca. 10 Portionen à 80–100 g

400 g gekochtes Getreide wie Reis, Hirse, Hafer, Grünkern, Gerste oder Thermo-Grütze (roh ca. 15 g pro Person)
600 g milchsaures Allerlei
einige milchsaure Zwiebeln nach Geschmack
2–3 Äpfel
1–2 × Salatsoße Nr. 2, 4 oder 6, s. S. 39.

Basilikum, gemahlene Senfkörner oder geriebener Meerrettich, Dill, Petersilie, evtl. Kräutersalz, evtl. etwas Honig

Zubereitung: Alles mundgerecht schneiden, Salatsoße bereiten, die Gewürze, Gemüse, Obst und Getreide damit vermischen, mindestens ½ Std. durchziehen lassen, abschmecken.

Reis-Käse-Salat

Reis hat unter den Getreiden den geringsten Eiweißgehalt, daher ist er für einen Käsesalat geeignet.

550 g Reis locker gekocht lt. Tabelle, (roh 200 g Demeter-Rundkornreis)
2–3 Äpfel, Boskop
150 g milchsaure rote Paprika
150 g Gewürzgurken
400 g Käse (Schweizer, Allgäuer, Gouda) oder Roquefort

Zutaten für die Soße: etwas Buttermilch, Schwedenmilch, wenig Öl, evtl. etwas Apfeldicksaft, milchsaurer Gemüsesaft, Gewürze

Für den Reis: Ingwer, etwas Curry

Für die Soße: Dill, Estragon, gemahlene Senfkörner oder Meerrettichsenf, Salbei, etwas Curry, evtl. Paprika, Zwiebel, «Kapern» (Kapuziner-Kresse), Kräutersalz

Zubereitung: Reis herzhaft abschmecken. Äpfel, Gemüse und Käse in kleine Würfel schneiden. Zutaten für die Soße verschlagen. Alles vermischen, mindestens ½ Std. durchziehen lassen, abschmecken.

Garnieren: Kerbel-, Gartenkresse, Petersiliensträußchen oder Kapuzinerkresse, wenn vorhanden eingelegte Käspappel oder «Kapern».

Reis-Obst-Salat

Ca. 10 Portionen à 80–100 g

Man braucht ⅓ gegarten Reis und ⅔ Obst der Jahreszeit.

Zutaten:

200 g	locker gekochter Reis lt. Tabelle (roh ca. 80 g)
180 g	aromatische Äpfel z. B. Boskop
1	Zitrone (Saft)
180 g	Orangen oder süße Birnen, Pfirsiche, Reineclauden, Zwetschen, Trauben
80 g	Sultaninen oder klein geschnittene Datteln
10	Trocken-Aprikosen

Soße:

100 g	Quark
etwas	Schwedenmilch zum Anrühren
100 g	Schlagsahne (zuletzt Honig oder Sirup hineinschlagen!), Honig nach Geschmack, für Äpfel Demeter-Sirup,
etwas	Apfeldicksaft oder Ahornsirup
150 g	Nüsse, Hasel-, Cashew- oder Walnüsse oder Mandeln (darunter 3 bittere)

Ingwer, Anis, Vanille, wenig Curry und Zimt, etwas Koriander und Muskatblüte, 1 Pr. Salz

Zubereitung: Reis sofort nach dem Abschrecken würzen. Das Obst soweit nötig schälen, in Stifte oder Würfelchen schneiden, in Zitronensaft wenden, würzen und süßen, etwa ½ Std. durchziehen lassen. Trocken-Aprikosen kleinschneiden, mit Sultaninen in wenig lauwarmem Wasser quellen.

Quark-Sahne-Soße bereiten, Nüsse in Scheiben schneiden. Alles mischen, die Nüsse zur Hälfte zum Garnieren zurücklassen. Mindestens ½ Std. durchziehen lassen, abschmecken.

Knusprige Beilagen zu Gemüsen und Salaten

Käsehörnchen, Käsetaschen

Aus Mürbeteig, Quarkmürbeteig oder Pastetenteig, Zeichnung S. 213 u. 262.

Kümmelgebäck aus Quark-Mürbeteig

Quark-Mürbeteig II nach Rezept S. 175.

Zum Würzen zusätzlich 2 TL Kümmel, gemahlen.

Teig 4–5 mm dick ausrollen, 1 cm breite Stangen ausradeln, mit Schwedenmilch bestreichen, evtl. mit Kümmelkörnern bestreuen, Backblech nicht fetten, nur kalt abspülen.

Backen bei 200–180° etwa 20 Min.

Rahmteig-Plätzchen, sehr fein

Zutaten zum Teig:

350 g Weizenfeinschrot
160 g Butterschmalz, weich
8 EL Sahne
2 EL Wasser oder Sprudel
1 TL Salz – für süße Plätzchen nur ¼ TL mit 2 EL Sucanatzucker
etwas Milch/Schwedenmilch zum Bestreichen

Herzhaft würzen: 3 TL Salbei, 1 TL Senfkörner gemahlen,
oder ½ TL Curry bzw. Kümmel
oder 4 TL Ysop, etwas Salz

Süß würzen: Zitronenschale, ½ TL Vanille, 1 TL Anis, evtl. Zimt
oder 3–4 TL Ingwer, frisch gemahlen, 1 Pr. Salz

Zum Verzieren der herzhaften: wahlweise Bergkäse gerieben, Sesam geschält, Nüsse, evtl. Walnüsse

Zum Verzieren der süßen: gehackte Nüsse mit Sucanatzucker gemischt, Walnußhälften
oder Marmelade, um nach dem Backen je zwei Plätzchen zusammenzukleben

Zubereitung und Weiterverarbeitung: Alle Zutaten zu einem sehr weichen Teig verkneten, diesen einige Stunden kaltstellen, dann 6 mm dick ausrollen, fingerlange Streifen oder Kekse ausradeln bzw. Plätzchen ausstechen, mit Milch bestreichen, bestreuen bzw. belegen oder unbelegt lassen, um nach dem Backen je zwei mit Marmelade zusammenzufügen.

Backen bei 200–180° etwa 15–20 Minuten, goldgelb.

Mürbeteig-Kugeln

Beilage zu püriertem Gemüse wie Grünkohl, Blattmangold oder Spinat.

Mürbeteig I nach Rezept S. 172 herstellen. Nach der Teigruhe Kugeln formen, in Größe kleiner Walnüsse oder großer Mirabellen, entweder in Sesam wälzen oder mit Butter bestreichen.

Backen bei 200–180° etwa 20 Minuten, mit Hölzchen probieren, ob sie innen gar sind.

Käsegebäck aus Quark-Mürbeteig

Quark-Mürbeteig II nach Rezept S. 175, zusätzlich zum Teig:

150 g geriebener Käse, würzig, halbfett
½ TL Kümmel, gemahlen
Zum Verzieren evtl. Schweden- oder Buttermilch und Kümmelkörner

Zubereitung: Käse mit dem Teig verkneten, etwa ½ cm dick ausrollen, mit einem Glas Taler ausstechen, auf das kalt abgespülte Backblech legen, mit Schwedenmilch bestreichen, mit Kümmelkörnern bestreuen;
oder 4 rechteckig ausgerollte Teigstücke auf das Blech legen, nicht bestreichen, mit Drahtgitter oder Gabel ein Muster eindrücken, Kekse ausradeln.

Backen bei 200–180° gut 15 Min.

Reibeisenkekse oder Gitterkekse, Käsegebäck

125 g Weizenfeinschrot
50 g Buchweizen-, Thermo-Roggen- oder -Hafermehl
75 g Butter oder 60 g Butterschmalz
1–2 EL saure Sahne
3–4 EL Wasser/Sprudel/Molke, evtl. etwas mehr
75 g fein geriebener Käse
1 TL Curry, ½ TL Kümmel, 1 TL Basilikum, ½ TL Sellerieblätter oder 1 TL Salbei, Salz

Zubereitung: Alle Zutaten rasch zu einem Mürbeteig verkneten, mindestens ½ Std. kaltstellen; 3 mm dick ausrollen, ein rundes Reibeisen oder ein Drahtgitter in Mehl drücken, leicht abklopfen und damit ein Muster in den Teig drücken, Kekse ausradeln oder ausstechen. Auf dem gefetteten Blech mit Buttermilch oder Butter dünn bestreichen.

Backen bei 200° etwa 20 Minuten goldgelb.

Knusprige Zwergenbrötchen, Kipferl oder Kekse

150 g	Thermo-Hafermehl (oder Feinschrot von gedarrtem Hafer)
50 g	Hafermehl (fein verriebene Flocken)
	oder 150 g Weizenfeinschrot mit 50 g Thermo-Roggenmehl
140 g	Butter oder 120 g Butterschmalz
50 g	Demeter-Quark
1 EL	süße Sahne
75 g	saure Sahne
2–5 EL	Molke oder Wasser
	1½ TL Salbei oder 1 gestr. TL Ingwer, ¼ TL Salz

Zubereitung: Alles zu einem sehr geschmeidigen Teig verkneten, 3–10 Std. kalt quellen lassen. Fingerdicke Rollen formen, daraus 2–3 cm lange Stücke schneiden, als Hörnchen (Kipferl) oder Brötchen formen, evtl. mit Buttermilch bestreichen, in Sesam wälzen.
Oder den Teig ausrollen, Kekse ausradeln oder ausstechen, mit Schwedenmilch, evtl. Buttermilch und etwas Öl bestreichen.

Backen: Bei 175–150° goldgelb in 10–20 Min.

Knusprig-krosse Plätzchen

Zum Frischessen, fettarm, 14 Häufchen oder 20 Kekse.

100 g	mittelfeine Schrotmischung (Gerste, Roggen, Weizen)
140 ccm	Sprudel für « standfeste » Häufchen, für dünne Kekse 160 ccm
40 g	Demeter-Quark
2–4 EL	Öl oder flüssige Butter
30 g	feine Haferflocken (nur für « standfeste » dazugeben)
	1¾ TL Salbei, ½ TL Kümmel, ¼ TL Kräutersalz
	Zum Bestreuen: Sonnenblumenkerne, Käse oder Kümmelkörner

Zubereitung: Schrot, Haferflocken, Salbei, Kümmel mit Sprudel 3–10 Std. einweichen. Quark, Öl und Salz zufügen, abschmecken. Mit dem Eßlöffel Häufchen auf ein gefettetes Blech setzen und bestreuen, sofort in den heißen Ofen schieben.

Backen bei 200–175° ca. 20 Min.
Oder bei Zugabe von 160 ccm Sprudel ohne Haferflocken den dickflüssigen Teig mit Schabekarte gleichmäßig 2 mm dünn auf das gefettete, leicht bestäubte Blech streichen.
Backen bei 220°. Nach 7–10 Min., bevor sie kroß sind, schneiden und knusprig fertigbacken.

Was paßt dazu? Gemüse, Eintopf, Getreide- oder Blattsalate.

Nuß-Flockenplätzchen

250 ccm	Wasser, warm oder Sprudel, kalt
½–2 TL	Rübensirup oder 1½ TL Malzextrakt
2–2½ TL	Honig, cremig
3 EL	Öl
100 g	Butter, cremig, oder dicke Sahne
150 g	Gerstenflocken } Großblatt
150 g	Haferflocken } Großblatt
125 g	Haselnüsse, grob gemahlen
2–4 EL	Schwedenmilch oder saure Sahne und etwas zum Bestreichen

Zum Verzieren abgezogene halbierte Mandeln

½ TL gemahlene bittere Mandeln, 1–2 TL abgeriebene Zitronenschale, ¼ TL Muskatblüte, 1½ TL Anis, 2 TL Koriander, ⅛ TL Salz

Zubereitung: Die Zutaten der Reihe nach mit dem warmen Wasser verrühren bzw. verkneten, abschmecken, Häufchen auf das gefettete Blech setzen, je 1 geh. TL oder Rollen formen, Ø ca. 3 cm, mindestens 1 Std. kaltstellen. 3–4 mm dicke Scheiben schneiden, auf ein gefettetes Backblech legen, bestreichen, mit Mandeln verzieren. Anfangs ein Wasserschälchen in den Backofen stellen.

Backen bei 180° 20–30 Min., knusprig!

Getreidebällchen, herzhaft

Beilage zu püriertem Grünkohl, Blattmangold oder Spinat.

300 g	gekochtes, passiertes Getreide, besonders herzhaft ist Roggen
40 g	Doppelrahm-Frischkäse
70 g	Nüsse, grob gemahlen, (Para-, Wal- oder geröstete Haselnüsse)
1 EL	Öl
1–2 EL	Vollkornbrösel, nur wenn das Getreide zu feucht ist,
	Sesam zum Wälzen

½ TL Fenchel, 1 TL Koriander, 2 TL Zitronenthymian, Salz

Zubereitung: Alle Zutaten verkneten, abschmecken, Kugeln formen, fest in Sesam wälzen.

Backen bei 200° etwa 20–30 Minuten, knusprig.

Roggen-Nuß-Kugeln

600 g gekochte Roggenkörner, roh ca. 250 g
100 g Haselnüsse
70 g Paranüsse oder 100 g Mandeln, darunter 3 bittere
4 EL Öl oder 5 EL weiche Butter
nach Wunsch süßen mit 150 g Dattelmus

¾ TL Muskatblüte, ¾ TL Fenchel, ½ TL Koriander, Saft einer halben Zitrone und etwas Schale, 1 TL Honig, ½–1 TL Salz

Zubereitung: Roggen gut abtropfen lassen, passieren (2-mm-Scheibe), mit allen Zutaten gründlich verkneten, abschmecken. Walnußgroße Kugeln formen, etwas plattgedrückt auf gefettetes Backblech legen. Wasserschälchen in den Backofen stellen.

Backen mit 175–150° mit geringer Unterhitze. Nach 20–30 Min. prüfen, ob sie innen gar sind (Streichholz). – Sie lassen sich auch gut aufbacken.

Man reicht sie zu Gemüse wie Spinat, Mangold, Grünkohl, zu Suppen oder Getreidesalaten.

Hirsestangen, Makronen, herzhaft

200 g Hirsefeinschrot
50 g Hafermehl (durch Stahlmühle oder Sieb getriebene Flocken)
120 g Butter, weiche
1 TL Honig oder Ahornsirup
13 EL Buttermilch (110 ccm)
200 g Haselnüsse fein gerieben, die Hälfte zum Wälzen zurücklassen

1 TL Koriander, ¾ TL Muskatblüte, Schale einer halben Zitrone, evtl. etwas Salbei, ½–¾ TL Salz

Zubereitung: Hirse, Hafermehl und Gewürze mischen, mit Honig, Buttermilch und 100 g Nüssen zu einem sehr weichen Teig verkneten, über Nacht kaltstellen. Rasch auf kalter Tischplatte (Marmor, Resopal) fingerdicke 5–6 cm lange Stangen formen, in Nüssen wälzen oder mit dem Spritzbeutel Makronen auf das Blech setzen.

Backen bei 175–150° etwa 15–20 Minuten, goldgelb.

Man reicht sie zu zarten Gemüsen wie Blumenkohl, Gurken, Zuckerschoten; zu Getreidesalaten, zu Suppen (Kerbel) oder Cremes.

Nußstangen

80 g Butter
1 EL Honig oder Ahornsirup
50 g trocken ausgedrückter Quark (naß 85 g)
2–3 EL süße Sahne, am besten 35 g steifgeschlagene
75 g Weizenfeinschrot
75 g Weizenmehl Type 1700
125 g Haselnüsse, mittelfein gemahlen
Sahne zum Bestreichen

½ TL Muskatblüte, Saft von ½ Zitrone, ½ TL Salz

Zubereitung: Butter cremig rühren, nacheinander alle Zutaten dazu rühren, abschmecken, mindestens 1 Std. kaltstellen. 1 cm dick ausrollen – sollte der Teig durch den Zitronensaft zu weich geworden sein, etwas Mehl unterkneten. Stangen ausradeln 1 cm breit, 5–6 cm lang; mit Sahne bestreichen.

Backen bei 100° ca. 20 Minuten, hell.

Man reicht sie zu zarten Gemüsen, zu milden Suppen (Blumenkohl-, Kerbel-), zu Getreidesalaten.

Hafernußhäufchen

Frisch essen oder mit Dampf aufbacken, ca. 20 Stück.

125 g Haferflocken, fein (Haferfeinschrot ergibt dünne, krosse Oblaten wegen geringerer Quellfähigkeit)
250 ccm Sprudel
2–3 EL Öl
75 g Haselnüsse oder Walnüsse, gemahlen
und 20 ganze zum Verzieren
etwas saure Sahne zum Bestreichen

1 TL Ingwer, frisch gerieben, ½ TL Honig, ⅓ TL Salz

Zubereitung: Alle Zutaten zu einem weichen Teig verrühren, abschmecken, ½–1 Std. ruhen lassen, mit einem Teelöffel Häufchen auf ein gefettetes Blech setzen, mit einem Tupf saurer Sahne und 1 Haselnuß verschönern.

Backen bei 200–180° etwa 30–40 Min., bis sie innen nicht mehr klebrig sind.

Sie eignen sich als Beilage zu Rohkostsalaten oder Gemüse wie Möhren, Kohlrabi, Gurken, Blumenkohl.

Haferfruchthäufchen

250 g	Haferflocken
250 g	Sprudel

<u>Trockenobst:</u>

125 g	Birnen	oder	50–70 g	Aprikosen
50 g	Aprikosen, ohne Stein		evtl. 2 EL	Sucanatzucker
100 g	Zwetschen, ohne Stein		150 g	Datteln oder Feigen
100 g	Datteln, evtl. 150 g		50 g	Rosinen
50 g	Rosinen			

350 ccm	Wasser, lauwarm
150 g	frische Äpfel, würzige Sorte
125 g	Haselnüsse grob gehackt, evtl. 50 g Mandeln darunter
5 EL	Öl oder flüssige Butter

2½ TL Koriander, 1 TL Fenchel, ½ TL Vanille, ½ TL Anis, ½ TL Ingwer, ¼ TL Zimt, ⅛ TL Nelke, dünn abgeriebene Schale von je 1 Zitrone und 1 Orange nat., ½ TL Salz

<u>Zum Verzieren</u> saure Sahne mit Schwedenmilch gemischt und ganze Haselnüsse oder Walnußhälften

Zubereitung: Trockenobst kleinschneiden, mindestens 12 Std. einweichen, öfter wenden, Äpfel schälen, grob raffeln, würzen.

Haferflocken 2–10 Std. in Sprudel einweichen (Schrot von gedarrtem Hafer oder Roggen 5–10 Std.). Alle Zutaten mischen, gut abschmecken.
Mit einem Eßlöffel Häufchen auf ein gefettetes Blech setzen, mit Nüssen verzieren.

Backen bei 200–150° 30–40 Minuten, bis sie innen gar sind. Sie werden nicht kroß, sondern bleiben saftig.

Roggenfruchthäufchen

aus gedarrtem Feinschrot, Zubereitung wie Haferfruchthäufchen.

Käsekekse

150 g Weizenfeinschrot
70 g Hirsefeinschrot, ersatzweise 80 g Weizenfeinschrot
90 g Butter oder Butterschmalz
80 g Käse, fein gerieben, Schweizer- oder Demeter-Bergkäse
4 EL Buttermilch
etwas saure Sahne zum Bestreichen
je 1 TL Kümmel, ¾ TL Salbei, ½ TL Curry, Salz

Zubereitung: Feinschrot (Hirse macht besonders locker) und Gewürze mischen, mit allen Zutaten rasch zu einem weichen Mürbeteig verkneten, abschmecken; über Nacht kalt stellen, notfalls im Kühlschrank nur 1 Std. Etwa 3 mm dick ausrollen, evtl. direkt auf dem gefetteten, mit Mehl bestäubten Blech. Kekse ausradeln oder auf dem Tisch mit einem Glas Plätzchen ausstechen, mit saurer Sahne bestreichen, mit Kümmel bestreuen.

Backen bei 180° in ca. 20 Min. goldgelb.

Man reicht sie zu Blumenkohlsuppe oder -Gemüse, zu Gurken- oder Kerbelsuppe, zur Rohkostplatte oder zu Gemüsen wie Mangold, Zucchetti, Lauch.

Auffrischen von Gebäck

Auffrischen läßt sich zäh oder trocken gewordenes Gebäck für kurze Zeit durch

Aufbacken im Backofen, indem man anfangs ein Schälchen Wasser zur Dampferzeugung in den Backofen stellt, auf 200–220° aufheizt, das Kleingebäck für etwa 10 Min. einschiebt, dann das Wasserschälchen entfernt und bei trockener Hitze kurze Zeit knusprig bäckt.

Oder indem man Backblech und Backgut mit Wasser bespritzt und 10–20 Min. aufbäckt.

Oder indem man größere Gebäckstücke (Brötchen) kurz in kaltes Wasser taucht, einziehen läßt und ca. 20 Min. aufbäckt.

In Pfanne oder Eisentopf mit Deckel lassen sich kleine Mengen nach dem gleichen Prinzip aufbacken: anfangs ca. 10 Min. bei feuchter Hitze und – nachdem die Feuchtigkeit aufgesogen ist – bei trockener Hitze weiter, bis das Gebäck knusprig ist. Dabei Deckel heiß halten, Unterhitze abschwächen, das Gebäck evtl. umwenden.

Getränke

Holunderblüten-Getränk

Sehr erfrischender Kaltauszug

8	große bzw. 16 mittelgroße, voll erblühte «Dolden» Holunder
2 l	Quellwasser (evtl. Evian)
½–1	Zitrone, nat.
150–200 g	Honig
	etwas Salz

Voll erblühte «Dolden» bei trockenem Wetter ernten, am besten bevor sie die Sonne bescheint (7–9 Uhr).
Als Gefäß eignet sich Glas, Steingut, Porzellan, evtl., auch Edelstahl.

Zubereitung: Zitronen in Scheiben schneiden, mit den Blüten ins frische Wasser legen. Honig mit etwas warmem Wasser auflösen und mit dem Salz zufügen. 24 Std. zugedeckt kühl ziehen lassen. Dann absieben, mit Zitronensaft, Honig und Salz abschmecken. Am besten ist es selbstverständlich frisch zubereitet, läßt sich aber einige Tage kühl aufbewahren.

Brennessel-Kaltauszug

Erfrischend, blutbildend, entschlackend. Bei Anämie als tägliches Getränk zu empfehlen.

1 l	kaltes, einwandfreies Wasser (evtl. Evian)
1	gute Handvoll frische Brennessel (etwa eine Spanne lang)

Zubereitung: Brennessel in einem Glas- oder Porzellangefäß mit dem kalten Wasser bedeckt 10, höchstens 14 Std. im kühlen Raum ausziehen lassen – nicht länger, sonst schmeckt es faulig –, abseihen.

Abschmecken: mit Honig, etwas Zitronensaft oder Kanne-Brottrunk, etwas Salz.

Holunderblüten-Milch-Getränk, heiß oder kalt

Aus frischen oder getrockneten Blüten. Kann mit Zwieback, Roggenstreuseln, Hirsenußmakronen* oder mit gemahlenen Nüssen überstreut auch als Kaltschale gegessen werden.

3 g	vollerblühte «Dolden» Holunder
4	Blätter Salbei (um das Getränk herzhafter zu machen)
1 l	Milch
35 g	Hafermehl (feinverriebene Flocken)
70 ccm	Wasser
4 EL	Sucanatzucker (gestrichen) oder 4 EL Ahornsirup
1 Pr.	Salz

Zubereitung: Hafermehl mindestens 2 Std. im Wasser einweichen. Blüten rasch kalt waschen, gut abtropfen. – Getrocknete Blüten mit etwas Wasser befeuchten.

Die Hälfte der Milch mit den Blüten zum Kochen bringen, ohne Wärmezufuhr 10 Min. ziehen lassen, herausnehmen; Hafermehl einrühren und 10 Min. darin quellen lassen; restliche Milch auf 50° erwärmen, einrühren, 1 Pr. Salz zufügen, nach Belieben süßen. Warm oder kalt anrichten. Beim Erkalten dickt es nach und kann als Kaltschale, wie oben angegeben, gereicht werden.

Zitronen-Milch

Erfrischendes Kaltgetränk. Zitrone macht die Milch besonders leicht verdaulich

¼ l	Milch
1	Zitrone, nat. (Saft)
	nach Belieben süßen wie bei Apfelsinenmilch angegeben; ungesüßt ist sie besonders gut bekömmlich.

Zubereitung: wie bei Apfelsinen-Milch. Sofort trinken, weil sie sehr rasch entmischt.

* Siehe Bd. I, S. 256.

Milchgetränk mit Thermo-Gerste

Gehaltvoll, schmackhaft; bei Kindern sehr beliebt. 1 Liter. Heiß oder kalt.

20 g Thermo-Gerstenmehl (-Feinschrot)
400 ccm Wasser
600 ccm Milch
1½ EL Demeter Rübensirup oder 2½ EL Demeter Malzextrakt
1 Msp. Salz

Zubereitung: Thermo-Gerstenmehl mit einem Teil des Wassers anrühren, das restliche Wasser erhitzen, das Gerstenmehl einrühren, 5 Minuten sachte kochen, 10 Minuten nachquellen. Die Milch auf etwa 60° erhitzen und dazugeben, mit Rübensirup oder Malzextrakt sowie etwas Salz abschmecken. Darauf achten, daß die Milch nicht über 65–70° erhitzt wird.* Heiß oder kalt anrichten.

Abwandlung:

Statt Rübensirup zum Abschmecken verwenden:

3–4 EL Kharba (Johannisbrotpulver)
3 EL Sucanat

Apfelsinen-Milch

Kalt-Getränk, nahrhaft und erfrischend

¼ l Milch
1 Apfelsine, Saft (ungespritzt)
1–2 EL Honig oder Sucanatzucker nach Geschmack
oder das Einweichwasser von Feigen oder Sultaninen

Zum Anrichten: evtl. gemahlene, geröstete Haselnüsse oder Cashewkerne

Zubereitung: Kleingeschnittene Feigen oder Sultaninen 6 Std. lauwarm einweichen, so daß sie gut bedeckt sind; oder Honig bzw. Sucanatzucker in etwas lauwarmem Wasser auflösen. Läßt man dünn abgeschälte Schale der Apfelsine darin ziehen, erhält man herberes Aroma. Das gesüßte Wasser und den Saft der Apfelsine rasch mit dem Schneebesen in der kalten Milch verquirlen. Sofort anrichten.

* Siehe Bd. I, S. 168–170, über die Behandlung der Milch.

Rote-Bete-Brottrunk

Kalt oder heiß wohlschmeckend und belebend.

⅓ Demeter Rote-Bete-Saft, milchsauer
⅓ Kanne Brot-Trunk, milchsauer
⅓ Wasser
evtl. Honig nach Geschmack, höchstens 5 TL pro Liter

Zubereitung: Alles gut mischen, festen, kristallisierten Honig erst in etwas erwärmtem Wasser auflösen, abschmecken; für ein heißes Getränk zuerst das Wasser allein erhitzen und die milchsauren Säfte darin nur auf Trinktemperatur bringen, um die Milchsäure zu schonen.

Durch die aktive Milchsäure wird im ganzen Körper die Zellatmung und damit der Stoffumsatz angeregt. Flüssigkeits- bzw. Drüsentätigkeit, Luftprozesse, ja der ganze Wärmeorganismus werden aktiviert, in der Tat ein belebendes Getränk schon durch die Wirkung der Milchsäure! Aber auch unvergorene Rote Bete regt die Zellatmung an; ihr Mineralstoffgehalt ist beachtlich.

Rote-Bete-Buttermilch-Getränk, kalt

1 Teil Demeter Rote-Bete-Saft, milchsauer, oder konzentrierter Schalentee (s. o. bei Roter Punsch)
2 Teile Buttermilch oder Schwedenmilch
etwas Anis, Muskatblüte und Ingwer frisch gerieben, 1 Pr. Salz

Zubereitung: Alles mit dem Schneebesen gründlich verquirlen, evtl. mit etwas Honig, Zitronen- oder Apfeldicksaft abschmecken.

Zum Durstlöschen sollte dieses nahrhafte Getränk mit Wasser (Evian) verlängert werden.

Die Schlehe

Für diejenigen, die die Möglichkeit haben, wildwachsende Schlehen zu ernten, sei hier die Saftgewinnung* aus dieser relativ unbekannten, herben, so besonders wertvollen Frucht kurz dargestellt. Sie wirkt aufbauend und stärkt die Lebenskräfte.

Saftgewinnung: Da die Beeren ihr volles Aroma erst durch den Frost entwickeln, sollte man sie möglichst spät im Jahr ernten. Die gewaschenen Beeren in einen Steinguttopf füllen, mit so viel kochendem Wasser übergießen, daß dieses 4 Finger breit über den Schlehen steht, d. h. Beeren und Wasser im Verhältnis 2 : 3. Nach 24 Stunden das Wasser abschütten, aufkochen und sofort wieder auf die Beeren gießen. Nach abermals 24 Std. dasselbe wiederholen.

Inzwischen ½ l konzentrierte Zuckerlösung herstellen (Sucanatzucker und Wasser 2 : 1), verrühren, kochen, abkühlen. Den Schlehensaft nach Geschmack mit der Zuckerlösung süßen (oder ungesüßt lassen) und 4 Min. auf 72° erhitzen. Zur Vorratshaltung in gut gereinigte, vorgewärmte Flaschen füllen, mit Gummikappen verschließen.

Ungesüßten Saft mit Honig trinkfertig machen. Zum Verlängern ist Apfelsaft geeignet. Das Getränk ist kalt sehr erfrischend, heiß durchwärmend und belebend.

Roter Punsch

Heiß oder kalt, 1 Liter

120 g	Apfelschalen samt Kernhaus, evtl. etwas mehr
120 g	Rote-Bete-Schalen, roh, evtl. etwas mehr beides möglichst in Demeter-Qualität
400 ccm	kaltes Wasser und noch einmal knapp 400 ccm
300 ccm	Obstsaft, wahlweise Sauerkirsch-, Schlehen-, Johannisbeer-, Holunder- oder Brombeersaft.
	1 TL Anis, 1½ TL Koriander, 10 Pimentkörner, 5 Nelken, 5 cm Zimtstange, Schale einer Zitrone, 10 Zimtblüten, 5 cm Ingwerwurzel zerschnitten, etwas Salz
	Zum Abschmecken: Apfeldicksaft, Sucanat oder Honig, Zitronensaft oder Molkosan (besonders Holundersaft braucht Säure).

Zubereitung: Schalen und Gewürze zweimal nacheinander in frischem Wasser aufkochen, abseihen, ausdrücken; auf 700 ccm auffüllen, mit dem Obstsaft mischen. Abschmecken in der Temperatur, in der das Getränk getrunken werden soll.

* Wegen des hohen Gerbsäuregehaltes kommt Dampfentsaften nicht in Betracht.

Gerstenwasser / «Barley Water»*

Kalt ein sehr erfrischendes Getränk, warm bzw. temperiert ein Heilgetränk bei fieberhaften Erkrankungen, gereizten Schleimhäuten, z. B. Bronchitis, Gastritis, Darmkatarrh, siehe dazu die Charakteristik der Gerste S. 21.

Man kann pro Liter Wasser 50–150 g ungemahlene Gerste verwenden und erhält dadurch ein mehr oder weniger sämiges Getränk. Das folgende Rezept ergibt etwa 1,5 l Gerstenwasser, mit Obstsaft angereichert 2,4 l fertiges Getränk, das sich, verschlossen und kühl, 2–3 Tage aufbewahren läßt.

Gerstenwasser, voll und rund

300 g	Gerste, ungemahlen
2,5 l	Wasser
10	Feigen
½–¾ l	Apfelsaft
200–300 ccm	Sanddornsaft mit Honig gesüßt**
2–4	Zitronen (Saft und etwas Schale)
	evtl. zum Säuern auch Brottrunk oder Molkosan
	Honig nach Geschmack

Zum Kochen der Gerste: 1 Ingwerwurzel geschabt, 3 Piment-, 10 Korianderkörner, 3 Sternanis, ½ Zimtstange, 2 Nelken

Zum Abschmecken: Geriebener Ingwer, Muskatblüte, Spur Vanille, etwas Salz

Vorbereitung: Gerste 3, besser 10 Std. mit Feigen und Gewürzen einweichen.

Zubereitung: Gerste im Einweichwasser gut 1 Std. sachte kochen, bis die Körner geplatzt sind, abseihen***, das Gerstenwasser kalt stellen. Zitronenschale dünn abreiben, mit wenig Wasser überbrühen, etwas ziehen lassen, nach Geschmack vorsichtig damit würzen, Obstsäfte zufügen, evtl. mit gemahlenen Gewürzen, Säure und Honig sorgfältig leicht sauer-süß abschmecken.

* In England seit Jahren ein Volksgetränk.

** Verschiedene andere Säfte oder Elixiere eignen sich ebenfalls zum Mischen, z. B. Schlehen-, Quittensaft, Aprikosennektar, Birkenelixier, auch Rote-Bete-Saft oder Möhrensaft.

*** Verwendung der gekochten Gerste: im Eintopf, für Püree, Cremes, Backlinge, Aufläufe oder «Knetteig aus gekochtem Getreide».

Gerstenwasser, leicht und erfrischend

Abwandlung von Gerstenwasser, voll und rund

ergibt knapp 2 Liter Getränk.

Vorbereitung und Zubereitung: 70 g Gerste ungemahlen in 2½ l Wasser einweichen und kochen; mit dem abgeseihten Gerstenwasser 1 gr. Bund frische Zitronenmelisse sowie etwas Pfefferminze, Apfelminze oder Salbei überbrühen, 5–8 Min. ziehen lassen, abgießen, kalt stellen. Mit Honig, ¼–½ TL Salz und Zitronensaft oder Kanne-Brottrunk abschmecken.

Gerstenwasser, Heißgetränk

Abwandlung von Gerstenwasser, voll und rund

ergibt 2½ Liter Getränk.

150 g	Gerste, ungemahlen
2½ l	Wasser
½ l	Holunder- oder Schlehensaft
400 ccm	Gewürztee

<u>Zum Süßen und Säuern:</u> Apfel-, Birnendicksaft, evtl. etwas Zitronensaft

<u>Zum Kochen der Gerste:</u> die gleichen wie bei Gerstenwasser, voll und rund

<u>Zum Kochen des Gewürztees:</u> 5 Piment-, 1 TL Anis-, 1 TL Korianderkörner, 1 Zimtstange, 7 Zimtblüten, ½ Vanillestange, 5 Nelken, 2 cm Ingwerwurzel geschabt, abgeriebene Schale einer Zitrone

<u>Zum Abschmecken:</u> evtl. Muskatblüte, evtl. die Gewürze des Tees gemahlen, ½–¾ TL Salz

Vorbereitung: Gerste 3, besser 10 Stunden mit Feigen und Gewürzen einweichen.

Zubereitung: Gerste im Einweichwasser gut eine Stunde kochen, bis die Körner geplatzt sind, abseihen. Gewürztee kochen: Gewürze in 200 ccm kaltem Wasser einweichen, 10 Min. auskochen, abseihen; den Vorgang mit denselben Gewürzen und frischem Wasser wiederholen.

Gewürztee, Gerstenwasser und Obstsaft heiß mischen, süßen und säuern. Mit den Gewürzen abschmecken.

Schwarzer Holunder

Da man im Schrifttum der Ernährungskunde kaum etwas findet über den schwarzen und roten Holunder, der dem Menschen fast überall in seine Ansiedlungen gefolgt ist, soll ihm hier, besonders wegen seiner Heilwirkung, etwas mehr Beachtung geschenkt werden.

Im Speiseplan erscheint er in der kalten Jahreszeit als wärmender Blütentee, mit Salbei oder Zitronenthymian gemischt, der Saft als Heißgetränk einem Punsch vergleichbar oder als heiße oder kalte Fruchtsuppe*, im Vorsommer als erfrischender Kaltauszug aus den Blüten.

Seine Heilwirkungen sind vielfältig. Tee aus getrockneten Blüten und Blättern ist hilfreich bei fiebrigen Erkältungskrankheiten wie Lungenentzündung, Grippe, Gelenkrheumatismus. Durch ihren Gehalt an ätherischen Ölen wird die Drüsensekretion und damit die Ausscheidung angeregt. Blüten- und Wurzelabkochungen wirken harntreibend und wasserausscheidend, blutreinigend, entlastend bei Kreislaufschwäche.

Die Beeren und der daraus gewonnene Saft enthalten reichlich Vitamin C und B, einige Gerbstoffe und Säuren, die die Verdauung in milder Weise regulieren. Getrocknet dagegen werden die Beeren bei Durchfall mit gutem Erfolg eingesetzt. Alle Teile dieser Pflanze regen den Wärmeorganismus des Menschen wohltuend an. Infolge seines Gehaltes an Vitamin C und Nervenvitamin B lindert der Saft, täglich genossen, Neuralgien und Ischias erheblich.

Unausgereifte Beeren und auch die Kerne der ausgereiften enthalten allerdings das giftige Sambunigrin, das Erbrechen, Durchfall und Benommenheit hervorruft. Deshalb sollte man keine unreifen oder rohen Beeren genießen. Durch gründliches Kochen wird es aber zerstört und unschädlich gemacht. Die Stiele geben dem Saft einen unangenehmen, scharfen Geschmack und sollten vor der Saftgewinnung entfernt werden.

Roter Holunder, Hirsch- oder Traubenholunder ist nicht giftig, aber seine Samenkerne – in geringen Mengen auch das Fruchtfleisch – enthalten reichliche Mengen eines Öles, das Übelkeit und Erbrechen hervorruft, aber durch gründliches Kochen zerstört wird.

* Siehe auch Band I, S. 131: Holundersuppe

Saftgewinnung von schwarzem Holunder

Hinweise für die Zubereitung: Die vorbereiteten Beeren im Dampfentsafter 50 Minuten entsaften oder mit wenig Wasser 30 Minuten kochen, durch ein grobes Tuch oder Sieb ablaufen lassen (Tuch an den Beinen eines umgedrehten Stuhles befestigen). Dieser Saft muß erneut aufgekocht und in Flaschen gefüllt oder in Flaschen 20 Min. bei 85 ° erhitzt werden, was beim Dampfentsafter entfällt.

Die entsafteten Beerenkönnen ein zweites Mal für Obstsuppe entsaftet oder für Fruchtmusmischungen passiert werden.

Aus geschmacklichen Gründen braucht der Holunder als Ergänzung Säure und viel Süße. Daher setzt man gern schon beim Entsaften etwa ¼ bis ⅓ Falläpfel oder Birnen hinzu, wohl auch Feigen zum Süßen.

Holunder-Punsch

Hinweise für die Zubereitung: Den so gewonnenen, konzentrierten Saft (siehe oben) wird man für Punsch mit einem Gewürztee bzw. Apfelschalentee* mischen und verlängern; säuern mit Zitrone, Molkosan oder Kanne Brottrunk, süß-sauer abschmecken mit Apfeldicksaft und Honig oder Sucanatzucker. Gern mischt man ihn auch mit Apfel- und Birnensaft oder mild und voll mit Brombeersaft.

* Siehe unter « Gerstenwasser-Heißgetränk », S. 287 und Apfelschalentee S. 290.

Apfelschalentee

aus Schalen sowie Kerngehäusen kann mit Zitrone und Honig als Heißgetränk oder kaltes Erfrischungsgetränk gereicht werden.

Jede kleine Menge von Schalen, Kerngehäusen sowie kleinen verschrumpelten Äpfeln kann man trocknen und für diesen Tee aufbewahren.

Zubereitung: Reichlich frische oder getrocknete Apfelschalen, Kerngehäuse mit reichlich Gewürzen in kaltem Wasser aufsetzen und etwa 20 Minuten sachte kochen. Es ist vorteilhaft, getrocknete Schalen vorher 1–3 Stunden einzuweichen. Nach dem Kochen abseihen und ausdrücken. Am besten wird nun der Kochvorgang mit frischem Wasser wiederholt, da besonders die Gewürze durch einmaliges Auskochen noch nicht ganz ausgewertet sind. Die Menge der benötigten Schalen hängt von ihrem Aroma ab.

Zimt- oder Vanillestange (aufschlitzen), Ingwerwurzel (zerschneiden), Sternanis oder Körner von Anis, Fenchel, Koriander, evtl. Zimtblüten, etwas Zitronenschale (dünn abgeschält), evtl. Blätter und Wurzeln von Süßdolde

Süßen mit Honig, Sucanatzucker oder Dicksaft.

Dieser Tee ist vielseitig verwendbar zum Verlängern anderer Getränke, als Grundlage für Fruchtsoßen, s. S. 122, 124 und 129, außerdem für Obstgerichte wie Suppen, Grützen und Geleespeisen (s. Bd. I).

Heiße Getränke

Anregungen für verschiedene Tee-Saftmischungen

Tee als Grundlage	Saftzusatz	Würzen*, Süßen
Apfelschalentee: Schalen mit Gewürzen 5–10 Minuten kochen	Holunder-, Apfel- und Quittensaft;	Honig, Apfeldicksaft;
	Apfel- und Zitronensaft;	Apfeldicksaft oder Sucanat;
	Schlehensaft;	Honig
Roter Malventee** (Hibiscustee): 4 leicht geh. EL pro l überbrühen, 5–7 Min. ziehen lassen	Aprikosensaft; Apfel- und Birnensaft;	Honig, Zimt, Sternanis, Ingwer, Sucanat, Apfel-Birnen-Dicksaft
	Kirschsaft;	etwas Nelke, Vanillestg.,
	Holundersaft;	Nelke, Zimtstg., Sternanis, Vanille, Sucanat, Apfeldicksaft
Lindenblütentee: ¾ l Wasser, 10 g Tee brühen, 10 Min. ziehen lassen	Apfel- und Zitronensaft	Zitronenschale, kl. Zimtstange, etwas Nelke, etwas Lorbeer, Honig, Sucanat
	Birkenelixier	evtl. Zitronensaft, Sucanat, Honig

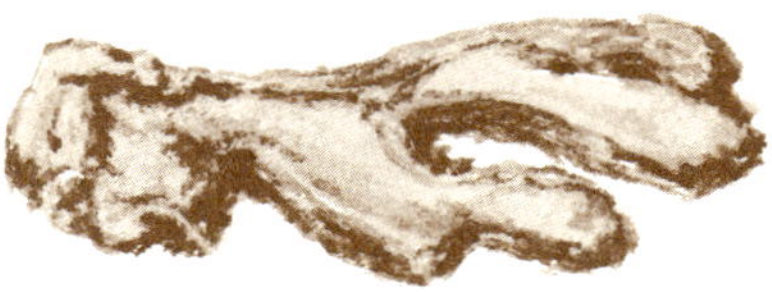

* Gewürze im Teewasser mitkochen.

** Wirkt anregend durch einen geringen Koffeingehalt.

Anhang

Abkürzungen, Maßangaben und Symbole

EL	=	Eßlöffel
TL	=	Teelöffel
geh.	=	gehäuft
gem.	=	gemahlen
ger.	=	gerieben
gesch.	=	geschält
gestr.	=	gestrichen, den gefüllten Löffel mit dem Messer glattstreichen
l	=	Liter
Msp.	=	Messerspitze
nat.	=	naturbelassen, nicht chemisch behandelt
Pr.	=	Prise
	=	Symbol für süße Gewürze
	=	Symbol für herzhafte Gewürze

Das Fassungsvermögen der hier benutzten Löffel und Tassen zum Vergleich mit den eigenen:

1 EL und 1 TL heißt bequem geschöpft bzw. leicht gehäuft.

1 EL	Haferflocken, fein	10 g
1 EL	Vollgrieß	12 g
1 EL	Weizenfeinschrot	12 g
1 TL	Anis, gemahlen	3 g
1 TL	Salz	9 g
1 EL	Öl	9 g
1 EL	Wasser	10 g
1 Tasse	Wasser	130 g
1 TL	Salz, gestr., mit dem Messer glatt gestrichen	4 g
1 EL	Salz, gestr., mit dem Messer glatt gestrichen	10 g

Es ist ratsam, die Wasserskala des Meßbechers, der möglichst durchsichtig sein sollte, mit Hilfe einer genauen Waage zu kontrollieren: 500 ccm sollten 500 g entsprechen. Flüssigkeit bis 250 ccm läßt sich zuverlässig in einer Babyflasche messen.

Löffelwaage

Wo erhält man die empfohlenen Produkte?

Lebensmittel aus biologisch-dynamischem und biologischem Anbau führen Naturkost-, Demeterläden und Reformhäuser. Manche gärtnerischen und landwirtschaftlichen Betriebe haben einen Stand auf dem Wochenmarkt oder Verkauf «ab Hof». Interessierte Verbraucher schließen sich häufig zusammen, um von entfernt gelegenen Höfen Frischmilch, Gemüse, Getreideprodukte usw. zu holen.

Einige bei Drucklegung des Buches verfügbare Anschriften:

Demeter-Erzeugnisse: Warenliste erhältlich beim Demeter-Bund, Wellingstr. 24, 7000 Stuttgart 75, sowie Auskunft über regionale Fachgeschäfte.

Demeter- und Naturkostwaren: Auskunft über regionale Fachgeschäfte bei der Großhandelsgenossenschaft Naturata, Tauberstr. 25, 6970 Lauda. Verarbeitung und Versand von Demeter-Produkten, Bauck KG, 3115 Rosche/Stütensen.

Auskunft über regionale Läden und Versandgeschäfte: für biologische und Demeterwaren sowie Haushaltsartikel, die speziell für die Getreideküche geeignet sind, durch den Arbeitskreis für Ernährungsforschung e.V., 7263 Bad Liebenzell, auch in den «Ernährungsrundbriefen» 34–43; Adreßbuch «Bezugsquellen», Hrsg. Verein für ein erweitertes Heilwesen e.V., 7263 Bad Liebenzell.

Würzmittel durch Versand und in Fachgeschäften erhältlich. Gewürze, Kräuter und Kräutersalz aus biologisch-dynamischem und biologischem Anbau, Trockenware: Klosterlaboratorium Lorch, Postf. 8, 7073 Lorch (auch in Fachgeschäften).

Gewürzkräuter, Tees aus biologischem Anbau, Frischkräuter-Versand und Trockenware, Gewürzkräuter und -Pflanzen und -Samen: Blauetikett-Bornträger GmbH, 6521 Offstein

Gewürzkräuter, Tees und Samen aus biologisch-dynamischem Anbau, Trockenware: Eckarthof, CH-8574 Lengwil. Versand nur in der Schweiz.

Demeter-Gewürzkräuter, Pflanzen, Frischkräuter, getrocknete Kräuter, Gemüse- und Jungpflanzen: Weilerhof-Vertrieb, Uhlandstraße 9, 8754 Großostheim.

Kräutersalz «Herbamare» und flüssige Pflanzenwürze «Kelpamare» von A. Vogel, Bioforce, und in Fachgeschäften.

Gewürze und Kräutersalz: Gewürzmühle Brecht, Karlsruhe, erhältlich in Fachgeschäften.

«Gemüsebrühe aus Demeter-Gemüse» *in Pulverform*: Hersteller Sekowa, Vertrieb durch Backtechnik GmbH, Basaltstraße 6–7, 6364 Florstadt 1 und über Fachgeschäfte. Hier auch das *bewährte Backferment nach Hugo Erbe und Ada Pokoruy* mit Backrezepten.

«Würzige Suppe», pflanzliche Würze in Pulverform von Naturata. Grundlage: Hefe auf Mischtrestern ohne synthetische Nährlösungen gezüchtet, natrium- und glutamatfrei. Erhältlich in Fachgeschäften.

«Cenovis Brühwürfel» auf natürlicher Hefegrundlage, aber mit Glutamatzusatz, in Fachgeschäften.

Zum Säuern: Demeter-Brottrunk (auch als Heil- und Erfrischungsgetränk). Kartonweise bei Bäckerei Kanne, Im Geistwinkel 40, W-4670 Lünen, sowie Kanne Fermentgetreide in Pulverform für Soßen oder als Appetitanreger.

Demeter Apfelessig, Beutelsbacher Fruchtsaftkelterei, in Fachgeschäften.

Molkosan, Molkekonzentrat von A. Vogel Bioforce, in Fachgeschäften.

Säfte: Demeter Obst- und Gemüsesäfte, Beutelsbacher Fruchtsaftkelterei, in Fachgeschäften. Voelkl-Säfte, Bauck KG.

Dicksäfte: Ahornsirup, Demeter Apfel- und Birnendicksaft in Naturkostläden, Demeter milchsaure Gemüse im Fachgeschäft, auch in manchen Demeter Gärtnereien.

Öl, kalt gepreßt: Demeter-Rapsöl, Ölmühle Geiger, in Fachgeschäften.

Leinöl und andere kaltgepreßte Öle frisch im Kleinversand, Ölmühle Kaucher, Postfach 11 06, W-7860 Schopfheim.

Literaturverzeichnis

M. H. Béguin, «Gute Zähne dank vollwertigem Zucker». Edition de l'Etoile, rue Prairie 5, CH 2300 La Chaux-de-Fonds.

Chr. Blume, U. Renzenbrink «Die Umwelt des Kleinkindes – Die gesunde Ernährung des Säuglings». Merkblatt Verein für ein erweitertes Heilwesen, 7263 Bad Liebenzell.

«Comfrey – Wiedergeburt einer Heilpflanze». Comfrey Vertrieb GmbH, 8221 Bergen/Chiemgau.

Eberhard Cölle Hrsg. «Handbuch der Haushaltsgetreidemühlen». Verlag Natürlich und Gesund, Stuttgart.

Hanna Dengler «Gemüse – Kräuter – Obst». Stuttgart ^{2}1984.

Anni Gamerith «Ehrfurcht vor Korn und Brot». Verlag Neues Leben, Bad Goisen 1976.

Maria Geuter «Kräuter in der Ernährung».

Rudolf Hauschka «Ernährungslehre». Frankfurt ^{7}1979.

Krafft von Heynitz «Das biologische Gartenbuch». Stuttgart 1980.

Herbert H. Koepf «Was ist biologisch-dynamischer Landbau?» Dornach 1981.
Petra Kühne «Kräuter und Gewürze», Ernährungsrundbrief Nr. 71/72, s. u.
Petra Kühne «Lebensmittel-Qualität und bewußte Ernährung». Stuttgart 1985.
Petra Kühne «Merkblattmappe», Hrsg. Arbeitskreis für Ernährungsforschung, s. u.
Werner E. Loeckle «Bewußte Ernährung und gesunde Lebensführung». Verlag Die Kommenden, Freiburg.
Maurice Mességué «Die Kräuter für Gesundheit und Schönheit». Karlsruhe 1976.
Wilhelm Pelikan «Heilpflanzenkunde». Band I. Dornach ^{3}1975.
Udo Renzenbrink «Die sieben Getreide, Nahrung für den Menschen». Dornach 1981.
Udo Renzenbrink «Ernährung in der zweiten Lebenshälfte». Stuttgart ^{4}1992.
Udo Renzenbrink «Ernährung unserer Kinder». Stuttgart ^{8}1990.
Udo Renzenbrink «Ernährungskunde aus anthroposophischer Erkenntnis». Dornach 1982.
Udo Renzenbrink «Diät bei Krebs – Diät bei Allergie – Diät bei Diabetes», Hrsg. Arbeitskreis für Ernährungsforschung, Bad Liebenzell.
Udo Renzenbrink «Gewürzkräuter», Ernährungsrundbrief Nr. 34, s. u.
Udo Renzenbrink «Die Sojabohne – Nahrung auch für uns?» Hrsg. Arbeitskreis für Ernährungsforschung, Bad Liebenzell.
Gerhard Schmidt «Dynamische Ernährungslehre», Band I und II. St. Gallen 1975/79.
Annelies Schöneck «Milchsäuregärung zu Hause». Verlag G. E. Harsch, Junkerstr. 2a, 7500 Karlsruhe. Bezug über den Arbeitskreis für Ernährungsforschung.
Werner Ch. Simonis «Korn und Brot». Stuttgart ^{3}1981.
Werner Ch. Simonis «Taschenbuch der Heil- und Gewürzkräuter». Frankfurt ^{5}1978.
Rudolf Steiner «Naturgrundlagen der Ernährung». Hrsg. K. Th. Willmann. Stuttgart ^{3}1989.
Rudolf Steiner «Ernährung und Bewußtsein». Hrsg. K. Th. Willmann. Stuttgart ^{3}1989.
Rudolf Steiner «Gesundheit und Krankheit». Hrsg. Otto Wolff. Stuttgart ^{3}1992.

Zeitschriften

«Ernährungsrundbrief». Vierteljahreszeitschrift. Hrsg. Dr. med. Udo Renzenbrink, Arbeitskreis für Ernährungsforschung, 7263 Bad Liebenzell 3.
«Gartenrundbrief» und «Lebendige Erde». Zweimonatsschrift. Verlag Lebendige Erde, Baumschulenweg 11, 6100 Darmstadt.
«Demeter-Blätter». Hrsg. Demeter-Bund, Wellingstraße 24, 7000 Stuttgart 75.

Register

Vorschläge zum Würzen der Gemüse

	Wahlweise:
Bohnen:	Bohnenkraut einjährig, wenig Bergbohnen-Pfefferkraut, Basilikum, Dill, Petersilie
Blumenkohl:	Senfkörner, etwas Fenchel, etwas Blüte von Kamille/Schlehe, Basilikum, Estragon, Ysop
Brennessel:	Zwiebel, Boretsch, Petersilie, Zitronenmelisse
Chicorée:	Fenchel, Muskat, Dill
Chinakohl:	Senfkörner, Fenchel, Anis, Kümmel oder Pfefferminze
Erbsen:	Dill, Kerbel, Fenchel, Petersilie
Fenchelknolle:	Fenchelsamen, Dill, Basilikum
Gurken:	Estragon, Dill, Ysop, Basilikum, Koriander, Ingwer, gemahlene Senfkörner, Petersilie
Giersch:	Zwiebel, Brennessel, Boretsch, Comfrey, Melde, Petersilie
Grünkohl: Braunkohl: Krauskohl:	Senfkörner, Fenchel, Koriander, etwas Pfefferminze, Blüten von Kamille oder Schlehe
Kohlrabi:	Fenchel, Senfkörner, Dill, Petersilie, Koriander, Liebstöckel, etwas Thymian, etwas Oregano
Kürbis:	Ingwer, Koriander, Dill, Basilikum, etw. Nelken, Piment, Zitronensaft, Muskatblüte oder saure Äpfel, Curry, Senf, Estragon
Lauch, Porree:	Fenchel, Senfkörner, Selleriesalz, Muskat
Mangold, Blattgemüse:	Boretsch, Petersilie, Zwiebel, Muskat, Basilikum oder Dill
Mangold, Stielgemüse:	Basilikum, Majoran, Muskat, Petersilie, Rosenpaprika
Melde:	Zwiebel, Basilikum
Möhren, Karotten:	etwas Kümmel, Dill, Petersilie, Wurzelpetersilie, Selleriesalz
Paprika:	Oregano, Basilikum, Zwiebel, Petersilie, Ysop
Pastinaken:	Liebstöckel, Fenchel, Kümmel, Thymian oder Petersilie und Thymian, Schabzigerklee
Rote Bete:	Anis, Ingwer, Koriander, Pr. Piment und Nelke, etwas Kümmel, Apfel, Meerrettich, Selleriesalz